JN099139

実務の視点から考える

会社法

第2版

Takahashi Hitoshi
高橋 均 ［著］

中央経済社

第2版はしがき

　第2版は，改正があった令和元年会社法の内容を反映させるとともに，近時の裁判例や会社を取り巻く企業統治をめぐる状況も取り入れるなど，本文やトピックスを適宜，追加したり見直しました。もっとも，第2版においても，初版の基本コンセプトは踏襲しています。すなわち，将来，企業勤務を希望している大学学部生，司法試験合格を目指す法科大学院生，企業の現場で日々活躍されている会社役員及びコーポレート部門の方々を念頭に，会社法上，重要な項目を中心に体系的に一通りの理解をしていただくために，法と実務の双方を意識して解説した書籍です。

　会社法は，国会の承認・決議が必要な基本六法の一つですが，単に学問として学修すべき法理論や制度として捉えるだけでなく，企業実務においても理解すべき重要な法律と理解すべきです。しかし，双方をあまり意識しないために，企業実務でほとんど影響のない詳細な条文の解釈や学説に力点を置いたり，実務の場面において，法制度や立法趣旨の理解が不十分なために，会社内の制度設計や手続に不備が生じている場面も見受けられます。

　そこで，企業実務で会社法（会社法に継承された商法を含む）を具体的に使い，また法科大学院において司法試験を受験する学生達に会社法の授業を行い，更には企業の役職員向けに多くの研修会やセミナーで解説している自らの経験を踏まえて企画されたのが本書です。具体的には，以下の特徴があります。

　第一は，本論の全体解説の前に，会社法の条文構造や会社法の読み解き方等，会社法に接するときの障害を極力軽減するための解説を冒頭に行った上に，会社機関以下，実務的にも最も理解すべき項目から解説を行っています。会社法の条文は約1,000条にも及び，しかも，実体的内容と手続的内容が混在し，加えて昔の有限会社法から大会社を規定した商法特例法まで取り込んだ影響で，小規模閉鎖会社から大規模公開会社まで混然一体となって規定されており，決して読みやすい法律とは言えません。項目立てについては，伝統的な会社法の書籍とは異なるものですが，全体のコンセプトが法理論と実務の架け橋ですので，敢えて組み替えております。

　第二は，各編の冒頭に，章の目的とキーワードを配するとともに，原則，各

章に基礎的な事例問題を設定し，実務的に留意すべき点などについては，トピックスで示しております。

　各章の目的は，法科大学院においては授業の項目ごとの「コア・カリキュラム」を設定し授業を行うこととなっていることに倣って，理解すべき目標を提示するとともに，キーワードからも，重要な視点が判断できると考えたためです。

　また，事例問題には，「考える際のポイント」「関連条文」「参考裁判例」「解答骨子例」を示しています。事例問題は，解説の復習という意味を兼ねており，基本的な論点となる問題を設定しております。大学研究者が執筆する書籍において，解答まで記載する例は稀（大阪市立大学の高橋英治教授が御執筆された『会社法概論（第4版）』中央経済社（2020年）の最終章に，「演習問題と解答」が掲載されておられるのは例外的であり，個人的に賛同した経緯があります）ですが，単に本文の解説を読むだけではなく，どのように条文や裁判例などの規範が使われているかを具体的な場面で利用できるかが重要であると考えたからです。

　第三は，最後の第7編では，「事例で考えるリスク管理と対応」というタイトルで，リスク管理の視点の近時の事例から，企業不祥事の原因を検討するとともに，その対策について解説しています。私が行っている企業実務家向けの研修会やセミナーでは，企業不祥事と会社や会社役員の法的責任，リスクへの対応についてのテーマで実施していることが多いことから，この点も踏まえて解説に加えました。したがって，第7編は，具体的な事案の中で会社法の規定がどのように実際で応用でき，かつ実務的な対応についてもイメージが湧くと思いますので，参考になると思います。

　また，末尾に平成28年度の商法・会社法の司法試験問題を掲載いたしました。現在の司法試験では，事例から法的論点や当てはめを丁寧に行う試験であり，法と実務を意識した内容となっていることが実感されると思います。

　第四は，本文の解説は，企業実務の視点を意識しているために，実務的にはほとんど利用しなかったり，法制度的にも重要視しなくてよいと思われる内容は，思い切って割愛しております。また，学説や裁判例なども，押さえておくべきものに絞ってありまし，法律の書籍や雑誌では通例の脚注は省略してあります。他方で，立法趣旨や実務の現場での実態などについては，極力本文で丁寧に解説いたしました。

　詳細な学説や裁判例等については，多くの優れた本格的な体系書が数多くありますし，裁判例については，判例六法等を必要に応じて利用していただければと思います。

＊　　　　＊　　　　＊

　本書の使い方に，特に決まりはありませんが，一度は，序論から全体を一読されることをお勧めいたします。関心があったり業務や授業で関係する編や章，項目の解説を読まれると同時に，会社法の全体像を把握していただくことによって，個別の内容の理解がより進むと考えています。

　なお，会社法に限りませんが，関係項目については，会社法の条文を極力参照してみることが大切です。最初から条文を参照すると，理解が難しいことも多いと思いますが，ある程度，内容を理解した上で条文を参照すると，理解が深まると思います。このような便を図るために，本文中では，極力，根拠条文を記載しております。

　本書にあたっては，私の会社法の授業を履修し，現在，新進気鋭の弁護士として活躍している関根亮介氏が初版の草稿段階で目を通してくださり，利用者としての視点から貴重なコメントをいただきました。また，今まで接してきた法務関係の実務家や学会・研究会での多くの研究者の先生方との意見交換，法科大学院の学生諸君との質疑も本書の執筆の基盤ともなっています。併せて感謝申し上げたいと思います。

　本書は，2014年の年末に中央経済社の露本敦編集長と，実務と理論の架け橋の重要性について会話をしていた際に，露本編集長から書籍という形での出版を勧められたのが本書誕生の直接のきっかけです。第2版においても，露本編集長には大変お世話になり，感謝しております。

　本書を一つのきっかけとして，企業の役職員の方や多くの学生諸君が，会社法を身近にして，実務や学修に活かしていただければ，著者としてこれに勝る喜びはありません。

令和2年5月吉日
清清しい五月晴れの日に
高橋　　均

目　次

序　論　会社法の学習と会社法の読み解き方

1．会社法理解の意義と基本　1
2．会社法の条文の並び　3
3．会社法を読み解く上での留意点　7

総　論　会社法と株式会社

1．商法と会社法の関係　13
2．会社とは何か　14
　(1) 企業と会社・14　　(2) 株式会社の特徴・15
3．会社の利害関係者　16
4．会社法の目的　16

第1編　会社機関

第1章　総　説　21

1．会社経営の主体　21
　(1) 会社経営と株主・21　　(2) 会社機関と権限・21
　(3) 会社機関の役割・22
2．会社と役員等の関係　25
3．会社の機関設計　25
　(1) 大会社と非大会社・25　　(2) 会社形態別機関設計・25
　(3) 会社機関設計の意義・26
4．主要国の機関設計　28

第2章　株主総会　30

1．総　説　30
　(1) 株主総会の意義・30　　(2) 株主総会の権限・30
2．株主総会の招集　31

⑴ 招集権者・31　　⑵ 招集通知及び決定すべき事項・32

⑶ 株主の提案権・議案通知請求権・議案提出権・32

⑷ 株主提案権の行使の制限・33

3．株主総会資料の電子提供制度　34

⑴ 制度の概要・34　　⑵ 電子提供制度の手続と措置期間・35

⑶ 株主総会資料の書面交付請求と電子提供制度の中断・35

4．議事と決議　36

⑴ 議決権・36　　⑵ 議決権の行使方法・37

⑶ 株主総会議事の運営・38　　⑷ 決議の方法・39

⑸ 株主総会開催の省略・41　　⑹ 株主総会検査役と調査・42

⑺ 株主の株式買取請求権・42

5．株主総会決議の瑕疵　42

⑴ 趣旨・42　　⑵ 株主総会決議取消の訴え・42

⑶ 株主総会決議不存在確認の訴え及び株主総会決議無効確認の訴え・45

第3章　取締役（会）・代表取締役　48

1．取締役　48

⑴ 資格・員数・任期・48　　⑵ 選任・解任・終任・49

⑶ 解任に関する株主の権利・50　　⑷ 取締役欠員の場合の処置・50

2．取締役会　51

⑴ 権限・51　　⑵ 取締役会の招集・54　　⑶ 取締役会決議・54

⑷ 特別取締役による決議・56　　⑸ 取締役会議事録・57

3．代表取締役　59

⑴ 概説・59　　⑵ 選定・59　　⑶ 解職・終任・59　　⑷ 権限・60

4．取締役の義務と報酬　62

⑴ 一般的な義務・62　　⑵ 利益相反行為の規制・63

⑶ 報酬・64

第4章　監査役（会）　68

1．監査役　68

⑴ 定義・設置義務・68　　⑵ 資格と選任等・68　　⑶ 権限・71

⑷ 義務・73　　⑸ 差止請求及び会社代表・74

⑹ 報酬・監査費用・75

　　2．監査役会　75
　　　⑴ 設置義務・75　　⑵ 権限等・76　　⑶ 監査役会の運営・77

第5章　会計参与・会計監査人　79
　　1．会計参与　79
　　　⑴ 資格・員数・任期・79　　⑵ 権限・79　　⑶ 義務・79　　⑷ 報酬・80
　　2．会計監査人　80
　　　⑴ 資格と選任・80　　⑵ 任期と選任みなし規定・解任・81
　　　⑶ 権限・義務・82　　⑷ 報酬・83

第6章　委員会型設置会社　85
　　1．委員会型設置会社　85
　　2．指名委員会等設置会社の概要と特徴　86
　　　⑴ 概説・86　　⑵ 取締役の任期と権限・86　　⑶ 取締役会・88
　　　⑷ 執行役及び代表執行役・88　　⑸ 執行役の行為差止請求・89
　　3．監査等委員会設置会社　89
　　　⑴ 概説・89　　⑵ 取締役の任期と取締役会の権限・90
　　　⑶ 監査等委員会・90
　　4．監査役会，監査委員会及び監査等委員会の比較　93

第7章　会社役員の責任　97
　　1．会社に対する損害賠償責任　97
　　2．任務懈怠責任　98
　　　⑴ 善管注意義務と忠実義務・98　　⑵ 経営判断原則・99
　　　⑶ 監視義務・100　　⑷ 内部統制システム構築義務と任務懈怠・101
　　　⑸ 任務懈怠責任・103　　⑹ 競業取引・106　　⑺ 利益相反取引・107
　　3．その他の取締役の会社に対する損害賠償責任　109
　　　⑴ 利益供与・109　　⑵ 違法な剰余金分配・109
　　　⑶ その他，取締役が会社に対して責任を負う事項・109
　　4．責任の免除と軽減　110
　　　⑴ 責任軽減制度の経緯・110　　⑵ 責任の軽減（一部免除）・111
　　5．第三者に対する損害賠償責任　113
　　　⑴ 基本的な考え方・113　　⑵ 直接損害と間接損害・114

6．補償契約・役員等賠償責任保険　115
　⑴　補償契約・115　　⑵　役員等賠償責任保険・116

第8章　株主代表訴訟　118
1．株主代表訴訟の法構造と対象　　118
　⑴　株主代表訴訟の法構造・118
　⑵　株主代表訴訟を提起できる対象と範囲・119
2．株主代表訴訟の手続と取締役の対抗手段　　120
　⑴　会社への提訴請求と裁判所への提訴・120
　⑵　却下制度と担保提供申立制度・123
3．多重代表訴訟　　125

第2編　株　　式

第1章　株式と株主　129
1．株式の意義　　129
　⑴　株主と株式・129　　⑵　株式と資本金の額との関係・130
　⑶　株主の特徴・131
2．株主の会社に対する義務・権利など　　131
　⑴　株主有限責任・131　　⑵　株主の権利・132
3．株主平等原則　　133
　⑴　定義・133　　⑵　株主平等原則の例外・134
　⑶　株主平等原則の意義・134
4．株主の権利行使に関する利益供与の禁止　　135
　⑴　規定・135　　⑵　違反・136

第2章　種類株式　141
1．株式の内容と種類　　141
　⑴　概要・141　　⑵　種類株主総会・142
　⑶　定款による法定種類株主総会の排除・143
　⑷　各種類株式の整理・144

第3章　株券と株式譲渡　148
1．株　　券　　148

(1) 総説・148　　(2) 株券の発行・148　　(3) 株券失効制度・149

２．株式の流通　149
(1) 株式の譲渡・149　　(2) 株式譲渡自由の原則と制限・149
(3) 定款による株式譲渡の制限・150　　(4) 法律上の制限・151
(5) 契約上の制限・151

３．振替株式制度　153
(1) 振替株式制度の内容・153　　(2) 総株主通知と個別株主通知・153

４．自己株式　154
(1) 定義とニーズ・154　　(2) 自己株式の取得と方法・155

５．株主の会社に対する権利行使　156
(1) 株主名簿・156　　(2) 基準日制度・158　　(3) 名義書換え・158

第4章　株式の消却・併合・分割・無償割当と単元株制度　161
１．株式の評価　161
２．株式の消却・併合等　162
(1) 株式の消却・162　　(2) 株式の併合・162　　(3) 株式の分割・163
(4) 株式の無償割当・164
３．単元株制度　165
(1) 定義・165　　(2) 制度の目的と単元未満株主の権利・165
(3) 単元未満株主の投下資本回収方法・166

第3編　計　　算

第1章　会計の原則と会計帳簿　169
１．概　要　169
(1) 会社法における規制の目的・169　　(2) 会社法以外の規制・170
２．会計原則　170
３．会計帳簿とその作成・保存義務　171
４．株主の会計帳簿閲覧・謄写請求権　171
(1) 意義と会計帳簿の範囲・171　　(2) 請求理由と拒絶・172

第2章　計算書類と事業報告　174
１．計算書類の概説　174

 2．計算書類等の内容・様式　176
　⑴ 計算書類の内容・176　　⑵ 事業報告・附属明細書・178
 3．計算書類等の監査と取締役会の承認　182
　⑴ 監査・182　　⑵ 取締役会の承認・182
　⑶ 株主等への提供から定時株主総会対応・公告・182
 4．連結計算書類　183
　⑴ 内容・183　　⑵ 株主総会での扱い・183

第3章　剰余金と分配規制　184
 1．資本金と準備金　184
　⑴ 資本金制度とその意義・184　　⑵ 準備金・185
　⑶ 資本金・準備金の減少及び増加・185　　⑷ 剰余金・187
 2．剰余金の分配　188
　⑴ 意義・188　　⑵ 剰余金の配当・188　　⑶ 剰余金の分配規制・190
　⑷ 違法な剰余金分配・190
　⑸ 分配可能額を超える自己株式の買取り・193
　⑹ 期末の欠損補てん責任・193

第4編　資金調達

第1章　新株発行　195
 1．各種の資金調達手段　195
 2．株式発行による資金調達　196
　⑴ 募集の方法・196　　⑵ 株式発行規制の必要性・197
　⑶ 授権株式制度・197
 3．通常の新株発行　198
　⑴ 募集事項の決定と公示・198　　⑵ 募集株式の申込みと割当て・199
　⑶ 有利発行・199　　⑷ 出資の履行及び新株発行の効力・200
　⑸ 支配株主の異動を伴う募集株式の発行・201
 4．新株発行の瑕疵　202
　⑴ 設立時及び設立後の新株発行・202　　⑵ 新株発行の差止め・202
　⑶ 新株発行無効の訴え・205
　⑷ 新株発行の無効事由の近時の傾向・206

　　⑸　新株発行不存在確認の訴え・207
　　⑹　取締役・株主引受人等の差額支払義務・207

第2章　新株予約権　210
　1．新株予約権と発行手続　210
　　⑴　新株予約権の目的・210　　⑵　新株予約権の内容と手続・211
　　⑶　有利発行・212　　⑷　新株予約権発行の差止め・212
　　⑸　新株予約権発行無効の訴え・不存在確認の訴え・215

第3章　社　債　216
　1．総　説　216
　　⑴　社債の意義・216　　⑵　株式と比較した社債の特徴・216
　　⑶　種類・216
　2．社債の発行　217
　　⑴　募集社債に関する事項の決定・217
　　⑵　募集社債の申込みと割当て・217
　　⑶　募集社債の成立と違法な社債発行に対する措置・218
　3．社債権者の管理　218
　　⑴　社債原簿と社債管理者・218　　⑵　社債管理補助者・219
　　⑶　社債の償還・220　　⑷　社債権者集会・220

第5編　組織再編

第1章　組織再編の概観　223
　1．組織再編の意義　223
　2．組織再編の分類　223
　3．組織再編の手段　224

第2章　事業譲渡　225
　1．事業譲渡　225
　　⑴　事業譲渡とは・225　　⑵　事業譲渡・譲受けの手続・225
　　⑶　株主の株式買取請求権・227　　⑷　事業譲渡の内容・227
　2．重要な子会社の株式譲渡　229
　3．事業賃貸　230

4．事後設立　230

第3章　合　併　232
1．合併の意義　232
⑴ 合併の意味・232　　⑵ 事業譲渡との差異・232
⑶ 合併の法律効果・233
2．合併の手続　234
⑴ 事前手続・234　　⑵ 合併契約の締結と事前開示・235
⑶ 株主総会での承認・決議・235　　⑷ 反対株主の株式買取請求・236
⑸ 反対株主の差止請求・237　　⑹ 債権者異議手続・238
⑺ 登記と事後開示　239
3．合併無効の訴え　239

第4章　会社分割・株式交換・株式移転・株式交付　243
1．会社分割　243
⑴ 意義・243　　⑵ 手続・243　　⑶ 会社分割の法律効果・245
⑷ 債権者異議手続（合併の場合と異なる点）・246
⑸ 会社分割の事後開示・会社分割の無効の訴え・246
2．株式交換と株式移転　246
⑴ 意義・246　　⑵ 手続・247
⑶ 株式交換と株式移転の法律効果・248　　⑷ 債権者異議手続・248
⑸ 株式交換と株式移転の無効の訴え・249
3．株式交付　250
⑴ 意義・250　　⑵ 手続・251　　⑶ 株式交付の法律効果・252
⑷ 株式交付の無効の訴え・252

第5章　企業買収　258
1．企業買収の背景　258
2．組織再編行為と企業買収の位置づけ　259
⑴ 組織再編行為との関係・259　　⑵ 事業譲渡・259
⑶ 会社分割・260　　⑷ 合併・261　　⑸ 株式取得による子会社化・261

第6編　会社設立と解散

第1章　会社設立　267
　1．会社設立の**概要**　267
　　(1) 会社設立の意義・267　　(2) 発起人と発起設立・募集設立・267
　2．設立の手続　268
　　(1) 定款の作成・268　　(2) 定款の記載事項と変態設立事項・268
　　(3) 株式発行事項の決定と株式の引受け・275
　　(4) 出資履行による会社財産形成と株主の確定・275
　　(5) 設立時取締役・監査役・会計参与・会計監査人の選任・276
　3．設立の登記　277
　　(1) 登記の手続・277　　(2) 登記事項・277
　4．仮装払込み　277

第2章　発起人の権限・設立無効　280
　1．設立中の法律関係　280
　　(1) 設立中の会社と発起人・280　　(2) 発起人の権限・280
　2．違法な設立・会社の不成立　284
　　(1) 設立無効・284　　(2) 会社の不存在・284
　3．設立に関する責任　284
　　(1) 損害賠償及び現物出資・財産引受けの不足額支払義務・284
　　(2) 出資の履行を仮装した場合の責任・285　　(3) 任務懈怠責任・285
　　(4) 擬似発起人の責任・285

第3章　会社の解散・清算　288
　1．解　散　288
　　(1) 概要・288　　(2) 解散・288
　2．清　算　289
　　(1) 通常清算・289　　(2) 特別清算・290

第7編　事例で考えるリスク管理と対応

事例1　偽装表示　294
事例2　子会社取締役の不祥事　297

事例3　プロジェクトの失敗　300

事例4　虚偽記載　303

事例5　親子会社間での利益相反取引　306

┌─[トピックス]─────────────────────────────┐

法人格否認の法理・18

「監査」の意味・29

株主総会の電子化（電磁的方法の採用）・36

社外取締役の選任義務化・53

取締役の報酬開示・66

適法性監査と妥当性監査・72

会計参与制度を導入したけれど……？・80

会計監査人の報酬に対する監査役の同意権と決定権・84

制度間競争・96

わが国の内部統制システム・103

責任限定契約対象範囲の拡大・113

上場会社と公開会社・130

企業会計審議会と企業会計基準委員会・170

会計監査人の意見表明・176

取締役任期1年と配当政策・189

外国会社による三角合併・234

特別支配株主による株式売渡請求（完全親子会社形態移行への別の方策）・249

株式交付制度と金商法・253

└────────────────────────────────────┘

（参考）【平成28年度　商法・会社法　司法試験問題】　310

事項索引　315

判例索引　323

略 語 表

[法　令]

※条文番号のみは会社法

会施規	会社法施行規則
会算規	会社計算規則
民	民法
民訴	民事訴訟法
民訴費	民事訴訟費用等に関する法律
民保	民事保全法
金商	金融商品取引法
開示府令	企業内容等の開示に関する内閣府令
振替	社債，株式等の振替に関する法律
独禁	私的独占の禁止及び公正取引の確保に関する法律（独占禁止法）

[判例・裁判例]

大判	大審院判決
最判	最高裁判所判決
最決	最高裁判所決定
高判	高等裁判所判決
高決	高等裁判所決定
地判	地方裁判所判決
地決	地方裁判所決定
支判	地方裁判所支部判決

[判例集]

民集	最高裁判所民事判例集
集民	最高裁判所裁判集民事
高民	高等裁判所民事判例集
下民	下級裁判所民事判例集

[雑　誌]

百選	岩原紳作他編・別冊ジュリスト会社法判例百選（有斐閣） 初版（2006年）・第2版（2011年）・第3版（2016年） ※特に版の指定のないものは，第3版
判時	判例時報
判タ	判例タイムズ
金判	金融・商事判例
金法	金融法務事情

序論　会社法の学習と会社法の読み解き方

●序論の目的

① 会社法の学習の意義と理解する際の留意点を考える。

② 会社法の条文構造や特徴を理解する。

③ 会社法を読み解くための留意点を理解する。

●キーワード

強制法規，会社法の趣旨，会社法条文の並び，条文構造

1．会社法理解の意義と基本

　法律は，世の中の事象や運用に一定の規律を加える性格がある。したがって，法律について個々の条文を理解することにとどまるのではなく，それを具体的な行為・行動や実務に活かしていくことが重要である。会社法の場合も同様である。

　会社法の趣旨は，冒頭に「会社の設立，組織，運営及び管理については，他の法律に特別の定めがある場合を除くほか，この法律の定めるところによる」と規定している（1条）。現実には，学生時代に起業したり，株式会社（本書では，特に断りのない限り，株式会社を「会社」という）を定年退職した後に，新たに会社を設立する場合の実務，又は会社に入社した後，会社という組織の中で，株主総会対応や子会社を管理することもあろう。学生の場合は，アルバイト先が会社であれば，やはり会社との接点はある。また，マスコミ報道により，自分が持っている商品の製造会社が他社と合併をする報道があれば，その報道に関心を持つであろう。

　このように，日常生活において，会社に勤務していればもちろんのこと，学生の身分であっても，会社法を理解する意義はある。しかも，第1条に規定しているように，会社法は，他の法律に特別の定めがある例外を除けば，私人が勝手に取り決めることができない強行法規の意味もある。

　他方で，会社法は全部で979条まである（これまでの2回の改正で，条文を新たに設けるなど，いくつかの項目で条文が追加されたので，実質的には1,000条を超

えている）。これだけ膨大な会社法を最初から最後まで全て完全に理解することは困難であるし，その必要もない。それぞれの場面において，必要に応じて関係する箇所を理解すればよいからである。

　しかし，それだけでは不十分である。例えば，総務部で株主総会担当となれば，株主総会の運営に関わる理解は不可欠であるが，同時に株主についての理解も必要である。株主は，何故に株主総会に出席し質問することができるのか，株主が期待している配当は，どのような性格のものなのかなどについて理解をして，一連の株主総会関連の実務の全体像を理解することができる。また，成人になったのを機会に，アルバイトで貯めた資金で，興味を持った会社の株主になった場合には，送付されてきた株主総会招集通知や参考書類を通じて，株主総会の位置づけなどを理解すると，株主となった実感も増してくるであろう。

　しかし，全般的に，法律は正確を期しているあまり，句読点の位置から用語の使い方等に至るまで厳密な規定文となっており，理解のための妨げとなる場合が多い。そこで，会社法理解のためには，以下の点を基本として意識しておくと会社法の理解に役立つ。

　第一は，会社法は，大きくは，運営者たる会社（役員）と会社に出資している株主の利害調整の性格があることから，個々の条文がどちらの側に立った規定なのか意識するとよい。条文の中には，債権者等の第三者や使用人（従業員）等を規定したものもあるが，基本は会社対株主である。

　第二は，会社法の中において，各々の権限や義務等の「実体的内容」を示した規定と「手続」を示した規定とを意識することである。しかも，実体内容と手続内容を示した条文が，各項目に混在して規定されていることから，各項目の中で，両者を意識的に峻別すると理解がしやすい。

　第三は，条文の並び順と構造を理解しておくことである。会社に係る内容を理解するために条文にあたろうとしたときに，会社法のように条文数が多い場合，なかなかたどり着けない場合が多い。しかし，条文の並び順と構造について，一定の理解をしておくと，遙かに容易にたどり着ける（条文の並び順と構造については，2以下で後述）。

　第四は，概念の一定の理解を行った上で，条文を確認すると，条文の記載内容の理解が進む。例えば，本書で関係する項目について確認した上で，条文を確認するとよいと思われる。

2．会社法の条文の並び

　会社法は，第1編の総則から第8編の罰則まで，合計で979条まで存在する。これだけ多数の条文がある法律なので，参照したいと考える条文に必ずしも直ぐに到達できるとは限らない。したがって，会社法の全体像を把握するとともに，会社法特有の条文構造や特徴を理解することによって，迅速に条文に辿り着くことが可能となる。

　会社法の条文の並び順は，①会社法全体では，法の趣旨や定義規定等がある総則から規定されていること，②会社形態の中では，時系列が基本となっていること，③同じ条文の中では，通則規定から特則規定，基準・基本的形態から高度・複雑系へ，となっていること，が基本である。具体的に確認してみよう。

　第1編の総則からはじまり，通則，会社の商号，会社の使用人等となっている。第1編の後は，第2編の株式会社と続き，その後の第3編が持分会社（合名会社，合資会社，合同会社）である。そして，株式会社と持分会社双方に関係する社債を第4編，組織変更や組織再編（合併・分割・株式交換・株式移転）を第5編としている。社債は，株式会社も持分会社も発行可能であるし，株式会社と持分会社との合併も可能なために，社債や組織変更・組織再編は持分会社の後に配置している。第6編は外国会社，第7編が雑則，第8編は罰則となる。第7編の雑則では，株主総会決議取消訴訟や株主代表訴訟などの訴訟関係や登記関係等，実務上も重要な規定が多い。第8編の罰則では，特別背任罪や過料等，文字通り罰則関係の規定となっている。

　第1編の総則では，特に2条の定義規定は，大会社，公開会社，社外取締役等，法制度上重要な定義が記載されていることから，必要に応じて確認することとなる。第2編の株式会社は，会社法の中心となる条文で構成されており，かつ条文数が最も多い。株式会社を規定している条文の中では，まず，会社設立からはじまり，株式，新株予約権，会社機関の時系列的順番である（新株予約権は，新株発行の応用系）。会社機関の中では，最高の意思決定機関である株主総会を最初に，その後の取締役以下，執行部門に近い会社機関から並んでおり，最後は純粋外部者である会計監査人である。なお，監査等委員会設置会社と指名委員会等設置会社は，立法化されて日が浅いため，従来型の会社とは異なる規定を置いている（例えば，取締役会規定）ことから，まとめて条文を置いている（【序論－図表1】　会社法条文の全体像とポイントを参照）。

　また，会社法は，最もシンプルな会社（会社の必置の会社機関である株主総会

4

と取締役のみ設置の会社）を基準に，取締役会や監査役を設置している会社をその後の項又は近い条文に置いているのが並び順の原則である（ちなみに，法令は，条文内は，条→項→号の順番である。例えば，362条1項2号となる）。具体的には，募集株式の発行における募集事項の決定に関しては，株主総会で一定の募集事項を決議することについて，199条で規定している。しかし，200条で，取締役会設置会社であれば，募集事項の決定を取締役会に委任してもよく，更に201条では，公開会社の特則として，公開会社であれば，株主総会ではなく，取締役会で決定してもよいと規定されている。

　同じ条文の中での例としては，株主総会の招集通知等に関する検査役の選任について306条1項で規定しており，同条2項で，公開会社である取締役会設置会社の場合には，1項の規定の要件を修正している。もちろん，あくまでも原則であり，会社数としては，圧倒的に少ない公開会社を基準として，非公開会社を特則としている並び順もある。例えば，株主の取締役の行為差止請求に関して規定している360条では，1項に制度についての規定があり，2項で非公開会社の場合に1項の要件を修正し，3項において監査役設置会社及び委員会型の会社の特則となっている。

【序論-図表1】　会社法条文の全体像とポイント

会社法条文の全体像	ポイント
第一編　総則　Ａ　**1条〜**	Ａ総則からの開始は，他の法律と同じ
第一章　通則　①	①第2条の定義規定は重要
第二章　会社の商号	
第三章　会社の使用人等	
第四章　事業の譲渡をした場合の競業の禁止等	
第二編　株式会社　Ｂ　**25条〜**	Ｂ時系列順，基本から例外が基本
第一章　設立	
第二章　株式　①	①株式会社の本質であることから最初に規定
第一節　総則	
第二節　株主名簿	
第三節　株式の譲渡等	
第四節　株式会社による自己の株式の取得	
第五節　株式の併合等	

第六節　単元株式数	
第七節　株主に対する通知の省略等	
第八節　募集株式の発行等	
第九節　株券	
第十節　雑則	
第三章　新株予約権　②	②株式全般に対し，例外事項
第四章　機関　③	③会社運営の主体
第一節　株主総会及び種類株主総会等　④	④会社機関の中で株主総会は最重要
第二節　株主総会以外の機関の設置　⑤	⑤会社機関の共通事項
第三節　役員及び会計監査人の選任及び解任⑥	⑥役員の共通事項（選任，会社との関係等）
第四節　取締役　　　　⑦	⑦執行部門に近い機関から遠い機関へ
第五節　取締役会	
第六節　会計参与	
第七節　監査役	
第八節　監査役会	
第九節　会計監査人	
第九節の二　監査等委員会　⑧	⑧監査等委員会設置会社について
第十節　指名委員会等及び執行役⑧	⑧指名委員会等設置会社について
第十一節　役員等の損害賠償責任⑨	⑨非日常事項
第十二節　補償契約及び役員等のために締結される保険契約⑨	
第五章　計算等　⑩	⑩会社運営の結果なので第四章の後に規定
第一節　会計の原則　⑪	⑪計算関係の原則規定
第二節　会計帳簿等　⑫	⑫計算の基礎となる帳簿の規定
第一款　会計帳簿	
第二款　計算書類等⑬	⑬会社法では単独から連結の順
第三款　連結計算書類	
第三節　資本金の額等	
第一款　総則	

　　　　第二款　資本金の額の減少等

　　　第四節　剰余金の配当

　　　第五節　剰余金の配当等を決定する
　　　　　　　機関の特則

　　　第六節　剰余金の配当等に関する責任

　　第六章　定款の変更　⑭

　　第七章　事業の譲渡等⑭

　　第八章　解散　⑭

　　第九章　清算　⑭

第三編　持分会社　Ⓒ　575条〜

第四編　社債　Ⓓ　676条〜

　　第一章　総則

　　第二章　社債管理者

　　第二章の二　社債管理補助者

　　第三章　社債権者集会

第五編　組織変更，合併，会社分割，
　　　　株式交換，株式移転及び株式
　　　　交付　743条〜

　　第一章　組織変更　①

　　第二章　合併　　　②

　　第三章　会社分割　②

　　第四章　株式交換及び株式移転　②

　　第四章の二　株式交付　②

　　第五章　組織変更，合併，会社分割，
　　　　　　株式交換，株式移転の手続
　　　　　　及び株式交付　③

第六編　外国会社　817条〜

第七編　雑則　824条〜　Ⓕ

　　第一章　会社の解散命令等

　　第二章　訴訟

　　第三章　非訟

　　第四章　登記

　　第五章　公告

第八編　罰則　960条〜

附　則

⑭非日常事項かつ時系列的には
　後のため第二編の株式会社の
　後半に規定

Ⓒ合名・合資・合同会社の規定

Ⓓ・Ⓔ株式会社と持分会社にも関係す
るため第三編の後に規定

Ⓔ

①通則→株式会社→持分会社の
　組織変更

②合併等の各々について，契
　約・計画で定めるべき内容と
　法律効果を規定

③手続の規則をまとめて規定

Ⓕ訴訟から公告までは重要

3．会社法を読み解く上での留意点

　会社法に接する際に留意しておくべき点がある。

　第一は，会社法と法務省令は一体となっている点である。会社法の条文の中には，「法務省令で定めるところにより」という箇所を頻繁に見る機会がある。会社法に記載のある法務省令とは，①会社法施行規則，②会社計算規則，③電子公告規則，のことであり，会社法本体の具体的説明（議事録の記載内容，開示の記載要領等）は，法務省令で記載していることが多い。しかし，会社法本体では，上記3つのどの法務省令を指しているか明示されていない上，具体的な該当条文も不明である。したがって，実務を行うときは，具体的な法務省令と該当条文について，市販されている六法の条文集等による対応表や注釈を参考にして対応する必要がある。

　第二は，会社法の条文が錯綜している点である。例えば，監査役設置会社と取締役の訴えにおける会社の代表を記した386条1項では，「第349条第4項，第353条及び第364条の規定にかかわらず……」となっており，386条1項を理解するためには，349条4項等も参照する必要がある。

　第三は，準用規定が少ない一方で，類似の条文が増えている。準用とは，類似の異なる事項に対して，ある事項の法令の規定を当てはめることであり，同様の規定を繰り返さずに済むために，法令ではよく見かける。平成17年改正前商法では，準用規定が多様されていたのに対して，会社法では，極力準用規定を設けない方針を採用している。このために，「準用する」という文言に遭遇する機会は少ない一方で，類似の規定を繰り返しているために，やや煩わしさを感じるかもしれない。例えば，組織再編の中の吸収合併等の手続や反対株主の株式買取請求権等を定めた782条以降の条文に対して，ほぼ同様の内容条文が794条以降に続いている。782条からは吸収合併消滅会社等を対象とした記載であり，794条以下は，吸収合併存続会社等を対象としており，単に対象会社が異なるだけで，手続等については，ほとんど重なる部分が多いからである。

　第四は，会社法全体の定義とは別に，各編や各節単位で，定義が示されている。例えば，会社と役員が委任関係を示す330条について，そもそも役員とは誰を指すのか不明であっても，定義規定の2条各号を見ても記載されていない。そこで，この節の最初の329条1項を見ると，役員とは，取締役・会計参与・監査役のことであることがわかる。このように，各編や節の中で，用語の範囲や意味が不明な場合，2条の定義規定に記載されていないときには，各編や節

の最初の方の条文を見ると，明らかになる。

　第五は，条文を並列的ではなく，前後の関係から立体構造的に見ると理解が早くなる。例えば，第2編第4章第11節は，役員等の損害賠償責任に関する規定がある条文であるが，423条が役員等の対会社責任，429条が役員等の対第三者責任の基本となる条文であり，430条は，いずれも連帯責任であることを示している。そして，424条から428条は，全て，423条の特則としての規定である。すなわち，424条は，役員等が会社に対して損害賠償責任があっても，株主全員の同意があれば全部免除できるとし，425条は，役員等が職務につき善意かつ無重過失で株主総会での決議があれば，一部免除が可能としている規定であるから，424条の更なる特則と位置づけられる。426条と427条は，一部免除の手続が株主総会ではなく，取締役会や責任免除契約の場合の規定のために，425条と並列である。428条は，自己のために行った競業取引や利益相反において，役員等は無過失責任であることの条文であるために，やはり，423条の特則規定である（**【序論−図表2】 条文構造の理解の例1**参照）。

　また，会社法施行規則も同様に条文構造を理解することができる（**【序論−図表3】 条文構造理解の例2**参照）。

　会社法に限ることではないが，このように条文を並列的に見るのではなく，重層構造で考える習慣を身につけておくと理解の促進に役立つ。

【序論−図表2】　条文構造の理解の例1

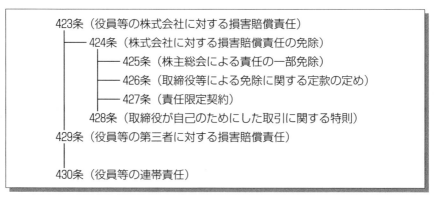

【序論-図表3】　条文構造理解の例2　（令和2年5月31日時点）

○会社法

435条 （計算書類等の作成及び保存）

- 1項　貸借対照表の作成
- 2項　法務省令で定めるところにより，計算書類・事業報告並びにその附属明細書の作成
- 3項　電磁的記録の作成
- 4項　10年間の保存義務

○会社法施行規則

118条 （事業報告の内容）

- 1号　（通則＝すべての会社対象）
- 2号　（内部統制システムについての決定・決議を定めている場合は，その内容及び体制の運用状況の概要）
- 3号　（買収防衛策に関する基本方針を定めている場合は，その内容の概要等）
- 4号　（特定完全子会社が存在する場合は，その名称等の記載）
- 5号　（親会社等との間の取引が存在する場合は，関連する事項）

119条 （公開会社の特則）

★公開会社のみ記載

- 1号　（会社の現況）── 120条

1項

- 1号　（主要な事業内容）
- 2号　（主要な営業所・工場の使用人の状況）
- 3号　（借入先と借入額）
- 4号　（事業の経過及びその成果）
- 5号　（次の事項の状況）
- イ）～ヘ）資金調達，設備投資等
- 6号　（直前3事業年度の財産・損益状況）
- 7号　（親会社・子会社の状況）
- 8号　（対処すべき課題）
- 9号　（その他重要事項）

2項　（前項各号の特例）

3項　（1項6号の特例）

2号（役員関係）——— 121条

    1号（役員の氏名）

    2号（役員の地位等）

    3号（責任限定契約の内容）

    4号（役員の報酬等の総額）

    5号（当該事業年度に受ける見込み報酬等）

    6号（役員報酬の算定方法の方針の概要）

    7号（途中辞任・解任役員）

    8号（重要な兼職状況）

    9号（監査役・監査（等）委員の財務の知見）

    10号（常勤監査（等）委員の選定有無と理由）

    11号（その他の会社役員に関する重要事項）

3号（株式関係）——— 122条

    1号（発行済株式総数の上位10人の株主等）

    2号（その他重要事項）

4号（新株予約権）——— 123条

    1号（事業年度末の新株予約権等の内容の概要，新株予約権を有する人数）

    2号（事業年度中の新株予約権等の内容の概要，交付した者の人数）

    3号（その他重要事項）

——— 124条（社外役員の特則）

    1項1号〜8号（他の会社との兼務状況等）

    ★社外役員が就任している会社のみ記載

125条（会社参与の特則：会計参与と責任限定契約）

    ★会計参与を設置している会社のみ記載

126条（会計監査人設置会社の特則）

    ★会計監査人設置会社のみ記載

1号（会計監査人の氏名又は名称）

2号（会計監査人の報酬額及び同意理由）

3号（監査業務以外に対価を支払っている場合の非監査業務の内容）

4号（会計監査人の解任・不再任の決定の方針）

公開会社のみ記載

5号（業務停止処分関係）

6号（過去2年間の業務停止処分に係る事項）

7号（会計監査人と責任限定契約）

8号（有価証券報告書提出会社の特則）

　イ）子会社も含めた支払額

　ロ）子会社に対する別の会計監査人

　★有価証券報告書提出大会社のみ記載

9号（途中辞任・解任の会計監査人）

10号（剰余金配当等と取締役会の権限行使の方針）

~~127条　（敵対的買収防衛策）~~ ⇦平成21年3月の改正により削除

128条 （事業報告の附属明細書の内容）

総論　会社法と株式会社

●総論の目的
① 商法と会社法の関係について，立法経緯も含めて理解する。
② 株式会社の特徴を理解する。

●キーワード
所有と経営の分離，出資持分の譲渡性，株主有限責任の原則，株式譲渡自由の原則，法人格否認の法理

1．商法と会社法の関係

　商法は，商取引や企業活動の商事に関して適用される法律である。商法の規定に当てはまる規定がない場合は商慣習法を適用し，商慣習法もないときには，民法が適用される（商法1項）。このため，商事に関しては，商法が民法の特別法としての位置づけに該当する。

　商法は，元々は明治23年に誕生したが，施行の延期等があり最終的には廃案となり，現在の商法は明治32年に施行されたものである。その後，商法は度重なる修正を経て，今日に至った。もっとも，文語・カタカナ表記の商法は，単に表記の問題にとどまらず，度重なる改正によって追加の条文や準用規定が多く読みづらくなったのと合わせて，内容的にも株式会社を中心とした企業活動が円滑に行われるような改正の機運が高まってきた。そこで，法制審議会会社法制部会では，会社法制の現代化を目的として，商法から，第2編の「会社」の箇所を抜き出すとともに，有限会社を規律した有限会社法と大会社の会計監査を強化するための「株式会社の監査等に関する商法の特例に関する法律」（いわゆる商法特例法）を合体させ会社法を制定し，平成18年5月1日から施行されることとなった（以下「平成17年会社法」という）。したがって，現行の商法は，途中（32条から500条まで）の条文が削除された形となっている。

　平成17年会社法は，商法の文語・カタカナ表記を改めて口語・ひらがな表記とすると同時に，内容的にも開示強化や定款自治を特色とするなど，円滑な企業活動が図られるような内容となった。

　ところが，平成17年会社法が施行された5年も経過しない内に，「企業統治

の在り方」と「親子会社に関する規律」をテーマに平成22年4月より，法制審議会会社法制部会で改正会社法の審議が開始された。この間，自民党政権から民主党政権に政権交代が行われたことがきっかけの一つではあるが，平成17年会社法で積み残した親子会社法制の課題や，証券市場を中心とした株主の視点にも配慮したコーポレート・ガバナンスの規律についての要望も強かったことも背景にある。その後，平成26年6月20日に国会承認・成立（公布は6月27日）され（以下「平成26年会社法」という），平成26年会社法は平成27年5月1日施行となった。

　平成26年会社法の国会の附帯決議において，社外取締役の選任義務化の要否を含めた企業統治のあり方について，施行後2年経過後に再検討すべきとされた（附則25条）。このために，平成29年4月より再び法制審議会会社法制部会（「企業統治等関係」）で審議が開始され，令和元年12月4日に国会承認・成立（公布は12月11日）した（以下「令和元年会社法」という）。

【総論−図表1】　商法と会社法の関係

2．会社とは何か

（1）企業と会社

　「企業」とは，事業活動から利益を得ることを目的とする主体であり，会社は企業の一つの形態である。会社は，一人で活動する一人会社から，トヨタ自動車のようにグローバルの大規模な会社まで様々である。

　会社とは，事業を目的とする法人である（3条）。法人とは，人間以外で，会社のように自らが権利・義務となることができるものである。会社は，株式

会社の他に，合名会社，合資会社，合同会社がある（これらを，会社法上は「持分会社」という）。もっとも，会社の数としては，株式会社が圧倒的に多い。

（2）株式会社の特徴

　会社は，法人であり（「法人性」），利益を上げて，株主に分配し（「営利性」），会社が主人公（主体）となって，人の集合体として取引等を行う（「社団性」）。そして，会社が主人公となるためには，それを世間に認めさせる一定の手続が必要であり，この一定の手続が「登記」となる。

　株式会社の第一の特徴として，所有と経営の制度上の分離がある。すなわち，出資者である株主と業務執行を行う経営者（取締役）とが，概念上分離されており，出資者たる株主でない者が，経営者として経営に携わることが可能であることを意味している。

　所有と経営の分離の下では，金銭的な余裕がなく会社に出資はできないものの，経営の才覚があり経営者として活躍することが可能である。もっとも，会社からの配当を極力多くしてもらいたいという株主と，高い報酬を得たいという経営者との間において，相互の利益が相反する可能性もある。

　第二の特徴は，株主有限責任の原則である。すなわち，株主の責任は，その有する株式の引受価額を限度とする（104条）。言い換えると，株主は，出資額を超えて会社の債務について会社債権者に対して責任を負わないということである。

　例えば，会社が銀行から借り入れている金額（負債）が1,000万円で，会社の財産が600万円しかなかったとする。差額の400万円について，債権者である銀行は，その支払いを株主に請求できない。

　第三の特徴は，株式譲渡自由の原則である。株主は，投下資本の回収を確保するために，自由に持株（株式）を譲渡し，株主の地位を離脱することが法律上可能との原則である（127条）。証券取引所に上場している会社では，株主は証券取引市場において自由に株式を売買することが可能である。

　株式譲渡自由の原則の例外として，会社は，発行する全部の株式を譲渡する際に，会社の承認を得る必要がある譲渡制限株式を発行することが認められている（107条1項1号，108条1項4号）。同族会社に典型的に見られるように，見知らぬ第三者が株主になるのではなく，株主個人を重視する場合に株式譲渡制限会社とすることも可能である。

3．会社の利害関係者

　前述したように，会社は，株主が出資した範囲内で責任を負う有限責任の形態である。株主は有限責任であるために，仮に会社が莫大な損害を被ったとしても，あくまでも出資した範囲内での損失で済むことから，安心して会社に出資できる。

　株主は出資者であることから，「会社は株主のものである」との主張が，欧米の投資家ではよく語られるが，会社の利害関係者は株主にとどまらない。会社の内部者としては，会社役員や従業員（正社員・派遣社員・パート社員），会社外部者としては，取引先，地域住民，労働組合などがある。会社は利益を上げるための営利性がその特徴の一つではあるが，それは何も株主のみに還元されるべきものではなく，役員報酬や従業員への給料，取引先等への支払い，地域への貢献など多様である。パナソニック㈱の創業者である松下幸之助が，「企業は社会の公器である」と言ったのは，会社の社会性を示している。

4．会社法の目的

　会社法は，事業活動の主体である企業が，会社という形態を利用する場合において，その組織や運営について定めるルールのことであり，会社の利害関係者の利害の調整を目的とする。そして，会社の特徴から，以下のような法規定が導かれる。

　所有と経営の分離や出資持分の譲渡性からは，会社に関する各種の情報を株主に開示する要請が生まれてくる。株主は，出資した会社の経営状態や経営方針の状況を把握することによって，株主としての地位にとどまるのか離脱するかの選択を行う。

　また，会社自らが自律的に法令を遵守するための企業統治（コーポレート・ガバナンス）としての法規制も必要となってくる。一定の枠組みを法令で規定し，その範囲内で会社が業種・業態・規模等の特色を踏まえて，各社なりの仕組みを構築することである。

　また，会社と取引関係のある債権者の財産を守るため，会社債権者を保護するための決まりを定めている。株主有限責任の原則から，株主は一定の範囲に限定して会社の損害負担をすることから，債権者が安心して会社と取引ができるようにするためである。

　会社法では，規模による分類として，資本金5億円以上又は負債総額が200

億円以上を大会社（2条6号）として，会社の機関設計において特別の規定を設けている（会社の機関設計については，**第1編第1章3.** 参照）。

　また，近年，グローバル企業を中心に，グループとしての競争力を向上させることが重要になっている中で，会社法では，親子会社からなるグループを企業集団として定義している（362条4項6号）。子会社とは，例えば，甲会社が乙会社の議決権総数又は発行済株式総数の過半数の株式を保有しているとき，甲会社は乙会社の親会社，乙会社は甲会社の子会社（2条3号・4号）と定義している。ただし，会社法では実質支配基準を設け，甲会社が乙会社の40％以上50％以下の株式保有であっても，乙会社の取締役の過半数を送り込んでいたり，甲会社が乙会社に多額の融資を行っているなど，実質的に支配関係にある場合も乙会社は甲会社の子会社と定義している（会施規3条）。会社間に支配関係がある場合，子会社の少数株主や債権者の利益が害される危険性があるため，法による一定のルール作りが必要である。このために，平成26年会社法でも親子会社法制について一定の進展がみられたが，今後更なる法整備が必要との認識を持っている会社法研究者は多い。

●事例問題1

　個人Aが，5台の車を使ってタクシー営業を始める場合を考える。Aが個人営業で行うとすれば，タクシーが人身事故を起こして1億円の損害が発生したときは，その賠償責任は，A個人が全部負担することになり，Aは営業用の財産のみならず，自己の個人財産を含めて損害賠償をしなければならない。では，次の場合はどうか。なお，民法上の問題は検討除外とし，また自動車保険は考慮しないこととする。

⑴　仮に，Aは会社を500万円で設立（甲会社）して，5台のタクシーを会社所有とし，Aがその会社の株主になり，タクシー会社の経営を友人のBが行うこととした。そのっちに，甲会社のタクシー運転手の一人が，1億円の人身事故を起こしたとき，会社法上，損害賠償の責任を負うのは誰であろうか。

⑵　次に，Aが株主として出資する総額500万円は変わらないとして，Aは会社を5つ設立し，各々の会社は別個の経営者が経営を行うとともに，1社当たり1台のタクシーを所有したとする。一方で，5つの会社は，Aが実質のオーナーであり会社経営を自由にコントロールすることができ，出資額は各社100

万円とする。このような状況下で，乙会社のタクシー運転手の一人が，１億円の人身事故を起こし乙会社が倒産したときは，会社法上，損害賠償の責任を負う関係はどのようになるか。

○考える際のポイント

① 個人事業主の場合と会社の株主の場合の損害賠償の支払い義務

② 会社を分割して所有していたときの株主のメリット

○解答骨子例

(1) Ａが個人事業主として会社を経営したときと異なり，甲会社を設立して株主となり，甲会社はＢが経営者となった場合には，所有と経営が分離された株式会社の特徴を有することとなる。この場合，甲会社のドライバーが人身事故を起こした会社法上の責任は，経営者たるＢが，安全対策を含めたリスク管理が不十分であるとして監視・監督義務違反として，甲社又はＢが事故被害者に対して，１億円の損害賠償を負うこととなる。他方，甲会社の株主であるＡは，１億円の損害賠償を負う必要はない。仮に，甲会社が倒産した場合であっても，株主有限責任の原則から，出資した500万円の損失でとどまることとなる。

(2) 会社形態が，５社に分割されている場合であっても，１億円の損害に対して支払う義務があるのは，乙会社又は乙会社の経営者であり，乙会社が倒産した場合であっても，株主たるＡは，出資した100万円の損失で済むこととなる。(1)のケースと異なり会社が倒産した場合にＡが被る損失は，分割した会社に対して出資した100万円に限られるために，会社分割をしたほうが，株主としてのＡのリスクは分散されることとなる。株主有限責任の原則を利用した形態といえる。もっとも，会社に対して十分な出資することなしに，会社に対する有限責任の原則を巧妙に利用して自分の責任を不当に免れようとする実質オーナー株主がいた場合には，法人格否認の法理からオーナー株主にも責任が及ぶ場合もあり得る。

★トピックス　法人格否認の法理

法人格否認の法理とは，通常，会社は法人という独立の存在として会社運営を行うところ，法律の適用を逃れるため（法人格の濫用）や法人格が形骸化している実態がある場合には，会社の法人としての独立性を否認することが問題を処理する上で妥当とする法理のことであり，判例でも認められている考え方である（最判昭和

44年 2 月27日民集23巻 2 号511頁)。

　例えば，会社が負っている債務弁済の強制執行を回避するために，別会社を設立してその会社に財産を移転した事例において，法人格否認の法理が適用され，債権者は別会社に対して債権回収が可能とされた事案がある（最判平成17年 7 月15日民集59巻 6 号1742頁)。

●重要関連裁判例
- 法人格否認の法理（最判昭和44年 2 月27日民集23巻 2 号511頁）
　……百選 3 事件
- 法人格否認の法理（最判平成17年 7 月15日民集59巻 6 号1742頁）
　……百選 4 事件

第1編　会社機関

第1章◆総　　説

●本章の目的

①　会社機関とはどういうものか説明できる。

②　会社機関の設計について，会社形態別の在り方について理解する。

③　日本の会社機関設計の特徴を主要国との比較の観点から説明できる。

●キーワード

会社機関，所有と経営の分離，委任関係，善管注意義務，定款自治

1．会社経営の主体

（1）会社経営と株主

　株式会社は，所有と経営が制度的に分離している特徴がある。経営とは文字通り会社を運営することであり，所有とは出資たる株主が会社の所有者であることを示している。欧米の機関投資家が「会社は株主のもの」と主張しているのは，会社を所有するのは株主であるとの意識が強いからである。

　もっとも，「制度的に」と断っているのは，会社創業者が株式を大量に保有しているオーナー系企業も多数あり，現実的には，会社経営と株主が必ずしも分離していないケースも多々あるからである。それにもかかわらず，株式会社を理解するために，会社経営と所有の分離の概念が重要であるのは，株式会社を規定している会社法の理解のためには，会社法が，会社（役員）と株主との利害調整を示しているとの視点を意識するとよいからである。

（2）会社機関と権限

　会社機関とは，会社としての意思決定をしたり，運営に携わる役割がある。会社としての意思決定をする主体者は，会議体としての組織であっても，具体的な人であってもよい。すなわち，会社機関とは，会社の意思決定や運営という目的を中心とした考え方であって，会議体であるか自然人であるかは問題ではない。

　会社法上定められている会社機関は，株主総会・取締役・取締役会・会計参与・監査役・監査役会・会計監査人・委員会・執行役の9種類である。この中で，株主総会と取締役は，会社を設立する以上，必ず設置しなければならない（296条1項，326条1項）。株主が所有者であるという原則から考えた場合に，会社と株主と公式な接点を持つ会社機関が株主総会と考えてよいであろう。

　これに対して，取締役は，自然人として実際に会社経営の主体となる人であり，会社という組織を具体的に運営する人である。取締役は会社の役員であるが，取締役以外にも，会計参与や監査役も会社法上の役員である（329条1項）。また，会社法の条文には，役員等という文言も見受けられるが，これは取締役・会計参与・監査役に加えて，会計監査人と執行役を加えたものである（423条1項）。会計監査人や執行役は，会社法の役員との位置づけではないが，会社に対する責任問題を考えるときには，役員と同列とすべきとの理由による（【1-1．図表1】　会社機関の種類と位置づけ参照）。

　なお，執行役員は，会社法上の役員ではないことに注意が必要である（執行役員とは，ソニーが経営機構改革の一環として，1990年代後半に初めて導入し，その後，多くの会社で採用された制度であり，取締役の員数を減らすことで取締役会の活性化を図るなどの目的があった）。

【1-1．図表1】　会社機関の種類と位置づけ

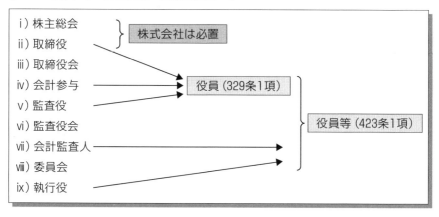

（3）会社機関の役割

　各会社機関の役割については，本編第2章以下で個別に詳述するが，本章で

は概念的に記載すると以下の通りとなる。

a．株主総会と取締役（会）・会計参与

　株主総会は，会社の最高の意思決定機関であり，会社（役員）と株主が対峙するもっとも重要な会社機関である。もっとも，株主の全員が同意をした場合は，書面開催も可能であることから（319条1項），必ずしも株主総会を物理的に開催しなくてはならないというわけではない。

　取締役は，会社の業務を執行する者である（348条1項）。要するに，営業や購買，製造や技術開発，コーポレート部門としての管理業務などを行う者である。取締役は会社の中で部長や課長等の管理職の上位に位置するものであることから，大規模な会社であれば，取締役は部下達に指示したり，部下からの情報や相談に対して，決定を行う場面が圧倒的に多くなる。

　取締役会は，業務執行の決定（362条2項1号）という側面と，取締役の職務の執行を監督（同2号）という二面性があることの理解が重要である。取締役は，自らが管掌している事業部門に対して一定の決定権限（決裁権限）を持っているが，大きなプロジェクトの参画や，企業買収等，会社にとって極めて大きな経営判断が求められるときには，取締役一人ではなく，取締役全員の質疑を通して審議を行った上で，最終決定をすることによりリスクの低減を図る役割がある。この決定の過程で，他の取締役を監督する役割も持たせている。取締役会としての権限として規定しているが，実際には，取締役会を構成している個々の取締役が他の取締役に対する監視・監督義務を負っていると理解すればよい。もっとも，取締役の監視・監督義務は，取締役会の場に限定されていないことには注意すべきである。

　会計参与は，取締役と共同して会社の計算書類等を作成する会社機関である（374条1項）。本来は，取締役（及びその部下達）が計算書類（貸借対照表・損益計算書・株主資本等変動計算書・個別注記表）等を作成するわけであるが，財務・経理の知見のある者が不足していて，計算書類の作成が困難な場合には，税理士等の職業的専門家が協力する形となる。その協力者を会計参与と呼称している。平成17年改正前商法には規定がなかった会社機関であったが，平成17年会社法で新たに導入された。もっとも，企業の現場では，会計参与を置いている会社は少ない。経理・財務部門は，決算業務を行ったり，日常の会計処理をする重要な部署であることから，企業として経理・財務担当者の陣容を整えることは大事なことであるからである。

b．監査役（会）・会計監査人

　監査役は，取締役の職務執行を監査する会社機関である（381条1項）。取締役が業務執行を行うことから，その業務執行が法令・定款違反となっていないか，他の取締役の監督義務を怠っていないかを監査することが職責である。

　監査役会は，3人以上の監査役でかつその半数以上は社外者から構成され（335条3項），事業年度の監査の方針等の一定事項は，監査役会で決議しなければならない（390条2項）。

　会計監査人は，公認会計士又は監査法人（5名以上の公認会計士を社員として設立された法人）でなければならない（337条1項）。会計監査人は，会計の職業的専門家として，会社の財務・経理処理が粉飾決算に繋がっていないか，会計監査を通じて会社の計算書類の作成が適正になされているかを監査する会社機関である。

c．委員会・執行役

　会社法で法定化された委員会とは，指名委員会・監査委員会（監査等委員会設置会社では，監査等委員会という）・報酬委員会の3委員会をいう。指名委員会は，株主総会に提出する取締役（会計参与設置会社では，取締役と会計参与）の選任及び解任の議案の内容を決定する権限がある（404条1項）。監査（等）委員会は，執行役（監査等委員会は，執行役が不在のため除外）及び取締役（会計参与設置会社では，会計参与も含む）の職務執行の監査及び監査報告の作成を行う（404条2項）。報酬委員会は，執行役・取締役・会計参与の個人別の報酬等の内容を決定する（404条3項）。3つの委員会を必置とする会社形態を指名委員会等設置会社，監査等委員会のみを設置している会社を監査等委員会設置会社という。

　執行役は，取締役会決議によって委任を受けて，指名委員会等設置会社の業務の執行の決定と執行を行う（418条）。すなわち，執行役は，業務執行に専念する指名委員会等設置会社特有の会社機関である。言い換えると，指名委員会等設置会社以外の会社形態の取締役は，業務執行と監督の2つの役割があるのに対して，指名委員会等設置会社では，業務執行と監督の分離に特徴がある。指名委員会等設置会社は，アメリカの経営管理機構をモデルにして平成14年の商法改正で導入されたものである（当時は，委員会等設置会社と呼称されていた）。

2．会社と役員等の関係

　会社と役員・会計監査人とは委任関係にある（330条）。ちなみに，執行役員以下の従業員（使用人）と会社とは，雇用関係である。委任関係では，委任された者（受任者）は委任者に対して善管注意義務を負う（民644条）。善管注意義務とは，職業や地位に則って，善良な管理者としての注意義務をもって業務を遂行することである。取締役であれば，従業員とは異なる知見により，会社のために取締役としての注意をもってその職責を果たすことである。

　善管注意義務を果たす役員及び会計監査人の行為の帰属先は会社となる。

3．会社の機関設計

（1）大会社と非大会社

　会社は，株主総会と取締役を必ず置かなければならないが，その他の会社機関の設置は，任意規定がある。例えば，大会社（会社法上，資本金5億円以上又は負債総額200億円以上。2条6号）は，監査役会及び会計監査人を置かなければならないとの規定があるが（328条1項），非大会社（資本金5億円未満かつ負債総額200億円未満）であれば，監査役会や会計監査人を置く必要はないことになる。もっとも，非大会社が監査役会や会計監査人を置いてはならないといっているわけではないことから，定款（各会社が，商号や会社の目的事項等を定める根本原則。定款については，第6編第1章参照）に定めれば，監査役会や会計監査人を自主的に置くことは可能である。例えば，非大会社の中に，事業内容の変更等で会計処理が複雑化したときに，職業的専門家である会計監査人に会計監査を委任することもあり得るわけである。

（2）会社形態別機関設計

　会社の機関設計については，会社法の326条から328条に規定している。例えば，大会社かつ公開会社では，フルスペックとなる。取締役会・監査役（会）・会計監査人は，監視・監督や監査を行ういわばガバナンス機関であることから，大会社かつ公開会社では，社会的な影響の大きさなどを勘案して，ガバナンス機関たる取締役会等を全て設置することを義務づけていると理解してよい。他方，非大会社（中小会社）かつ非公開会社（全株式譲渡制限会社）では，代表取締役と株主による監視・監督が可能であることから，取締役会等のガバナンス機関の設置を法的に強制していない（【1-1．図表2】会社機関設計の相関図参

照）。このような会社では，自社の業態や業容を勘案した上で，設置が望ましいと考えれば，定款に定めた上で会社機関として設置すればよい。いわば，一定の会社形態の会社では，コストを要する会社機関の設置を法が強要せずに，自主的な判断に委ねるという「定款自治」という考え方を採用していることが会社法の特徴である。

なお，指名委員会等設置会社と監査等委員会設置会社の委員会型の会社形態では，監査役の設置は禁止されている（327条4項）。委員会型の会社では，監査（等）委員が存在しており，監査役と同様の機能を有していることから，業務の重複を避けるために監査役（会）の設置を認めていない。

（3）会社機関設計の意義

会社機関設計は，会社運営の基本となることから，実務上も重要な意義をもつ。例えば，大会社かつ公開会社であるＡ社の一つの事業部門を分社して，資本金5億円の完全子会社を設立してＢ社としたとしよう。完全子会社の場合には，公開会社にはできないことから，Ｂ社は，会社形態としては，大会社かつ非公開会社に分類される。すると，「会社機関設計の相関図」を見てわかるとおり，Ｂ社は監査役と会計監査人は設置しなければならないが，取締役会と監査役会の設置は任意である。大会社として，取締役会での審議は必要と考えて取締役会は設置するものの，完全親会社であるＡ社がＢ社の監視・監督を行うということであれば，Ｂ社に社外監査役半数を義務づけている監査役会の設置までは不要との考え方もあり得よう。このように，会社分割や合併等の組織再編を行った場合，当該会社の機関設計をどのような形態とするかについては，事業部門の分社化や他社を子会社化したりする際にしっかりと議論すべき重要な項目である。分社化した子会社が，収益を重視するあまり，本来設置すべき会社機関を設置しなかったことにより，将来不祥事を起こしたことが明らかになるようなことがあれば，当初の機関設計を決定した当時の役員の責任問題ともなり得ることには留意すべきである。

【1-1. 図表2】　会社機関設計の相関図

	取締役	取締役会	監査役	監査役会	会計監査人
公＋大	○3名以上	○	○3名以上	○半数以上が社外	○
公＋中小	○3名以上	○	○1名以上	△	△
非公＋大	○1名以上	△	○1名以上	△	○
非公＋中小	○1名以上	△	△	△	△
委員会設置	○委員会の過半数が社外	○	×	×	○

凡例：公＝公開会社，非公＝非公開会社（全ての種類株式が譲渡制限）
　　　大＝大会社（資本金5億円以上又は負債総額200億円以上）
　　　中小＝大会社以外
　　　委員会設置＝指名委員会等設置会社及び監査等委員会設置会社
　　　○＝必置，△＝任意，×＝設置不可

●事例問題1

　　甲会社は，多角化を進めている中，オーナー系の食品加工会社である乙会社（資本金2億円，負債総額は10億円）の株式を55％取得して子会社化した。B社は，取締役3人による取締役会を設置していたが，監査役も会計監査人も設置していなかった。甲会社は，乙会社の子会社化にあたり，乙会社の代表取締役社長をはじめ，オーナー一族は全て取締役を退任することになった。甲会社としては，今後，乙会社の会社機関設計をどのように考えたらよいであろうか。なお，乙会社は，全ての株式に譲渡制限がある。

○考える際のポイント

① 非大会社かつ非公開会社の機関設計

② オーナーによる支配力が及んだ会社におけるガバナンスのあり方

○解答骨子例

　　乙会社は，資本金2億円かつ負債総額は10億円であることから会社法上の非大会社であり，かつ非公開会社（株式譲渡制限会社）であることから，これまでは，会社の機関設計としては，監査役と会計監査人の設置は任意であり，設置をしていなかった。

　しかし，甲会社による子会社化により，乙会社のオーナーは退任し，オーナーの強力な支配力が及ばなくなることから，甲会社としては，乙会社が自律的な企業統治を機能させることができる機関設計が重要となってくる。とりわけ，食品の加工を業とする乙会社にとっては，食品衛生法の違反等が発生すれば，消費者からの信頼が直ちに失墜することとなる。このためには，ガバナンスの要である監査役を就任させること，また監査役に経理・財務の知見のある適切な人材が存在しないときには，会計の職業的専門家である会計監査人を設置することが考えられる。さらに，社外の目による監視機能を期待するならば，監査役会設置会社として半数以上の社外監査役を選任することもあり得る。あるいは，指名委員会・報酬委員会・監査（等）委員会の法定の委員会が過半数の社外取締役から構成される指名委員会等設置会社，監査等委員会設置会社への移行も考えられる。

4．主要国の機関設計

　会社機関設計は，経営管理機構の観点から国によってその位置づけが異なる。日本では，取締役と監査役の選任・解任については，株主総会の別個の議題として株主総会に提出された上で，具体的候補者の議案の承認・決議が行われる。すなわち，取締役と監査役の法的位置づけは併存している形となっている。そして，取締役会が業務執行の決定と他の取締役の職務執行の監督機能を持ち，監査役は，取締役の職務執行を監査する役割を担っている。

　一方，アメリカ（米国）では，そもそも監査役という会社機関は存在せず，過半数が社外者である独立取締役（Independent directors）からなる取締役会（Board of directors）が業務執行の監督機関であり，業務執行を行うのは執行役（officer）という役員がその任にあたる。取締役会が執行役の選任・解任の人事権を持つことによって，監督機能の実効性を高めている。アメリカの制度は，一般的には一層制（one-tier system）と言われている。

　これに対して，ドイツでは，株主総会で選任された監査役（Aufsichtsrat）が監査役会を構成し，監査役会が取締役（Direktor）の選任・解任する権限を持つ。日本の監査役制度は，明治時代にドイツの監査役制度を真似て導入されたものの，日本とは異なり，取締役への人事権を持つことによる監視機能が強い形態であり，ドイツの制度は，監査役会と取締役（会）の二層制（two-tier system）である。

　なお，ドイツの株式会社で500人超の従業員がいる場合には，株主総会で選

任される監査役とは別に，従業員代表の監査役が全体の3分の1選出され，2,000人超の従業員が勤務している場合は，労働組合の代表者を含めて，半数以上が従業員代表者である必要があるなど，日本とは異なる制度設計となっている。

【1-1．図表3】　米・独・日の経営管理機構の略図

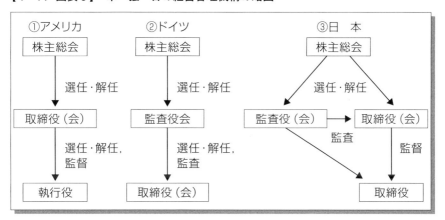

★トピックス　「監査」の意味

　「監査」を英語では「Audit」という。欧米では「Audit」は，会計監査を意味する。会計が意味する監査は，会計帳簿等の会計関係の書類を照合して，計算書類や財務諸表等の適正性について意見を表明することである。このため，「業務監査」としても，欧米では「監査」の意味を狭く捉えることとなり，会計にとどまらない取締役の職務執行全般が監査対象とする日本の感覚で「Audit」を用いると，監査役としての意見を述べて取締役に是正させる監視機能の意義が曖昧になる可能性が否定できないことから注意が必要である。

第2章◆株主総会

●本章の目的

①　株主総会の役割と運営について説明することができる。

②　株主総会資料の電子提供制度の意義と内容について理解できる。

③　株主総会の手続等の瑕疵に対して，会社法が用意している法規定はどのようなものが
あるか挙げることができる。

●キーワード

招集通知，議題提案権，株主総会資料の電子提供，議案提出通知請求権，株主提案権の制限，普通決議，特別決議，特殊決議，代理人，委任状，株主総会決議取消訴訟

1．総　　説

（1）株主総会の意義

　株主総会は，株式会社の構成員である株主によって構成され，会社としての最高の意思決定機関である。所有と経営が制度的に分離している株式会社においては，会社の所有者たる株主と会社経営者（取締役ら会社役員）とが対峙し，株主は，会社の経営方針の説明を受けたり，会社が推薦する取締役や監査役候補者の賛否の意思表示をするなどの重要な役割がある。会社が株主から出資を募り，かつ営利目的として設立した団体である以上，株主が会社の意思決定に関与することは当然となる。もっとも，株主総会では，会社法に規定されている事項及び定款で定めた事項に限って決議することができる（295条2項）。

　株主総会は，毎年，一定の時期に開催する定時株主総会（株主の権利行使は，基準日から3ヶ月以内と定められている中で，定款において事業年度末日を基準日とする場合が多いことから，3月決算会社では，6月開催が通例）と，必要に応じて臨時に開催する臨時株主総会がある（296条1項・2項）。

（2）株主総会の権限

　株主総会は会社の最高の意思決定機関であるが，あらゆる事項について株主総会で意思決定をすることは現実的ではない。なぜならば，機動的な会社経営を行う必要があるときに，都度株主総会を開催することは，その機動性を損なうことにもなるからである。また，トヨタ自動車やソフトバンク等，多数の株主が存在する会社では，株主総会の開催自体に大変な労力とコストを要し，頻

繁な株主総会の開催は，現実的には不可能である。

　そこで，会社法では，取締役会を設置している会社（以下「取締役会設置会社」という。取締役会については，**本編第３章２**参照）と取締役会を設置していない会社（以下「非取締役会設置会社」という）とで，株主総会の権限を分けている。取締役会設置会社では，本来，株主総会で意思決定をする多くの事項を，取締役会にその権限を移し（授権という），会社法が規定する事項のほかは，会社が株主総会で決議する旨を定款に定めた事項に限定して株主総会で決議することを可能としている（295条２項）。例えば，本来，取締役会の決議事項である代表取締役の選定・解職を定款で株主総会で決議とすることは可能である（最判平成29年２月21日金判1519号８頁）。

　会社法で規定する株主総会での決議事項とは，①取締役等の選任・解任（329条，339条），②定款変更（466条），③事業譲渡や合併などの会社の基礎的変更（467条１項，783条１項，795条１項，804条１項），④剰余金の配当（454条１項），⑤特に有利な金額での株式発行又は自己株式処分（199条２項，201条１項），⑥取締役等の責任免除（425条１項，426条１項），⑦取締役・監査役の会社役員の報酬（361条１項，387条１項）などである。これらの決議事項は，いずれも株主の利害に大きく関係するからである。例えば，株主の利益を無視した会社に都合の良い取締役が選任されたり，取締役がお手盛り的に多額の報酬を得ることとなれば，株主の経済的利益が毀損されたり，会社自体の経営に支障を来すことにもなりかねない。そこで，取締役会設置会社においては，機動的な意思決定のために，取締役会での意思決定を基本としつつ，株主の利害関係に大きく影響する一定の事項については，株主総会で意思決定をする旨を定めているわけである。

　一方で，非取締役会設置会社では，会社法に規定する事項の他，会社の運営等一切の事項について株主総会において決議可能である（295条１項）。

２．株主総会の招集

（１）招集権者

　株主総会は，取締役が株主を招集して開催される（296条３項）。取締役会設置会社では取締役会である。会社が株主総会を招集する際には，株主総会の日時や場所，株主総会での議題・議案を書面によって通知する。多数の株主が存在する場合には，招集通知や株主総会の参考書類を郵送するだけでも，会社側

に多大の労力とコストが発生する。

　他方，株主全員が同意した場合は，招集手続を省略して開催することができる（300条）。株主総会は，株主が主役とも言えるので，主役である株主が招集手続を不要でよいとしたならば，会社にとっても，その分，事務処理が楽になる。もっとも，株主全員に招集手続の有無を確認すること自体にも労力を要することから，現実的には，同族会社のように，株主と容易に連絡がとれ，かつその数が多くはない場合に限定される。

　総株主の議決権の３％以上を６ヶ月以上継続して保有している株主は，取締役に株主総会の招集を請求し，招集手続がとられないときは，裁判所の許可を得て，自ら招集することが可能である（297条）。

　なお，株主全員が株主総会の開催に同意した上で出席しているならば，招集通知の手続きが無かったとしても，株主総会の決議は有効に成立していると解される（最判昭和60年12月20日民集39巻８号1869頁）。

（２）招集通知及び決定すべき事項

　株主総会の招集通知には，株主総会開催日時と場所，株主総会の目的事項（決議事項や報告事項），書面等による議決権行使を認める場合は，その旨等が記載される。株主総会の招集通知は，公開会社の場合は，株主総会開催日の２週間前までに，会社から全ての株主に発する（299条１項）。他方，株式譲渡制限会社（非公開会社）の場合の発送期限は，総会の日の１週間前までである。公開会社の場合のほうが一般的に株主数が多く，中には海外居住の株主も多数存在することから，株主総会の招集通知を譲渡制限会社より早く発送する必要がある。

　取締役会設置会社では，招集通知は書面等による（299条２項２号・３項）。前述したように，株主全員の同意がある場合は，招集手続を省略できる（300条）。

（３）株主の提案権・議案通知請求権・議案提出権

　株主総会においては，会社側からのみでなく，株主から議題を提案したり，議案を提出したりする権利がある。株主による議題提案権とは，会社が招集する株主総会で一定事項を議題とすること（303条）であり，議案通知請求権とは，提出する議案の要領を招集通知に記載することを請求すること（305条）である。取締役選任事項であれば，議題とは，取締役選任の件であり，取締役の具体的

人物の提案が議案となる。

　取締役会設置会社における議題提案権及び議案提出通知請求権の特則として，6ヶ月前（公開会社の場合）から総株主の議決権の100分の1以上，又は300個以上の議決権を保有する株主に限って議題提案権・議案提出通知請求権が認められている（303条2項，305条1項・2項）。すなわち，全ての株主が議題提案権や議案提出通知請求権が付与されているのではなく，一定の株式を保有している株主のみの権利である（少数株主権という）。

　請求期限は，取締役に対して，株主総会の日の8週間前までである（303条2項）。このように期限が定められているのは，会社側にとって，株主の議題提案権や議案通知請求権については，招集通知への記載のために，招集通知の印刷準備などの準備期間を必要とするからである。そして，株主からの議題提案権や議案通知請求権に対して，会社側が一方的に採用しないことは法的に許されない。他方，株主からの議題提案権や議案通知請求権について，会社は全ての株主に提出する招集通知に記載する必要があり，コストがかかることから，株主の濫用的な権利行使を避けるために少数株主権としている（株主の濫用的な権利の行使の事例として，東京高判平成27年5月19日金判1473号26頁）。

　一方，株主総会の場において，株主が議案提出権を行使することも可能である（304条1項）。いわゆる株主による修正動議である。株主総会当日の株主の修正動議は，少数株主権ではなく単独株主権（1株又は1単元株を保有）である。株主による当日の議案提出権を行使したとしても，会社にコストは発生しないために，敢えて少数株主権とする必要はないからである。

　なお，買収防衛策廃止の議題を招集通知及び株主総会参考書類に記載することを求める株主からの仮処分の申立てに対して，定款の規定との関係で株主総会の権限の範囲に属さないとの理由で否定した事案がある（「ヨロズ株主提案議案招集通知記載仮処分申請事件」東京高決令和元年5月27日資料版商事法務424号120頁）。

（4）株主提案権の行使の制限

　近年，一人の株主により膨大な数の議案が提案されることにより，株主総会の円滑な運営に支障を来したり，招集通知の印刷等に要するコストが増加する立法事実に対して，その弊害を除去するのが立法趣旨である。

　具体的には，株主が株主総会において提案することができる議案の上限の数

を10に制限するというものである。その際，役員の選解任，会計監査人の不再任については，議案の数にかかわらず一つの議案とみなすなどの細則が定められている（305条4項1号～4号）。

　なお，当初の法案にあった株主が他人を侮辱したり困惑させる目的や株主共同利益に反する提案という内容面での制限については，国会での修正により削除された。もっとも，株主提案の内容の制限は，濫用的な株主提案を行おうとする株主の権限を許容しない裁判例があり（東京高判平成27年5月19日金判1473号26頁），実務的な大きな影響はない。

3．株主総会資料の電子提供制度

（1）制度の概要

　株主総会資料は，従前においては，事業報告の記載事項の一部，計算書類の株主資本等変動計算書，個別注記表等の一部の書類は，ウェブ開示（Web開示）が可能であったものの，株主総会参考書類，議決権行使書面，計算書類・事業報告・監査報告等の多くの書類は書面で作成され，株主に提出されていた。これに対して，令和元年会社法において，株主総会資料を，自社のHPの電子ファイル等で掲載し，かつそのアドレスを書面で通知した場合には，株主の個別の同意無しで株主総会資料を適法に提供したものとする株主総会資料の電子提供制度を新設した（325条の2～7）。具体的に電子提供できる書類とは，①株主総会参考資料，②議決権行使書面，③計算書類及び事業報告，④連結計算書類である（325条の3第1項）。株主総会資料の掲載場所は，自社のHP以外に，会社が特別に用意したプラットフォーム，証券取引所のEDINET（Electric Disclosure Internet,有価証券報告書等を開示する開示用電子情報処理組織）を利用する場合には，当該開示をもって，電子提供制度を採用したものとみなされる（325条の3第3項）。

　株主総会資料の電子提供制度は，会社にとっては資料の印刷代や郵送費用の削減につながる一方で，株主にとっても紙ベースと比較すると格段に多くの情報量を早期に入手できるメリットがある。

　なお，招集通知そのものは，従来通り書面での作成が前提となっている。招集通知に，株主総会参考資料を掲載するウェブサイトのアドレスを記載する必要があるためである。また，株主総会資料の電子提供制度を採用しても，議決権行使書面は，従前通り紙媒体の使用も可能となっている。その場合は，招集

通知の発送の際に，議決権行使書面も同封する実務となる。

（2）電子提供制度の手続と措置期間

　電子提供制度を利用する場合には，定款の定めが必要である（325条の2）が，振替株式（振替128条1項）を発行する上場会社等が，電子提供措置をとる旨を定款に定めなければならないと規定されている（振替159条の2第1項）。その上で，振替株式発行会社は，令和元年会社法の施行日に定款変更をしたものとみなされるために，電子提供制度のための定款変更議案を株主総会に提出する必要はない（整備法10条2項）。

　電子提供措置期間は，株主総会日の3週間前の日又は株主総会招集通知の発送日のいずれか早い日から，株主総会の日後3ヶ月を経過する日までの間である（325条の3第1項）。従前と比較して，会社は，株主総会資料の印刷や郵送の手間が省略できることから，株主総会の日の2週間前（公開会社の場合）より早めることができる。

　なお，株主総会招集通知は，電子提供制度を採用する会社においては，公開会社・非公開会社にかかわらず，一律，2週間前までに発送しなければならない（325条の4第1項）。

（3）株主総会資料の書面交付請求と電子提供制度の中断

　電子提供制度を利用することが困難であるなどの理由で書面の交付を希望する株主は，ウェブサイトに掲載された資料を書面により交付することを請求できるものとしている（325条の5）。その際，会社は，基準日までに書面交付を請求した株主のみに交付すればよく，また振替株式の株主の場合は，振替機関を経由して請求する（振替159条の2第2項）。株主総会において，株主としての権利行使が可能であるのは，会社が定めた基準日時点において株主総会名簿に登載された株主である必要からである。

　書面交付請求は，別途株主が撤回を行わない限り，その後の全ての株主総会において有効に機能する。このため，株主が書面交付請求を行った日から1年経過したときは，会社は当該株主に対して，書面の交付を中止する旨を通知し，株主はその通知に対して，1ヶ月以内に異議を述べることができる催告制度がある（325条の5第4項）。

　電子提供制度を行ったものの，何らかの理由で電子提供制度の利用が不可能

（中断）となった場合は，①中断に対して，会社が善意かつ重過失がないこと，または会社に正当な理由があること，②電子提供措置の中断時間の合計が電子提供措置期間の合計の1割以下のこと（電子提供措置期間中全体の場合と開始日から株主総会日までの期間中の2つに分けて計算），③会社が電子提供措置の中断を知った後速やかにその旨や中断時間・内容の情報提供を行うことの全ての要件を満たせば，電子提供された資料の法的効力は維持することができる（325条の6）。

★トピックス　株主総会の電子化（電磁的方法の採用）

　株主総会の電子化というと，一般的には，①株主総会資料の電子化，②議決権行使の電子化，③株主総会開催の電子化の3つの内容である。この中で，②の議決権行使の電子化は，従前から可能であった（298条1項4号）。もっとも，株主が1,000人以上の会社は，会社の規模にかかわらず，書面投票が義務づけられていた（298条2項）。これに対して，令和元年会社法では，株主総会資料を電子化できるという①に関してである。

　なお，③の株主総会開催の電子化とは，自宅等からインターネット上で株主総会の開催が可能とすることである。現実的には，会場での参加とインターネット上での参加を同時に実施するハイブリッド型が先行するものと思われる。

4．議事と決議
（1）議　決　権

　株主総会において，株主の議決権は，1株当たり1個の議決権が原則である（308条1項）。もっとも，単元株制度（単元株制度は，**第2編第4章3．参照**）を採用し定款で定めている会社では，1単元の株式につき，1個の議決権（308条1項但書）となる。

　他方，議決権がない株式としては，①単元未満株式（189条1項），②自己株式（308条2項），③議決権の4分の1を保有している場合の会社間の相互保有株式（308条1項），④議決権制限株式（108条1項3号・2項3号），⑤残存している端株，がある。例えば，②の自己株式に議決権を付与すると，株主総会において会社の議案が承認されるために，自己株式を取得した上で決議することは株主の意思を反映することに支障を来すことから，自己株式に議決権は付与

されていない。また，議決権制限株式は，いわゆる種類株式であり（種類株式については，**第2編第2章**参照），議決権が制限された株式であることを株主が予め了知した上で取得するから，議決権がないのは当然である。

（2）議決権の行使方法

　株主総会の当日の議決権の行使の方法は，株主自身が株主総会に出席して，拍手や挙手等によって議決権を行使する。もっとも，決議の承認の可否が微妙なときは，拍手や挙手では正確な決議ができないために，出席した株主全員の議案に対する賛否を確認する。通常は，株主は予め議決権数が記載された帳票を株主総会の受付時に受け取った後，議案ごとに賛否のマークを記入して機械処理する。過去には，敵対的買収防衛策をめぐって，ぎりぎりの票読みとなった会社も存在した。

　株主が直接株主総会に出席して，議決権を行使するのが原則であるが，株主の議決権行使の機会を保証するために，特例を設けている。

　第一は，株主は代理人による議決権行使が可能である（310条1項）。すなわち，株主が株主総会の当日に出席できないときに，株主に代わって代理人が株主総会に出席し，議決権を行使してもらうというものである。その際，株主又は代理人は，代理権を証明する委任状を提出する必要がある。もっとも，会社は，株主総会に出席することができる代理人の数を制限することができる（310条5項）。議決権数に合わせて代理人を選任することを制限するのは，会場のスペースの問題があるからである。また，多くの会社では，代理人を定款において株主に限定することと定めているが，判例では，株主総会の撹乱防止の趣旨から，合理的理由による制限であれば有効としている（最判昭和43年11月1日民集22巻12号2402頁）。なお，弁護士に議決権の代理行使を認めるか否かについては，下級審での判断は分かれている（代理権を認めた裁判例として，神戸地尼崎支判平成12年3月28日判夕1028号288頁。代理権を認めなかった裁判例として，東京地判昭和57年1月26日判時1052号123頁，宮崎地判平成14年4月25日金判1159号43頁）。

　第二に，書面による議決権行使も認められている。書面議決権行使制度は，株主総会に出席しない株主で，かつ代理人を選任しない株主のための制度である（298条1項3号）。書面議決権行使制度は，議決権を有する株主が1,000人以上の場合は必須である（298条2項）。また，書面議決権行使を認める場合は，招集通知に際して，株主に株主総会参考書類と議決権行使書面を交付しなけれ

ばならない（301条1項）。また，株主の利便性を図るために，株主総会に出席
しない株主は，電磁的方法による電子投票制度を利用することも可能である
（298条1項4号）。

　なお，予め議決権行使書面による議決権行使を行った株主（金融機関）の職
務代行者が株主総会に出席した場合の取扱いとして，第一審（東京地判平成31
年3月8日資料版商事法務421号31頁）では議決権行使書面による議決権行使が
撤回されて，当日は棄権として取り扱われたのに対して，控訴審（東京高判令
和元年10月17日資料版商事法務429号80頁）では，会社提案に賛成，修正動議に反
対として取り扱うことが相当とされた事案（「アドバネクス株主総会決議不存在
確認請求事件」）がある。株主からの修正動議に対して，その賛否の見込みが拮
抗しているときには，議決権行使書面を提出する場合は株主総会に出席できな
い株主のための立法趣旨から考えると，議決権行使書面を提出していながら株
主総会に出席した株主の取り扱いが争点となることも十分にあり得る。

　第三に，株主がその有する議決権を統一しないで行使する議決権の不統一行
使もできる（313条1項）。その際，取締役会設置会社における株主は，株主総
会の3日前までに不統一行使をする旨とその理由を会社に通知する必要がある
（313条2項）。

（3）株主総会議事の運営

　株主総会の議事の運営は，議長が行う（315条1項）。株主総会議長は，通常
は定款で定められるが，定めがない場合は総会で選ばれる。実務上は，株主総
会議長を代表取締役社長と定款に定めている会社が多い。

　株主総会では，取締役や監査役の会社役員は，株主の質問に対して説明義務
がある。すなわち，会社役員は，株主総会において株主が質問した特定事項に
ついて，説明する義務を負う（314条本文）。株主の質問権は，314条の条文内
容から株主が株主総会に出席してはじめて発生することから，株主総会に先
立って会社に質問状を送付しても，会社はその質問状に回答する義務はない
（東京高判昭和61年2月19日判時1207号120頁）。実務では，事前質問状に対して一
括回答をしている場合があるが，これは，会社側が出席している他の株主に
とっても質問状に関する説明は有益と考えて，自主的に行っている位置づけで
ある。

　会社役員の説明の程度は，平均的な株主が合理的に議題を判断するのに客観

的に必要な範囲で説明すれば足りるとした裁判例があり（東京高判昭和61年2月19日判時1207号120頁），判例・学説において確立した考え方である。また，会社役員は全ての場合に，株主からの説明に回答する義務があるわけではなく，株主の質問事項が株主総会の目的事項に関しないもの，説明によって株主の共同の利益を著しく害する場合などでは説明を拒否できる（314条但書）。更に，会計監査人は，総会で出席を求める決議がなされたときは，出席し意見を述べる必要がある（398条2項）。

　議長は，議事運営の権限を有し，株主総会の秩序を乱す者があれば退場させることが可能である（315条2項）。株主には，株主総会の場で質問権が付与されているのに対して（314条），議長に議事整理権や秩序権があるのは，株主の権限と会社側の権限のバランスを取っているためと理解できる。

　なお，株主総会終了後は，会社は，結果を含めて議事録の作成をしなければならない（318条1項）。株主総会議事録は，総会の日から10年間，本店に備え置き，株主と債権者は，営業時間内であれば閲覧・謄写が可能である（318条2項〜4項）。

（4）決議の方法
　株主総会決議の方法として，3種類ある。

a．普通決議
　普通決議とは，議決権を行使することができる株主の議決権の過半数を有する株主が出席し（定足数），その出席株主の議決権の過半数で決議が成立する方法である（309条1項）。定足数は定款で引き下げることが可能であるが，役員の選任・解任の場合は，例外として定足数は3分の1までが限度となる（341条）。普通決議の対象議題は，特別決議や特殊決議の対象以外の全ての議題の決議が相当する。

b．特別決議
　特別決議は，議決権を行使することができる株主の議決権の過半数を有する株主が出席し（定足数），その出席株主の議決権の3分の2以上の多数決で決議が成立するものである（309条2項）。定足数は，定款で3分の1まで軽減可能であり，また決議要件の3分の2基準は，定款で引き上げることや，一定数以上の株主の賛成を要すること等も可能である。特別決議の対象議案は，定款変更・監査役解任・合併等の組織変更など，株主にとって影響が大きいものに

限定している（309条2項1号～12号参照）。

c．特殊決議

特殊決議は，2種類がある。一つは，議決権を行使することができる株主の半数以上で，かつ当該株主の議決権の3分の2以上の賛成で決議が成立するものである（309条3項）。特殊決議は，普通決議や特別決議と異なり，定足数が，議決権基準ではなく，株主の頭数であることが特徴である。すなわち，普通決議や特別決議であると，たまたま議決権を過半数保有している株主が1人いると，それだけで定足数を満たしてしまうのに対して，特殊決議では，保有株式数と定足数は無関係なので，少数派株主に配慮した決議方法であるということができる。

特殊決議の対象議題としては，譲渡制限株式についての定款の定め（309条3項1号），及び合併等で公開会社の株主であった者に譲渡制限株式が交付される場合（同2号）である。例えば，譲渡制限株式に変更すると，公開会社の株式を保有していた株主にとっては投下資本を自由に回収することができなくなり不利益を被ることになることから，決議要件を厳しくしている。

また，もう一つの特殊決議は，総株主の半数以上で，かつ総株主の議決権の4分の3以上の賛成を必要とする内容のものである（309条4項）。同じ特殊決議でも，会社側にとって，更に決議のハードルが上がっている。対象の議題としては，非公開会社において，剰余金の配当，剰余財産の分配などについて，株主ごとに異なる取扱いをする旨の定款変更をする場合（109条2項）である。

なお，定足数や議決権割合の特則として，各々上回る割合を定款で定めることも可能である。例えば，定足数を増加させることは，会社にとって株主総会の決議の承認のハードルが上がり，より慎重な決議を意味することから認められている。

●事例問題2

　　甲会社は6月25日に定時株主総会を開催する予定であったが，甲会社の株主Xから，甲会社に対して環境問題に関する質問状が到着した。質問状の内容は，甲会社の環境問題への取組みについての質問が10問記載されていた。

　　これに対して，甲会社は，株主総会当日，議案に対する質疑が行われる前に，Xからの質問のうち5問について，甲会社の取締役であるAが一括回答した。こ

れに対して，株主総会に欠席したXは，後日，株主総会議事録の閲覧によって，
Aは全問に回答していないことが判明したことから，Xは説明義務違反であると
主張している。Xの主張は妥当であるか。

○考える際のポイント
　①　株主総会開催前に到着した質問状は，株主の質問権の行使であるか。
　②　株主の株主総会での質問権の要件は何か。
○関連条文
　314条
○関連裁判例
　東京高判昭和61年2月19日判時1207号120頁
　東京地判平成23年4月14日資料版商事法務328号64頁
○解答骨子例
　　取締役は，株主から説明を求められた場合には説明義務が発生するものの，その
　義務は株主が株主総会の場で質問した場合である。したがって，Xが株主総会前に
　甲会社に対して発した質問状は株主の質問権の行使ではないことから，Aの一括回
　答も説明義務とは関係なく，Xからの質問状なるものを参考に甲会社が株主に対し
　て自主的に説明したものと解せられる。このように，Xからの質問状にAが全問回
　答しているか否かはAの説明義務違反とは関係ない。もっとも，Xが甲会社の株主
　総会の場で，質問状で記載した内容を質問すれば，甲会社のAら取締役の説明義務
　は発生する。

（5）株主総会開催の省略

　議決権を行使できる株主全員が議案に書面又は電磁的方法によって同意した
場合は，議案の提案を可決した総会決議があったものとみなし，株主総会開催
の省略が可能である（319条）。いわゆる書面によるみなし決議と呼ばれるもの
である。また，報告事項についても，株主全員に報告事項を通知し，株主全員
が同意した場合は，株主総会開催の省略が可能である（320条）。
　例えば，会社にその株式の100％を保有されている完全子会社にとっては，
唯一の株主は親会社であることから，親会社が同意すれば，株主総会を開催す
る必要は生じなくなる。

（6）株主総会検査役と調査

　株主総会の招集手続と決議方法の公正を調査し，決議の成否についての証拠を保全するため，検査役の選任を裁判所に請求可能である（306条1項）。この場合の請求者は，少数株主（総株主の議決権の1％以上）又は会社である。なお，公開会社では，6ヶ月株式継続保有要件が加わる（306条2項）。

　検査役の使命は，調査の結果を裁判所に報告し，裁判所は必要に応じて，改めて取締役に株主総会を招集させる。この目的は，株主総会の手続の瑕疵の是正機能である。また，役員らが株主総会に提出した資料の調査や会社の業務・財産の状況の調査する者を，株主総会の決議により選任できる（316条）。

（7）株主の株式買取請求権

　株式買取請求制度とは，多数決で一定事項の決議が成立したときには，反対株主が投下資本を回収して経済的救済を得るために，会社に対して公正な価格で買い取ることを請求することが可能とする制度である（116条1項，469条，785条等）。もっとも，株式を取引所に上場している会社では，自由に株式の売買が可能なために，株主は当該会社から株主としての地位を離脱したいときには，株価の動向を勘案しながら株式を市場で売却するのが通常である。

5．株主総会決議の瑕疵
（1）趣　　旨

　株主総会の決議に，手続上又は内容上の瑕疵がある場合は，その決議は違法であり，決議の効力は無効となる。最高の意思決定機関である株主総会の運営が違法であった場合には，株主の適切な権利行使に支障を来し，株主と会社役員が真摯に向き合って意思決定をする株主総会の制度趣旨が没却されてしまうからである。

　他方，いったん決議された内容を，安易に取り消すことは法的安定性を欠く。このために，会社法は，株主総会決議の瑕疵については，株主等が行使できる要件を厳格に定めつつ，3種類の訴えの制度を用意している。

（2）株主総会決議取消の訴え

　株主総会決議取消の訴えとは，一定の事由があるときに，株主総会で決議された内容が，取り消されるというものである。一定の事由とは，①招集手続又

は決議方法が法令・定款違反，又は著しく不公正なとき，②決議の内容が定款
違反のとき，③特別利害関係人が議決権を行使した結果，著しく不当な決議が
なされたとき，に該当する場合である（831条1項）。例えば，株主に対して，
株主総会の招集通知が送付されなかった場合には，招集手続の法令違反がある
ことから，株主総会決議取消訴訟に該当する。この点に関して，自分自身に招
集通知が送付されたとしても，他の株主に送付されなかった場合には，株主総
会決議取消の訴えを提起できるとされている（最判昭和42年9月28日民集21巻7
号1970頁）。

　株主総会決議取消の訴えの判決の効力は，第三者にも及ぶ（838条）。これを
「対世効」という。提訴権者（原告適格）は，株主・取締役・監査役・清算人に
限定されている。実務では，圧倒的に株主による訴えの提起によるものである。
被告は会社である（834条17号）。

　提訴期間は，株主総会の決議の日から3ヶ月以内となっている（831条1項）。
株主総会終了後，株主等から株主総会決議取消の訴えが続くと，法的安定性を
欠くことから，株主総会の承認・決議事項を早期に確定するために，出訴期間
を制限している。このために，提訴期間終了後において，決議取消事由の追加
主張を認めないというのが最高裁判所の判断である（最判昭和51年12月24日民集
30巻11号1076頁）。なお，株主総会決議取消の訴えを提起した株主が，裁判の係
属中に原告としての株主の地位を喪失した場合には，訴訟は棄却されることと
なる（東京地判昭和37年3月6日判タ128号126頁）。

　株主総会決議は，株主総会決議取消判決の確定によって無効になるが，それ
までは一応有効に存在する。そして，提訴期間が経過すれば瑕疵は治癒され，
もはやその効力は争えない。

　また，株主総会決議取消訴訟には，裁判所の裁量棄却が設けられていること
が特徴である。すなわち，違反事実が重大でなく，株主総会決議の結果に影響
を及ぼさないと認めるならば，裁判所が株主等からの取り消しの請求を棄却す
るというものである（831条2項）。裁判所の裁量棄却制度も，株主等による濫
用的訴訟提起を防止するための法的効果が期待される制度である。もっとも，
裁量棄却が認められている事案は多くはない。裁量棄却が認められなかった裁
判例として，株主総会招集を決定した際の取締役会の定足数を満たしておらず，
かつ法定の招集通知の日数に2日足りなかった事案（最判昭和46年3月18日民集
25巻2号183頁），法令違反の招集地で株主総会が開催された事案（最判平成5年

9月9日判時1477号140頁），招集通知に，事業譲渡に関する議案の要領が記載されていなかった事案（最判平成7年3月9日判時1529号153頁）がある。

　株主にとって，株主総会の訴えの利益が失われていると判断される場合には，株主総会決議取消の訴えは却下又は棄却される。訴えの利益が失われた例として，株主総会の決議に基づき選任された全ての役員が，訴訟係属中に任期満了で退任した場合（最判昭和45年4月2日民集24巻4号223頁），取締役・監査役に対する退職慰労金の贈呈について株主総会決議取消訴訟が提起されたために，会社が新たな株主総会を開催し，同一の議案を再決議した場合（最判平成4年10月29日民集46巻7号2580頁）がある。

　また，議案を否決する決議を取り消しても，決議が可決したことにはならないため，株主総会決議取消の訴えの対象とはならず，訴訟を提起しても却下される（最判平成28年3月4日金判1490号10頁）。

　なお，会社が従業員株主に質問をさせて，一般株主の質問の機会が奪われたことを理由として，株主総会決議取消訴訟が提起された事案がある（請求は棄却。東京高判平成29年7月12日金判1524号8頁）。

●事例問題3

　譲渡制限会社かつ取締役会設置会社である甲会社は，平成28年の株主総会を開催するにあたって，取締役会で当該招集を決定することを行わずに，代表取締役Aによって決定がなされた。また，招集通知の発送も，法定の招集期間よりも3日遅れた。一方で，甲会社の取締役は，誰も株主総会の招集について異論がない上に，招集通知の発送の遅れも小さく，株主に対する影響は軽微であると考えていた。このような状況の中で，甲会社の株主Xが行った株主総会の決議取消訴訟は認容されると思うか。

○考える際のポイント
① 株主総会招集事項の決定を取締役会で行わなかったことに，取締役の異論がない場合は，例外として認められるか。
② 招集通知の期限を遅滞して通知したことに，手続的瑕疵は軽微であるといえるか。

○関連条文
298条4項，299条1項，831条1項・2項

○解答骨子例

　　取締役会設置会社は，株主総会招集通知を発する際には，取締役会で一定の事項を予め承認・決議を行わなければならない。しかし，甲会社では取締役会での承認・決議を行っていないことに加え，事前に甲会社の全ての取締役に対して同意を得ているわけもないので法令違反である。また，甲会社は株主総会の日から1週間前までには株主に招集通知を発しなければならないところ，3日遅れたことについても法令違反であることには変わりはなく，株主によっては株主総会の参加機会を逸する等の不利益を被った可能性もある。したがって，甲会社の株主総会の招集手続が法令違反であることから，株主総会決議取消訴訟事由に該当する。

　　もっとも，本件においては，全ての取締役が株主総会の招集に異論はなく，招集通知も3日程度の遅れの事情から考えて，違反の事実が重大でなく，株主総会決議に影響を及ぼさないと判断されれば，裁判所は，Xの請求を棄却する可能性もある。

（3）株主総会決議不存在確認の訴え及び株主総会決議無効確認の訴え

　　株主総会の瑕疵について，株主総会決議不存在確認の訴えと株主総会決議無効確認の訴えの方法もある。株主総会決議不存在確認の訴えとは，決議が存在しないのに存在したとする事由に対する訴えである（830条1項）。具体的な裁判例としては，株主総会を実際には開催していないのに株主総会議事録を作成（最判昭和38年8月8日民集17巻6号823頁），株主総会決議の著しい手続上の瑕疵（一部の株主が勝手に決議（東京地判昭和30年7月8日下民6巻7号1353頁）），株主に対する著しい招集漏れ（最判昭和33年10月3日民集12巻14号3053頁），代表権のない取締役が取締役会の決議に基づかない株主総会の招集（最判昭和45年8月20日判時607号79頁），仮処分に違反した株主総会の開催（浦和地判平成11年8月6日判タ1032号238頁）がある。

　　株主総会決議無効確認の訴えとは，決議の内容が法令に違反する場合であり（830条2項），欠格事由に該当する取締役の選任を行った場合などが該当する。株主総会決議無効確認の訴えでは，確認の利益が存在することが必要である。この点に関して，新株発行の効力発生後は，新株発行無効の訴えによることが必要との観点から，新株発行を決定した株主総会無効確認の訴えは，確認の利益を欠くとした裁判例がある（最判昭和40年6月29日民集19巻4号1045頁）。

　　株主総会決議不存在確認の訴えと株主総会決議無効確認の訴えにおいては，株主総会決議取消訴訟とは異なり，誰でもいつでも訴えの提起が可能である

46

（830条1項・2項）。一方，判決の効力が第三者にも及ぶ対世効である点は，株主総会決議取消訴訟と同様である。

　裁判所による判決の効力は，決議の時点に遡って無効となるが，決議がなされた外観的事実を信頼した者の利益保護を考慮する必要はある。

【1-2．図表1】　株主総会の決議の瑕疵の整理表

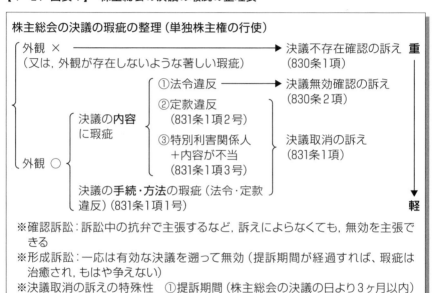

※確認訴訟：訴訟中の抗弁で主張するなど，訴えによらなくても，無効を主張できる
※形成訴訟：一応は有効な決議を遡って無効（提訴期間が経過すれば、瑕疵は治癒され，もはや争えない）
※決議取消の訴えの特殊性　①提訴期間（株主総会の決議の日より3ヶ月以内）
　　　　　　　　　　　　　　（831条1項本文）
　　　　　　　　　　　　　②裁判所による裁量棄却（831条2項）

●重要関連裁判例
• 議決権行使の代理人資格の制限（最判昭和43年11月1日民集22巻12号2402頁）
　……百選32事件
• 取締役の説明義務と一括回答（東京高判昭和61年2月19日判時1207号120頁）
　……百選35事件
• 従業員株主の会場前列への着席（最判平成8年11月12日判時1598号152頁）
　……百選44事件（初版）
• 他の株主に対する招集手続の瑕疵（最判昭和42年9月28日民集21巻7号1970頁）……百選36事件

- 決議取消の訴えと取消事由の追加（最判昭和51年12月24日民集30巻11号1076
  頁）……百選37事件
- 決議取消の訴えと裁量棄却（最判昭和46年 3 月18日民集25巻 2 号183頁）
  ……百選40事件

第3章◆取締役（会）・代表取締役

●本章の目的

① 取締役及び取締役会の概要と機能を説明できる。

② 取締役の任期・員数及び資格に関する規律について理解する。

③ 取締役の報酬規制の意義と内容を説明できる。

④ 取締役会の運用と議事録について理解する。

⑤ 代表取締役の役割は何か説明できる。

●キーワード

取締役の選任・解任，ストックオプション，取締役会の権限，取締役会議事録，代表取締役，社外取締役，競業取引，利益相反取引

1．取締役

（1）資格・員数・任期

取締役は，業務を執行する者である（348条1項）。取締役会設置会社では，取締役会から選定された代表取締役又は代表取締役以外で業務執行を行う取締役として選定された者が行う（363条1項）。

取締役の資格として，取締役になることができない欠格者は，成年被後見人等や特別背任罪等の刑に処せられ2年を経過しない者などである（331条1項2号〜4号参照）。また，公開会社の場合，取締役は株主に限るとの定款規定は無効となる（331条2項）。経営者が株主に限定されると，株主利益のみを意識した経営を行い，その他の利害関係者（取引先・従業員等）に不利益となることも考えられるからである。例えば，過大な株主配当を実施する提案をしたり，短期の利益獲得のために事業撤退を行う可能性が否定できない。

取締役は1人以上を置くことが必須である。また，取締役会設置会社となると，3人以上が必要となる（331条5項）。もっとも，定款で取締役の員数の上限・下限を定めることは可能である。例えば，取締役は7人以下とするなどである。定款で上限を定める意味は，取締役の員数について際限なく増加させると，社内のお手盛り的な人事措置が行われ，その報酬総額も増加するなど，会社ひいては株主にとって不利益となる懸念があるからである。他方，下限を定める場合は，取締役会設置会社では，法定人数である3人は確保しなくてはならないことから，2人を下限とすると違法行為となる。

　取締役の任期は，2年である（332条1項）。もっとも，定款又は株主総会選任の決議によって任期を1年等に短縮が可能となっている（332条1項但書）。取締役の任期が1年ということは，毎年，株主総会で取締役選任の議題・議案が諮られることとなり，株主の監視機能が働くことになる。それにもかかわらず，多くの会社で，定款により任期を1年としているのは，柔軟な人事措置を行うことができる上，配当政策の自由度が拡大できる（459条1項）など，会社としてのメリットがあるからである。他方，非公開会社（監査等委員会設置会社及び指名委員会等設置会社を除く）では，定款により任期を最大10年まで伸長が可能である（332条2項）。言い換えると，公開会社の場合は，2年任期の伸長は不可ということになる。2年を超えて取締役に就任するためには，株主総会で再任される必要がある。

（2）選任・解任・終任

　取締役の選任及び解任は，株主総会の普通決議による（329条1項，339条1項，309条1項）。正当な理由がない場合の解任については，当該取締役は，会社に損害賠償を請求することができる（339条2項）。この場合の損害とは，解任されなければ得られた報酬相当額となる（東京地判昭和63年2月26日判時1291号140頁）。もっとも，経営方針をめぐり対立した取締役が，定款変更により突然退任させられた場合には，解任とは異なる扱いがされて，残存期間の全ての報酬相当額は支払われなかった裁判例もある（東京地判平成27年6月29日判時2274号113頁）。取締役の解任の場合の正当な理由が問題となるケースがあるが，例えば，病状が悪化し治療に専念する取締役の解任（最判昭和57年1月21日判時1037号129頁），職務への著しい不適任（東京高判昭和58年4月28日判時1081号130頁）は，正当な理由であるとした事案である。

　また，少数派株主が取締役を選出することを可能とする制度として，「累積投票制度」（342条）と「種類株式の制度」（108条1項9号）がある。累積投票制度とは，複数の取締役を選任するときに採用できる制度であり，株主が持つ株式について，選任議案で提示された取締役候補者と同数の議決権を与えることができるというものである。例えば，3人の会社提案候補者と1人の少数派株主提案候補者がいた場合，当該会社の過半数である3万株の株式を持つ多数派株主は，現実的には，3人の会社提案候補者を選任することができ，2万株所有の少数派株主の1人が推す取締役候補者が選任される可能性はない。他方

で，累積投票制度が採用されれば，少数派株主は6万票（2万株×3人）を保
有することとなり，自らが推す1人の取締役に6万票を投じれば，会社に送り
込むことが可能である（多数派株主の投票数である3万株×3人の合計9万票をど
のように分散させても，少数派株主が推す取締役候補者の選任を阻止することがで
きない）。もっとも，現実的には，多くの会社では定款で累積投票制度の採用
を排除している。

　種類株式制度とは，非公開会社の場合には，役員選任権付株式を発行するこ
とによって，特定の株主のみに役員を選任する権利を付与するものである。主
に，同族会社など株主の個人が重要な役割を果たす会社では，同族者である特
定の個人株主のみに会社役員の選任権を与えるものである。

　終任とは，取締役がその地位を失うことであり，任期満了・辞任・解任・そ
の他の終任事由の発生（死亡，会社の解散等）が該当する。また，取締役の解
任は，株主総会の普通決議によって解任できる（339条1項）。もっとも，累積
投票によって選任された取締役の解任は，株主総会の特別決議が必要である
（309条2項7号）。累積投票制度は，少数派株主の意向を尊重した制度であるこ
とから，その制度に基づいて選任された取締役の解任を普通決議で可能とする
と，多数派株主の思惑によって累積投票制度で選任する制度趣旨が没却されて
しまうからである。

（3）解任に関する株主の権利

　取締役の職務執行に不正な行為又は法令・定款違反の重大な事実があったに
もかかわらず，株主総会が解任議案を否決したときは，総株主の議決権の3％
以上（又は発行済株式総数の3％以上）の株式を所有している株主は，株主総会
の日より30日以内に，裁判所に対して当該取締役の解任の訴えの請求が可能で
ある（854条1項）。解任の訴えは株主による濫用的な行使を防止するために，
1株又は1単元所有の株主による単独株主権ではなく，複数の株式を所有して
いる少数株主権（本件の場合，3％以上）となっている。

（4）取締役欠員の場合の処置

　任期満了又は辞任によって，取締役が欠員となった場合には，退任取締役は
後任が就任するまで取締役としての権利義務を有する（346条1項）。したがっ
て，退任後も，取締役会の出席等，取締役としての職務を遂行することになる。

　なお，取締役の欠員が生じた場合，裁判所は，必要に応じて利害関係人の申立てにより，一時取締役（仮取締役）を選任することができる（346条2項）。例えば，突然の死亡事故の場合や，心身の問題により退任した取締役が，後任の取締役が就任するまで職務を遂行するのは，現実的には困難な場合が想定されることから，会社活動に支障がないように，速やかに代替の取締役を選任する制度が一時取締役の選任である。一時取締役の権限は，本来の取締役の権限と同じである。他方，裁判所が関与するための手続上の問題もあり，仮に取締役の欠員が生じても，株主総会の開催まで，それほど期間が開いていないときには，厳密に一時取締役を選任しなくても許容される。

　もっとも，取締役会設置会社は，3人以上の取締役の選任が法的に義務づけられていることから，このような場合には，取締役の欠員は法令違反となることから，補欠取締役の選任を行っておくことが認められている（329条3項，会施規96条）。補欠取締役とは，法令違反の事態が生じないように，取締役の欠員が生じたときに正規の取締役となることであり，予め株主総会で通常の取締役と同様に，普通決議で選任しておくことになる。補欠取締役の選任決議の有効期間は，定款に別段の定めがある場合を除き，決議後の最初に開催する定時株主総会の開始時までである（会施規96条3項）。

2．取締役会

（1）権　　限

a．概　　説

　取締役会の権限として，①取締役会設置会社の業務執行の決定，②取締役の職務執行の監督，③代表取締役の選定及び解職がある（362条2項）。

　会社の活動において，様々な業務執行の決定が存在するが，個々の取締役に委任できずに，必ず取締役会で決定しなければならない事項としては，重要な財産の処分及び譲受け等の規定がある（362条4項。後述）。

b．監督機能と代表取締役の選定

　取締役の職務執行の監督は，他の取締役の職務執行について，別の取締役が取締役会の構成員として監督機能を果たすことを示したものである。ここで，「業務執行」の監督ではなく「職務執行」の監督としているのは，取締役が単に，自部門の業務執行に限定されることなく，他の取締役を監督する業務も含めて「職務」として広く捉えているからである。海外の機関投資家を中心に，

社外取締役選任義務化が主張される背景には，わが国の取締役会は身内の取締役が構成員であることが多く，その監督機能が不十分であるとの認識があるからである。なお，本規定に関係し，代表取締役及び選定業務執行取締役は，3ヶ月に1回以上，職務執行の状況を取締役会に報告する必要がある（363条2項）。取締役会を開催しない書面決議や報告が可能な中で，取締役の職務執行の監督のために，一定の取締役会開催を義務づけたものである。

代表取締役の選定とは，株主総会で選任された取締役の中から，会社の包括的権限を持つ代表取締役を選ぶことである。条文で使用されている「選定」は，既に会社法上の一定の地位に就いた者（この場合，取締役）の中から選ぶ際の文言である。解職は，選定の反意語である。株主総会終了後の最初の取締役会の議題・議案の一つは，代表取締役の選定である。株主総会で取締役が選任されたのにもかかわらず，会社の代表者を決定していないことは，対外的に支障があるからである。株主総会が近づくと，マスコミ等で次期社長の報道が行われるが，社長とは法律上の文言でも地位でもない。代表取締役は，まず株主総会で取締役に選任されなければ就任できないことから，株主総会前に代表取締役が決定したとは言うことはできないために，会社法の文言ではない「社長の内定」と報じているのである。なお，代表取締役は，社長に限らず，副社長などにも会社の代表権を付与して代表取締役としている会社もある。これは，代表取締役が社長一人であると，対外的な契約行為者が不在等の不測の事態があり得ることに備えて，複数の代表取締役を選定するというのがその理由である。

c．取締役に委任不可の事項

取締役に委任できない業務執行の意思決定の項目には，①重要な財産の処分及び譲受け，②多額の借財，③支配人その他の重要な使用人の選任及び解任，④支店その他の重要な組織の設置・変更・廃止，⑤社債の募集に関する事項，⑥内部統制システム，⑦取締役等の責任の一部免除がある（362条4項各号）。いずれも，会社にとって重要な意思決定となるために，取締役会の場で十分に意見交換をした上で，意思決定をすることが立法趣旨である。ちなみに，非取締役会設置会社の場合も，①支配人の選任及び解任，②支店の設置，移転及び廃止，③株主総会の招集決定，④内部統制システム，⑤取締役等の責任の一部免除については，一人の取締役に委任できないとされている（348条3項）。

取締役会の場における業務執行の意思決定の具体的内容と基準については，各社とも取締役会付議基準で定めているのが通例である。例えば，多額の借財

に関する意思決定についても，売上が数兆円にも及ぶ大規模会社と数千万円の
小規模会社では，同じ 1 千万円といっても，多額か否かの基準は異なるはずで
ある。したがって，各社にとって，各社の事情に則って取締役会で意思決定を
しなければならない額の基準を決めている。

　①の重要な財産の処分及び譲受けに関して，何が「重要」なのかが争われた
事案で，最高裁判所は，当該財産の価値，その会社の総資産に占める割合，当
該財産の保有目的，処分行為の態様及び会社における従来の取扱いなどの事情
を総合的に考慮して判断すべきものとしている（最判平成 6 年 1 月20日民集48巻
1 号 1 頁）。②の多額の借財の「多額」については，当該借財の価額，その会
社の総資産・経常利益等に占める割合，借財の目的及び会社における従来の取
扱い等の事情を総合的に考慮して判断すると解されている（東京地判平成 9 年
3 月17日判時1605号141頁）。③の重要な使用人の選解任の「重要な使用人」には，
執行役員や支店長が該当すると考えられる。

　なお，取締役会付議基準は，362条 4 項を具体的に定めたものであることか
ら，362条 4 項違反の認定にあたって，取締役会基準違反をその理由としてい
る裁判例がある（名古屋地判平成27年 6 月30日金判1474号32頁）。

d．取締役会の特質

　限られた時間での取締役会で多くの意思決定に加え，報告事項も存在するこ
とから，一つの案件に対する審議や質疑時間は自ずと限られてくる。このため
に，取締役が親族関係者の場合や地理的にも近くに居住等しており取締役会を
頻繁に開催できる会社を除いて，多くの会社では，社内出身取締役は，経営会
議や常務会等の場で，実質的な審議をしている場合が多い。経営会議等で社内
での実質的な審議を終えている場合，取締役会の目的は，監査役や社外取締役
の非業務執行役員と業務執行取締役との間の質疑・承認という性格が強くなる
し，そうあるべきであろう。

★トピックス　社外取締役の選任義務化

　令和元年会社法では，監査役会設置会社（公開会社であり，かつ大会社であるも
のに限る）であって，有価証券報告書提出義務を負う会社においては，社外取締役
（社外取締役の定義は，2 条15号イ〜ホ参照）の選任が法定化された（372条の 2 ）。
もっとも，東京証券取引所一部上場会社では，既に98％超の会社が社外取締役を設

置していたことから，実務的には大きな影響がある改正ではなかった。

　一方，形式的に社外取締役を選任しても，単なるお飾り的な存在であれば，むしろ報酬を支払う分だけマイナスであることから，今後は，社外取締役の選任が有効に機能するための体制整備に焦点が移っている。例えば，社外取締役の複数選任化（可能ならば，取締役会の過半数），社外取締役に適切な情報提供の仕組み，取締役会議長に社外取締役が就任するなどが考えられる。

　また，社外取締役自身も，単に月1回程度の取締役会に出席して良しとするのではなく，他の重要会議への出席，監査役との連携強化，現場や現地への出張等，積極的な意識と行動が求められる。このような点を考えると，本務がある社外取締役の場合，4社以上の兼務となっている場合は，実態として本来の社外取締役の役割を十分に果たせているか検証する必要がある。

　なお，令和元年会社法では，会社と取締役との間に利益相反の状況にあるときは，取締役（会）の決定・決議によって，社外取締役に業務執行を委託することができるものとされた（348条の2第1項・2項）。

（2）取締役会の招集

　取締役会の開催にあたっては，必要に応じて招集権者（個々の取締役）が開催通知を行うことが可能である（366条1項，368条1項）。もっとも，実務的には，代表取締役名や取締役会議長名で開催通知を発することが通例である。

　招集通知（書面又は口頭）は，取締役会の日の1週間前に発する必要があるが（368条1項），1週間を下回る期間を定款で定めれば，短縮は可能である。また，取締役全員が同意すれば，招集手続なしで開催可能である（368条2項）。機動的な取締役会開催がその趣旨である。

　なお，株主総会と異なり，取締役会の招集通知に目的事項（議題）に記載がない事項についても，当日の取締役会において決議ができると解されている（名古屋高判平成12年1月19日金判1087号18頁）。

（3）取締役会決議
a．決議と報告

　取締役会の決議要件は，議決に加わることができる取締役の過半数が出席し，その出席取締役の過半数により承認・決議されることである（369条1項）。株

主総会の決議とは異なり，取締役一人ひとりの議決権に基づく頭数多数決である。取締役会決議をテレビ会議や電話会議の方法で行うことも可能である（会施規101条3項1号括弧書）。

　決議に対して，取締役会を開催しない書面決議が認められている。すなわち，定款で定めれば，監査役が異議を述べない前提で，取締役全員が書面により議案に同意する意思表示をした場合には，可決したものとみなし，取締役会の開催の省略が可能である（370条）。書面決議は，取締役が海外出張で予定の開催日に定足数を満たさないような場合や，敵対的買収への対応方針など緊急を要する決定を行う場合で，社外取締役が本務で参加できないときに，機動的な意思決定をする状況が想定される。監査役が異議を述べないことが書面決議の要件とされているのは，取締役会に出席し，必要に応じて意見陳述義務がある監査役（383条1項）にとって，書面決議が行われると，監査役がその職責を果たせないからである。したがって，取締役の間で書面決議を行おうとしても，取締役会で十分な質疑が必要と監査役が考える案件については，取締役会を開催しなければならないことになる。

　取締役会で定められた報告事項は，代表取締役及び業務執行取締役による3ヶ月に1回以上の自己の職務の執行状況（363条2項），競業取引及び利益相反取引に関する重要な事実（365条2項），取締役の法令・定款に違反する行為についての監査役からの報告（382条）がある。職務の執行状況の報告については，法の趣旨から考えると，代表取締役による一括報告は適切でないと考えられる。

　なお，取締役会での報告事項に対する省略も可能である（372条1項）。その際，予め取締役と監査役の全員に通知しなければならない。もっとも，3ヶ月ごとの取締役会の報告は省略できない（372条2項，363条2項）。

　取締役会の決議に際しては，1人1議決権のため，他人に委任して議決権を代理行使させることはできない。例えば，出席できない予定の取締役が，配下の執行役員や部長等に取締役会へ代理出席してもらい，取締役会決議に参加させることは不可ということである。また，取締役会決議に特別利害関係を有する取締役は，定足数にも含まれず，議決に加わることもできない（369条2項）。条文上は，当該案件について，決議に参画しなければ取締役会に出席しても構わないとも解釈できるが，当該案件について影響力を持つ取締役が出席するだけで，他の取締役会の意思に影響を及ぼす可能性も否定できないことから，そ

の案件を審議・決議する際には，特別利害関係を有する取締役を退席させるなどの実務を行っている会社が多い。また，取締役会で賛否同数のときに，既に取締役として議決権を行使した取締役会議長が，当該事項に対する決定することはできないとする裁判例がある（大阪地判昭和28年6月19日下民4巻6号886頁）。

特別利害関係を有する取締役とは，解職対象者である代表取締役，競業取引又は利益相反取引を行う取締役，会社に対する責任の一部免除の対象となる取締役である。

b．取締役会決議の瑕疵

取締役会の決議の手続又は内容上の瑕疵があった場合は，会社法上は，株主総会の決議取消訴訟のような特別の訴えの制度を用意していない。したがって，不当な取締役会決議は，会議体による意思決定の一般原則から無効ということになる（最判昭和56年4月24日判時1001号110頁）。もっとも，最高裁判所は，取締役会決議に手続上の瑕疵があったとしても，取締役会決議の結果に影響を及ぼさないと認めるべき「特段の事情」がある場合には，決議は有効と判示している（最判昭和44年12月2日民集23巻12号2396頁）。この「特段の事情」には，単に名前だけを貸したような名目的取締役への招集通知漏れが該当するとの裁判例がある（東京高判昭和48年7月6日判時713号122頁）。招集通知の手続上の瑕疵以外において，例えば利害関係人である取締役を議決に参加させて成立した法令違反（369条2項違反）であったとしても，その利害関係人の取締役が議決に加わらなくても，賛成多数で決議の結果に影響を及ぼさないことが明らかであれば，その議決は有効であるとした裁判例もある（最判平成28年1月22日金判1490号20頁）。

（4）特別取締役による決議

重要な財産の処分・譲受けと多額の借財については，選定された取締役（特別取締役という）のみによって決議することができる。特別取締役制度は，取締役会決議で，予め3名以上の特別取締役を選定すること，決議後は，特別取締役の互選で定めた者は，遅滞なく，決議の内容を特別取締役以外の取締役に報告する必要がある（373条3項）。

特別取締役制度は，迅速な意思決定を行うことを目的とするものであるが，制度を利用するためには，6人以上の取締役と，その内1人以上は社外取締役が就任していることが要件（373条1項）となっており，実務的に特別取締役制

度を活用している会社は少ない。しかし，今後，社外取締役の就任が増加すると，この制度を利用する会社は増えてくるかもしれない。

（5）取締役会議事録

　取締役会設置会社では，取締役会の議事については取締役会議事録を作成し，出席した取締役・監査役は，署名又は記名押印をしなければならない（369条3項）。取締役会議事録の記載内容は，開催された日時や場所，議事の経過と要領等がある（会施規101条3項1号〜8号参照）。取締役会議事録は，取締役会の日から10年間，本店に備え置かなければならない（371条1項）。取締役会議事録は，会社法上の正式な会社文書であり，取締役ら会社役員の民事上の責任消滅時効である10年と平仄を合わせている。

　取締役会議事録については，株主及び債権者が閲覧・謄写することができる（371条2項〜6項）。株主等が取締役会議事録の閲覧・謄写を請求するためには，役員の責任を追及する必要があるときなど株主としての権利を行使するための理由が必要である。興味本位の閲覧・謄写請求が許されるわけではない。株主の請求に会社が応じればそれまでであるが，仮に会社が拒否した場合には，監査役設置会社や委員会型の会社では，株主は会社の本店所在地を管轄する地方裁判所に対して，取締役会議事録の閲覧・謄写の許可決定の申立てを行う。この場合，非訟事件として取り扱われるので，申立人が当該株主，被申立人が会社である。裁判所は，株主と会社側の主張を書面によって確認・判断した上で，許可決定の有無を決定する。

　裁判所が許可決定を行った場合には，会社は取締役会議事録の閲覧・謄写に応じなければならない。許可決定に不服がある場合には，高等裁判所に抗告できる。裁判所が不許可とする事由としては，閲覧・謄写によって会社に著しい損害を及ぼすおそれのある場合である。典型的な場合は，知的財産権など第三者との関係が深い案件である。

　取締役会決議に反対した取締役は，取締役会議事録に異議をとどめておかないと，取締役会決議に賛成したものと推定される（369条5項）。例えば，あるプロジェクトの推進について，取締役会の席上で，一人の取締役がリスクの観点から反対の意見表明をし，決議の際にも反対票を投じたとしても，取締役会多数決の原則から，会社としてはそのプロジェクトを実行する意思決定をしたことになる。しかし，当該取締役は取締役会議事録に反対意見を陳述したこと，

加えて決議の際に反対の意思表示を行ったことが記載されていなければ，プロジェクトの推進に賛成したものと扱われる。後日，このプロジェクトが会社に多大な損失を被らせたことによって，取締役の善管注意義務違反が問題となり，取締役の法的責任の有無が争点となったとき，取締役会議事録に反対の旨が記載されていたか否かによって，責任有無の判断が分かれる可能性がある。なお，推定規定では，後日の反証が許される点がみなし規定との相違である。上記の例では，原案の議事録では，反対意見の記載があったにもかかわらず，取締役会事務局のミスによって，その意見が削除されていたことを当該取締役が主張・立証することができれば，取締役会決議に反対したとされる余地があるということである。

●事例問題4

(1)　甲会社の財産を取締役Aに譲渡することを付議するために，取締役会が開催され，Aを含め，甲会社の取締役全員が出席した。その結果，全員がその決議に賛成した。この決議は有効であるか。

(2)　乙会社の代表取締役であったAに対して，取締役会においてAを代表取締役から解職する議案が付議された。その結果，出席した4名の取締役AないしDのうち，AとBは反対，CとDは賛成したため，賛否同数により本件議案は否決された。この結論は妥当であるか。

○考える際のポイント

①　特別利害関係人が賛成した決議は有効であるか。

②　代表取締役の選任及び解任の決議の際に，当事者は特別利害関係人の扱いとなるか。

○関連条文

356条1項2号，365条1項，362条2項3号，369条2項

○関連裁判例

最判昭和44年3月28日民集23巻3号645頁（代表取締役の解職）

○解答骨子例

(1)　甲会社の財産を取締役Aに譲渡することは，利益相反取引行為に該当することがあることから，取締役会の承認・決議が必要である。この場合，Aは利益相反取引の特別利害関係人であり，本件についてAは取締役会での議決権を有しないにもか

かわらず，取締役会に出席し賛成票を投じていることから，法令違反である。本件
では，Aが議決に加わらなくても，賛成多数で承認・決議されるが，Aの出席・発
言が他の取締役の意思決定に与える影響も考えられることから，無効と解されるべ
きである。

(2)　代表取締役の解職決議において，当該代表取締役は特別利害関係人に該当するこ
とから，Aは本件解職決議に加わることはできない。本件でAが決議に加わらなけ
れば，反対Bに対して賛成はCとDとなり，多数決で可決される。したがって，本
件解職否決の決議は無効である。

3．代表取締役

（1）概　　説

　代表取締役とは，業務執行をし，かつ対外的には会社を代表する常設の機関
のことである。取締役は，業務執行を行うこと（348条1項）がその役割ではあ
るが，加えて会社の代表としての意味を持たせたのが代表取締役である。

（2）選　　定

　代表取締役は，取締役の中から取締役会の決議で選定される（362条2項3
号・3項）。代表取締役は，株主総会で取締役として選任された後に，その中
から取締役会の決議によって，選ばれるわけである。株主総会終了後，多くの
会社は同日中に取締役会を開催し，代表取締役を選定するのは，代表取締役が
対外的な代表者としての地位を有することから，速やかに決定する必要がある
からである。なお，非取締役会設置会社では，取締役の中から，取締役の互選
又は株主総会の決議で定める（349条3項）。

（3）解職・終任

　代表取締役は，取締役の地位を失えば当然に代表取締役の地位も失う。あく
まで，取締役であることが前提だからである。

　取締役会は，その決議で取締役を解任することはできないが，代表取締役を
解職することは可能である。ちなみに，選任の反意語が解任，選定の反意語が
解職である。

　任期満了又は辞任による退任者は，後任者の就任まで引き続き代表取締役の
権利義務を有する。

（4）権　　限

　代表取締役は，会社の業務に関する一切の裁判上又は裁判外の行為の権限を有する（349条4項）。この点を，代表取締役の包括的権限ともいう。代表取締役の包括的権限を制限しても，善意の第三者に対抗することはできない（349条5項）。例えば，取引先は，代表取締役が会社を代表して契約権限があるものとして売買基本契約を締結したものの，当該代表取締役に対して，会社の内規等で，契約権限に一定の制限がある旨の規定があったとしても，取引先が当該売買基本契約は有効であるとの主張に対して，会社は対抗できないということである。会社の内規等について，取引先が知り得る状況にないからである。

　他方，取締役会決議を必要とする事項について，代表取締役が第三者と取引を行った場合は，その取引は無効となるか否かという点が裁判でも争われた。まず，当該取引について，株主全員の同意があれば有効（最判昭和49年9月26日民集28巻6号1306頁），第三者が取締役会決議を経ていなかったことを知っていた場合に限って無効（最判昭和40年9月22日民集19巻6号1656頁）との裁判例がある。なお，取締役会決議を欠く場合に，取引を無効であると主張できるのは，会社であるのが基本である（最判平成21年4月17日民集63巻4号535頁）。

　また，表見代表取締役という考え方がある。表見代表取締役とは，社長や副社長等，あたかも代表者であるような名称を付与された取締役のことであり，表見代表取締役の行為については，善意の第三者に対して会社が責任を負うことが定められている（354条）。善意の第三者とは，表見代表取締役であること（代表権を持っていない取締役であること）を知らなかった第三者のことである。言い換えると，売買基本契約の締結権を持っていないことを知っていた取引先（悪意の取引先という）が当該表見代表取締役と取引を行ったとしても，保護されない（最判昭和52年10月14日民集31巻6号825頁）。仮に，執行役員や部長等の使用人が社長等の代表権を持つと誤認させる名称を使用して取引を行った場合でも，表見代表取締役を規定した354条が類推適用されると判示されている（最判昭和35年10月14日民集14巻12号2499頁）。

　表見代表取締役の行為については，当事者である表見代表取締役に限らず，会社にも責任が及ぶとしている点が重要である。例えば，営業活動にプラスになるからといって，会社として積極的に社長，副社長や専務等の名称を付与したり，これらの名称を使って業務をしていることを黙認することに対して，会社としての責任を負わせ，第三者を立法的に保護することがその趣旨である。

さらに，代表取締役が代表権を自らの利益を図るために濫用するケースも考えられる。代表取締役の権利の濫用によって取引が行われたときに，後で当該代表取締役が行った取引は無効かどうか争われた事案では，最高裁判所は，第三者が代表取締役の代表権の濫用の意図を知っていたか，又は知り得ることができた場合には，民法93条但書を類推適用して，取引は無効と判示している（最判昭和38年9月5日民集17巻8号909頁）。

なお，代表取締役の包括的代表権の例外として，会社と取締役の間の訴訟の場合がある。代表取締役は会社を代表するわけであるが，取締役が会社と争う場合には，会社の代表は，取締役会設置会社は取締役会で決定するが，監査役設置会社では，監査役が務めることになる。会社と争っている取締役が代表取締役の場合には，原告と被告が同一人物になり，不都合であるからである。

●事例問題5

　　次の契約は有効か否かを検討しなさい。
⑴　AとBの二人の取締役が就任している甲会社では，特に代表取締役を定めなかったが，Aが乙銀行との間の金銭貸借基本契約を締結した。
⑵　甲会社では，Cが取締役副社長として就任していたが代表権は付与されていなかった。しかし，Cは，甲社を代表して，乙銀行との間の金銭貸借基本契約を締結した。
⑶　甲会社では，他社と金銭貸借基本契約を締結するときには，事前に取締役会に付議する旨の社内規程が存在していた。しかし，代表取締役であるDは，甲会社の取締役会の承認を得ずに，乙銀行と金銭貸借基本契約を締結した。

○考える際のポイント
①　複数の代表取締役は可能か。
②　代表権のない取締役の行為は有効か。
③　取締役会の承認・決議を行わなかった代表取締役の行為は有効か。
○関連条文
　349条
○解答骨子例
⑴　代表取締役を定めなかった場合には，各自が代表取締役となる（349条2項）ことから，Aも代表取締役である。したがって，代表取締役Aが締結した乙銀行との

金銭貸借基本契約は有効である。

(2)　Cは，代表権が付与されていないことから，表見代表取締役である。したがって，Cが乙銀行と締結した金銭貸借基本契約は無効である。しかし，Cが代表取締役であると誤認させる副社長との肩書きで行った行為について，甲会社が黙認していたなどの帰責性がある場合には，取引の相手方である乙銀行を保護するために有効である。もっとも，乙銀行がCは代表権がないことを認識していたならば無効となる。

(3)　Dの行為は，甲会社の取締役会付議規程違反であることから，本来は無効である。しかし，取引の相手方である乙銀行は，甲会社の内部規程である取締役会付議規程については知り得ないことから，善意の第三者を保護する観点から，甲会社の代表取締役Dが行った乙銀行との金銭貸借基本契約は有効である。もっとも，乙銀行が銀行の立場から，甲会社の取締役会付議規程を知り得る立場にあった場合には，乙銀行を保護する合理的理由はないことから，甲会社は，乙銀行に対して金銭貸借基本契約は無効であると主張しうる。

4．取締役の義務と報酬

（1）一般的な義務

　会社と取締役の間には，委任関係がある（330条）。委任関係にある場合，委任された者（受任者）は，委任した者（委任者）に対して，善良なる管理者としての注意義務（善管注意義務）を負うことになることから（民644条），取締役として職務を行うに際して，会社に対して善管注意義務を負うことになる。執行役員以下の従業員が会社とは雇用関係にあるのとは異なる点に注意が必要である。

　一方，取締役は，法令・定款の定めと株主総会の決議を遵守し，会社のため忠実にその職務を遂行するという忠実義務も負っている（355条）。善管注意義務も忠実義務も，一般的な包括義務を規定している概念であるが，忠実義務は，善管注意義務を敷衍し，かつ一層明確したにとどまり，通常の委任関係に伴う善管注意義務と別個の高度な義務を規定したものではないとした判例があり（最判昭和45年6月24日民集24巻6号625頁），わが国では確立した考え方である。

　取締役会設置会社の場合，取締役会は，取締役の職務執行を監督する義務があること（362条2項2号）に着目すると，取締役は，取締役会の構成員として，他の取締役の行為が法令・定款を遵守しているか監視・監督する義務があり，また会社に著しい損害を及ぼすおそれのある事実を発見したときは，その事実

を株主（監査役（会）設置会社では，監査役（会））に報告する必要がある（357条）。この監視・監督義務を，内部統制システムの観点から考えると，取締役は，取締役会の構成員として，内部統制システムを構築する義務を負い，更に代表取締役と業務執行取締役が内部統制システム義務を履行しているか否かを監視する義務を負うということになる（大阪地判平成12年9月20日判時1721号3頁）。会社法では，内部統制システムは会社にとって重要事項であるので，取締役に委任できない（362条4項6号）と定められており，また，会社法上の大会社・委員会型の会社（指名委員会等設置会社と監査等委員会設置会社）では，取締役会において基本方針を決定・決議することを義務づけている（362条5項，399条の13第1項1号ハ，416条1項1号ホ）。

（2）利益相反行為の規制

　取締役は，取締役として会社法上の個別に規定された事項に対する義務も負う。例えば，取締役が自己又は第三者の利益のために，会社の事業の部類に属する取引（「競業取引」という）を行う場合，又は利益相反取引を行う場合には，その取引について，重要な事実を開示して株主総会又は取締役会（取締役会設置会社の場合）の事前の承認を得なければならない（356条1項，365条1項）。競業取引や利益相反取引を行うとなると，会社を犠牲にして，自ら又は第三者のために利益を上げることになるから，予め会社の承認を得る必要があるというものである。また，競業取引や利益相反取引をした取締役は，取締役会設置会社の場合，その重要な事実を取締役会に報告しなければならない（365条2項）。（競業取引と利益相反取引については，**本編第7章2.(6)・(7)**参照）。

●事例問題6

　甲会社は，機械の製造・販売会社の総合メーカーであり，甲会社の建材機械事業部が主管している乙会社（甲会社は，乙社の発行済株式の60%を取得）から，建材機械用部品を定常的に調達しており，甲会社の購買担当取締役Aが乙会社の代表取締役を兼務している。

　赤字体質から脱却できない乙会社の見かけ上の収益を向上させるために，Aは乙会社から甲会社への部品調達価格を30%アップすることとした。このために，平成28年度の乙会社は3億円の黒字となり，Aの甲会社内での評価も上がった。

なお，部品調達価格30％アップについて，Aは甲会社の取締役会で承認・決議を受けていない。Aは，どのような法的責任があるか。

○考える際のポイント
① 乙会社から甲会社への部品価格30％アップの行為は法令違反か。
② 甲会社の取締役会で承認・決議を得ていないことは法令違反か。

○関連条文
356条1項2号，365条1項，423条3項

○解答骨子例
　　甲会社の購買担当取締役Aの乙会社からの部品調達価格を30％上げた行為は，自己が代表取締役を務める乙会社のために，甲会社を犠牲にした利益相反取引行為である。会社法上，利益相反取引そのものを禁止しているわけではないものの，損失の固定化は甲会社更には甲会社の株主や債権者に不利益を及ぼすことから，本件利益相反取引について，甲会社の取締役会で重要事項を開示して予め承認・決議を受けなければならない。しかし，本件利益相反取引について，甲会社の取締役会の承認・決議を受けていないことから法令違反であり，甲会社に損害が生じていることから，Aの任務懈怠が推定され，甲会社の損害に対してAは支払う義務を負う。

（3）報　　酬

　取締役の報酬は，定款の定めがなければ，株主総会の決議による（361条1項）。この立法趣旨は，内部の会社機関である取締役会で取締役の報酬の決定を行うと，取締役の報酬を高額にするお手盛りの危険があるからである。株主総会では，金額そのものの場合以外に，金額が不確定の場合は具体的な算出方法，金銭でない場合にはその具体的な内容を決定する。金額が不確定の場合とは，会社の業績や株価連動にする場合や新株予約権を付与するストックオプションにする場合である。もっとも，株主にとって，取締役のお手盛り的な報酬の支払いが問題であるとの趣旨から，株主総会で取締役の報酬総額を決定すれば，具体的配分は取締役会や代表取締役に委任が可能と解されている（最判昭和31年10月5日集民23号409頁，最判昭和60年3月26日判時1159号150頁，名古屋高金沢支判昭和29年11月22日下民5巻11号1902頁）。このために，実務では，取締役の報酬総額の上限を株主総会で決議した上で，各取締役の具体的配分を取締役会に委任し，更に，個別の報酬金額は，取締役会決議によって代表取締役に

一任する方法を採用している会社が多い。株主から見れば，取締役の報酬総額の上限を決議することによって無制限な高額化に歯止めをかけることができるし，会社にとっても，上限額を変更しない限り，毎年の株主総会決議は不要というメリットがある。他方，近時の学説では，報酬総額の配当にあたっては，業務施行に関わる問題であることから，不相当な決定を行った代表取締役や代表取締役に一任した他の取締役は，善管注意義務違反に認め得るとの主張もある。また，自らの報酬を大幅に増額する決定を行った代表取締役とその決定を容認した取締役が善管注意義務違反として訴訟提起された裁判例（東京高判平成30年9月26日金判1556号59頁）では，取締役には報酬の決定にあたって，一定の裁量があるものの会社に対して善管注意義務を負っている旨が判示された。

　また，取締役は，報酬が定款又は株主総会決議によって定められていることにより，報酬請求権が発生する（最判平成15年2月21日金法1681号31頁）。言い換えれば，定款や株主総会決議によって，取締役の報酬が定められれば，会社に支払義務が発生することから，後に株主総会決議によって無報酬としても，当該取締役が無報酬に同意しない限り，その取締役は会社に対して報酬請求権があることになる（最判平成4年12月18日民集46巻9号3006頁）。

　報酬の範囲は，金銭以外に現物も含む（361条1項）。この場合，現物の具体的な内容については，株主総会の決議が必要である（361条1項3号）。なお，報酬には，賞与，ストックオプション（新株予約権）も含む。取締役に対する社宅の提供や家賃補助については，業務上の転勤を伴うものでなければ，私的な便益と評価され，報酬に含まれると考えておいたほうが無難である。

　退職慰労金は，事業年度の報酬と異なり株主総会で総額について承認・決議を要することなく，会社が定める支給基準に従って，具体的な金額や支給方法，支給日を取締役会又は代表取締役に一任する旨の決議で行われるのが通例である。最高裁判所も，退職慰労金が，会社が定めた支給基準が示された上で，その基準に則って支払われるのであれば，支給の具体的決定を取締役会で委ねることが可能としている（最判昭和39年12月11日民集18巻10号2143頁）。もっとも，近時は退職慰労金制度の支給が曖昧であるとの株主の批判も考慮して，退職慰労金制度を廃止し，その分を報酬月額に上乗せして支給している会社が増加している（株主からの退職慰労金額についての説明を拒否したことが，株主総会での取締役の説明義務違反とされた事案として，東京地判昭和63年1月28日判時1263号3頁がある）。

　令和元年会社法において，大会社である公開会社の監査役会設置会社で有価証券報告書提出義務会社及び監査等委員会設置会社においては，取締役の個人別の報酬の内容を定款や株主総会決議で定めていない場合には，その決定方針を取締役会で決定することが義務づけられた（361条7項）。報酬の決定方針とは，取締役の個人別の決定内容の方針（代表取締役に決定を一任するか否かを含む），報酬の種類ごとの額に係る方針等である。また，不確定額報酬や非金銭報酬（361条1項2号・3号）の議案内容にとどまらず，確定報酬（同項1号）についても，株主総会において，報酬議案を相当とする理由の説明が必要となる（361条4項）。

　更には，会社株式や新株予約権を取締役の報酬とする場合は，定款に定めていない限り，株主総会の決議により株式や新株予約権の数等の一定事項を定めなければならない（361条1項3号・4号・5号）。株主に対する開示強化という視点である。また，上場会社の取締役・執行役への報酬として株式等を利用する場合に限り，株式の発行や新株予約権の行使に際して払込みを不要とする無償割当が可能となる。

　改正の背景としては，取締役の報酬が業務執行を適切に反映されるための手続強化と，取締役への業務執行へのインセンティブの両面がある。

★トピックス　取締役の報酬開示

　取締役の報酬について，株主総会では報酬総額を決議する方法が実務では定着している。しかし，株主の中には，各取締役の報酬金額について，当該取締役の職務の遂行状況と照らし合わせて，その妥当性に関心をもつ者がいることから，取締役の個別報酬を決議すべきとの修正議案が提出された会社もあった。

　この点について，金商法では，有価証券報告書提出会社において，連結報酬等の総額として1億円以上である取締役については，個別氏名・役員区分・報酬等の総額・種類別の額を記載することが義務づけられている（金商法24条1項，開示府令15条1号イ第3号様式記載上の注意(37)・第2号様式記載上の注意57 a(d)）。

　近年では，会社の持続的な発展のためには，取締役の報酬がインセンティブの一つとして機能するとの認識のもと，業績連動性やストックオプション等の積極的な導入を主張する見解も多くなっている（例えば，コーポレートガバナンス・コード原則4-2第2文，補充原則4-2①等）。

●**重要関連裁判例**

- 取締役の競業避止義務（東京地判昭和56年 3 月26日判時1015号27頁）
　……百選55事件
- 取締役の報酬の変更（最判平成 4 年12月18日民集46巻 9 号3006頁）
　……百選62事件
- 取締役解任の正当理由（最判昭和57年 1 月21日判時1037号129頁）
　……百選44事件
- 取締役会決議が必要な重要な財産処分（最判平成 6 年 1 月20日民集48巻 1 号 1 頁）……百選63事件
- 取締役会決議を経ない取引の効力（最判昭和40年 9 月22日民集19巻 6 号1656頁）……百選64事件
- 招集手続の瑕疵と取締役会決議の効力（最判昭和44年12月 2 日民集23巻12号2396頁）……百選65事件
- 代表取締役解職の取締役会決議と特別利害関係（最判昭和44年 3 月28日民集23巻 3 号645頁）……百選66事件

第4章◆監査役（会）

●本章の目的

① 監査役及び監査役会の権限と役割を理解する。

② 取締役の規定との違いを認識できる。

③ 監査役がいわゆる「独任機関」とされている理由を説明できる。

④ 監査役は取締役等と兼任することが禁止されている理由を説明できる。

●キーワード

業務監査，独任制，取締役行為差止請求権，常勤監査役，社外監査役，監査報告

1．監 査 役

（1）定義・設置義務

　監査役は，取締役（会計参与設置会社では会計参与も含む）の職務執行を監査する会社機関である（381条1項）。「取締役の業務執行を監査」という文言でないことから，監査役は，取締役が他の取締役の監視・監督機能も含めた職務を監査するということである。

　大会社かつ公開会社は，監査役（会）は必置である（328条1項）。委員会型の会社では，監査委員会や監査等委員会が監査役（会）と代替機能を持つので，設置はできない（327条4項）。

（2）資格と選任等

a．資　　格

　監査役の資格は，取締役と同じ規定が適用となる（335条1項）。もっとも，監査役の職務を勘案して，監査役は，業務執行者との兼任はできない。すなわち，監査役は，所属会社やその子会社の取締役・支配人・使用人・会計参与や，子会社の執行役を兼ねることはできない（335条2項）。取締役の職務執行を監査する職責にある監査役が業務執行者と兼務することになると，自己監査となるからである。子会社の業務執行者との兼務まで禁止しているのは，監査役が子会社の業務報告請求権や調査権による監査権限を持っているからである（381条3項）。

　なお，新年度に入ってから開催される株主総会で，それまでの取締役から監査役に選任された場合，事業年度内で，取締役の就任期間と監査役としての監

査期間が重複する（例えば，3月決算会社が6月25日に株主総会を開催した場合，4月から株主総会当日までの期間）ことから，重複期間は自己監査にならないかという問題がある。この点について，取締役から監査役への就任を禁止する法規定は存在しないこと，取締役として会社の実情に精通していることから有効な監査が可能であることを理由として，取締役から監査役への「横滑り」もその適格性は問題ないとした裁判例がある（東京高判昭和61年6月26日判時1200号154頁）。

b．監査役の選解任

　監査役の選任は株主総会の普通決議（329条1項）であり，取締役と同じであるが，解任は株主総会の特別決議（309条2項7号）となっており，取締役の解任が普通決議であるのと異なる。この立法趣旨は，取締役の職務執行を監査する監査役に対して，監査役の選解任の議案の内容を決定することができる（代表）取締役が，監査役からの監査を快く思わないで解任しようとする議案を提案したとしても，株主総会の特別決議とすることによって，解任のハードルが上がることになる。また，取締役と異なり，累積投票制度（**本編第3章1.（2）参照**）はない。

　解任の場合に限らず，選任の場合にも，監査役独特の規定が存在する。まず，取締役（会）が監査役の選任議案を株主総会に提出するには，監査役（会）の同意が必要であり，監査役が2人以上就任している監査役会設置会社の場合には，監査役会での過半数の同意となっている（343条1項）。監査役を選任する際にも，（代表）取締役が自分に都合のよい監査役候補者を選ぶ可能性が否定できないので，監査役の候補者がその資質の点から相応しいかを判断するために，監査役（会）に同意権が付与されている。仮に相応しくないと監査役が考えたならば，同意しないということは，監査役に拒否権があることになる。また，監査役は，取締役に対し，監査役選任議題の提出を請求すること，特定の者を候補者とする旨の監査役選任議案の提出を請求することも可能である（343条2項）。監査役選任議題提出請求権や監査役の議案提出請求権も，基本的には同じ立法趣旨である。

　また，監査役は，監査役の選任・解任又は辞任について株主総会で意見を述べることも可能である（345条4項・1項）。例えば，監査役が不本意ながら解任されたり，辞任を余儀なくされた場合には，株主総会で株主に対して監査役としての思いを意見として述べることができる。更に，期中において辞任した

元監査役も，辞任後最初に招集される株主総会に出席して，辞任した旨及びその理由を述べることもできる（345条4項・2項）。株主総会における監査役の意見陳述権は，他の監査役のみならず（代表）取締役も阻止することができないことから，（代表）取締役がむやみに監査役を解任したり辞任に追い込むことがないような牽制機能となる規定である。

なお，取締役の場合と同様に，仮監査役の選任が可能である。

c．員　　数

監査役の員数は，通常は1人以上であればよいが，監査役会設置会社は3人以上で，かつ半数以上は社外監査役でなければならない。社外監査役とは，就任前の10年間，就任予定の会社又はその子会社の業務執行者でなかったり，親会社の役職員，兄弟会社の業務執行者又は近親者（配偶者・2親等内の親族）でない者である（2条16号）。

d．任　　期

監査役の任期は，原則4年（選任後4年以内に終了する事業年度のうち最終のものに関する定時株主総会の終結の時まで）である（336条1項）。原則としているのは，何らかの事情で4年が経過するよりも早く退任したとしても，罰則規定はないということである。もっとも，取締役が2年任期であることと比較して4年と長いこと，取締役の任期と異なり定款で短縮ができないことは，監査役が4年の間，身分が保障されて監査をすることが期待されていることを意味する。監査役は，会計監査人（**本編第5章2.**参照）と異なり，特別の資格は不要な代わりに，社内全部門とも関係がある職務であることから，監査業務を習熟するためには，ある程度の期間が必要との立法上の配慮もあると思われる。

もっとも，非公開会社は，取締役の任期と同様に，定款により監査役の任期を10年までの伸長が可能である（336条2項）。非公開会社の場合は，以前の有限会社のような小規模な会社が多いことも勘案して，株主たる所有者と会社役員とが同一である場合が多いことから，株主に監査役の選任議案を問う意味があまりないことがその理由である。なお，補欠監査役を選任した場合は，その任期は，定款によって退任した監査役の任期満了時までとすることができる（336条3項）。

（3）権　　限

a．業務監査

　監査役の業務監査とは，会計の監査を含む業務全般の取締役の職務執行の監査をいう。監査業務を別の言い方をすれば，取締役の職務執行の法令・定款違反や著しい不当性の有無をチェックし指摘することである。監査役の監査権限は，取締役本人に限定されず，取締役の指揮命令が及ぶ使用人も対象となる。取締役が部下達に法令違反事項を指揮命令することも考えられるからである。

　また，監査役は，業務監査にあたって各監査役が独立した監査権限を持つ（390条2項後段）。これを監査役の独任制という。独任制は，3人のうち，2人の監査役が取締役の善管注意義務違反はないと判断しても，残り1人の監査役はその判断に従う必要はなく，監査役（会）監査報告において，「取締役の善管注意義務違反は有り」と記載する権限を持っていることである。この記載は，他の監査役はもちろんのこと，代表取締役も一切阻止することはできない強力なものである。

　監査役会や会計監査人を設置していない非公開会社は，監査役の監査権限の範囲を会計監査に限定することが認められる（389条1項）。そして，会計監査に限定する監査役を擁する会社は，監査役設置会社とはいわない（2条9号）。このような会社の場合，監査役が有する業務監査権限は株主に付与されていると考える（357条1項・2項，360条1項・2項，367条等）。

b．監査報告

　監査役は，取締役の職務執行を監査した結果として，監査報告の作成をしなければならない（381条1項）。監査役の職務は，事業年度ごとなので，期末時点で監査報告を作成し，株主に提出する。監査報告に記載する内容は，監査の方法及びその内容，事業報告及びその附属明細書が法令・定款に従って正しく示されていること，取締役の職務遂行が不正の行為又は法令・定款に違反する事実などである（会施規129条1項）。

　監査役が複数就任している場合は，各監査役が監査報告を作成することが基本であるが，監査役の連名による1通の監査報告を作成することも実務的には行われている。なお，監査役会設置会社では，各監査報告を元に，監査役会で1回以上の審議を行うか，又は情報の送受信により同時に意見交換を行うことができる方法によって，監査役会監査報告を作成する（会施規130条3項，会算規128条3項）。監査役会設置会社では，監査役会監査報告が株主に提出される。

c．業務報告請求権・調査権

監査役は，いつでも取締役等に事業の報告を求め，又は自ら会社の業務や財産の調査が可能である（381条2項）。取締役等に対する業務報告請求権は，平時の報告を求めるのに対して，調査権は有事の際に，事実確認を行ったり自ら調査する権限である。

監査役は，必要があるときは，子会社に対して，事業の報告請求や調査を行うことも可能である（381条3項）。この立法趣旨は，事業部門長である取締役等が子会社を利用して不正な取引を強要しているおそれがある場合に，その有無を確かめるために，子会社に対して直接監査できる権限を親会社の監査役に付与することである。ただし，子会社は，正当な理由があるときは，親会社監査役のこれらの権限の行使を拒むことができる（381条4項）。

★トピックス　適法性監査と妥当性監査

監査役の監査については，適法性監査に限るという限定説と妥当性監査にまで及ぶという非限定説があり，神学論争とまで言われていた。

従来は，適法性監査限定論が多数説とされてきたが，平成18年5月から施行された会社法の下では，妥当性にまで及ぶという説が有力視されてきている。例えば，内部統制システムを整備したり，買収防衛策を導入しているときには，事業報告に記載することになっているが，事業報告の記載が正しく会社の状況を表しているかについて期末の監査役監査の対象となっている。これらは，適法性の問題ではなく，内部統制システムの整備状況や買収防衛策の適切性を監査役が評価することでもあるため，妥当性監査に相当する。あるいは，代表訴訟において，監査役が会社を代表して，取締役を提訴しないという不提訴理由書を提出する際に，代表訴訟を提起することによるコストと取締役から得られる賠償額を比較して判断することは，妥当性そのものと言える。

他方，非業務執行役員である監査役が，業務執行に直接関わる発言を積極的に行うことは，経営執行の二元化にも繋がることから，避けるべきとの意見もある。

もっとも，実務上多くの監査役は，適法性監査か妥当性監査ということを意識して発言しているわけではない。

●事例問題7

> 　同業他社で保守点検工事の規則改ざんが報道されたために，監査役Ａは，自社でも同じような事態となっていないか，関係部門から状況報告を受け，必要に応じて調査をしようと考えた。そこで，Ａ監査役は，社内で同様に保守安全を管理している取締役安全推進部長にアポイントをとり，報告聴取を要請した。しかし，取締役安全推進部長Ｂは多忙を理由に，報告要請を拒否した。これに対して，Ａ監査役はどのような対応が可能であろうか。

○考える際のポイント

① 　監査役Ａの取締役Ｂに対する報告要請は，監査役のどのような権限行使か。

② 　Ｂの拒否は法律上問題ないか。

○関連条文

381条1項・2項

○解答骨子例

　ＡがＢに対して報告要請を行った法的根拠は，監査役としての業務報告請求権・調査権である。監査役の業務報告請求権・調査権は，監査役の業務監査の一環として重要なものであり，法的には取締役は理由の有無にかかわらず拒否できない。したがって，ＡはＢに対して，今回の業務報告請求の趣旨を説明した上で，日程調整の依頼もしくは対応代替者の要請を申し入れるべきである。

（4）義　　務

　監査役も取締役と同様に，会社に対して善管注意義務を負う（330条，民644条）。もっとも，取締役と異なり，忠実義務（355条）の規定は無い。監査役は，取締役と異なり，業務執行権限があるわけではないので，善管注意義務の適用で十分だからである。その他，監査役には，取締役とは異なる特別規定が存在する。

　まず，取締役の不正行為やそのおそれ，法令・定款違反があるときには，取締役（会）への報告義務がある（382条）。また，取締役会に出席し，必要に応じて意見陳述義務がある（383条1項）。その際，招集権者に対して，取締役会の招集を求め，招集されないときは，自ら招集することも可能である（383条2項・3項）。更に，取締役が株主総会に提出しようとする議案・書類等を調査する義務や，法令・定款違反又は著しく不当な事項があると認めるときは，

調査の結果を株主総会に報告する義務がある（384条）。

　これら監査役の義務は，監査役の職責である監査業務の結果，取締役等の不祥事を発見したときに，その後の迅速な対応を取るための義務と考えてよい。例えば，取締役の重大な不正行為の事実を把握したときは，取締役会に報告することによって，取締役会として社内外の調査委員会を発足させ，事実関係の調査や分析，対応を検討する手順につながる。

（5）差止請求及び会社代表

　取締役にない監査役の強力な権限として，取締役行為差止請求権がある。すなわち，取締役が会社の目的の範囲外の行為を行う，又は行為をするおそれがあるとき，その行為によって，会社に著しい損害が生じるおそれがある場合は，当該取締役に対して，その行為の差止めを請求することが可能である（385条1項）。株主にも，取締役行為差止請求権が付与されているが，監査役設置会社の場合には，株主が当該差止請求権を行使できる要件は，会社が「回復することができない損害が生じるおそれ」であり，非監査役設置会社の株主の場合が「著しい損害が生じるおそれ」を要件としているのと比較して，監査役設置会社の株主にとっては，そのハードルは高くなっている。会社の著しい損害の程度と比較して，回復することができない損害とは，例えば，このままでは会社が倒産状況になるというようなひっ迫した状況であるから，よほどの状況に会社が追い込まれたとき以外は，監査役設置会社の株主は，取締役の行為の差止請求権を行使できないということになる。この点は，監査役設置会社では，監査役が取締役の職務を監査する職責があることから，株主に代わって日常的に取締役の職務遂行状況を監視することが基本であるとの趣旨に基づく。

　また，取締役と会社間の訴訟が生じているときは，監査役が会社を代表する（386条1項）。通常は，代表取締役が会社を代表することになる（349条4項）が，その適用の排除規定である。例えば，代表取締役と会社が争った場合に，原告と被告が同一となる弊害を避けるためである。更に，株主が取締役の責任を追及する訴えの提起を請求する場合（株主代表訴訟。詳細は**本編第8章**参照）には，監査役が会社を代表して調査する（386条1項1号）。そして，監査役が株主代表訴訟の訴訟告知及び和解に関する通知・催告の受領を行うことになる（386条2項2号）。なお，会社代表権は，業務監査権限の一部と位置づけられていることから，監査役の監査範囲が会計事項に限定されている場合は，会社代表

権の適用はない（389条7項）。

（6）報酬・監査費用

　監査役の報酬は，取締役と同様に定款又は株主総会の決議で定める（387条1項）。もっとも，監査役の選任議案は取締役と別規定となっていることから，取締役の報酬議案とも別となる。監査役が複数就任しており，定款の定め又は株主総会の決議がないときは，株主総会で定めた範囲内で監査役の協議によって定める（387条2項）。取締役の報酬が取締役会で具体的な配分を決定するのに対して，監査役の報酬は，監査役が独任制である趣旨が反映されている。更に，監査役は，株主総会において，監査役の報酬等について意見を述べることもできる（387条3項）。代表取締役が監査役の報酬の多寡を利用して，監査に手心を加えるよう圧力をかけることを防止するために，取締役の報酬の決定とは別体系となっている。

　監査役が監査をする際に必要な費用（調査費用，出張旅費等）を会社に請求することができ，これに対して会社は，監査に不必要であることを証明しない限り拒否できない（388条）。監査費用が制限されることによって，監査役として十分な監査ができないことを防止するためである。

【1-4．図表1】　監査役監査と内部監査の違い

	監査役監査	内部監査
法的位置づけ	会社法に規定	法律上の規定はなし
監査対象の中心	取締役の職務執行	従業員の業務執行
組織体制	独任制が前提＊	組織監査が前提

　＊　監査（等）委員（**本編第6章**参照）は，独任制ではなく組織監査が前提

2．監査役会
（1）設置義務

　監査役会設置会社では，3人以上の監査役（内1人は常勤）でかつ半数以上は社外監査役でなければならない（335条3項）。逆に，3人以上の監査役が就任していても，監査役会設置会社でなければならないということではない。実務では，完全親子会社形態において，持株会社の傘下の事業会社において，監

査役が3人以上就任していても，監査役会としていない会社も見られる。この傾向は，平成26年会社法によって，親会社からの役職員を社外監査役の扱いとすることができなくなり，新たな社外監査役を就任させずに，引き続き親会社役職員に兼務させたいと考えた場合に，定款を変更して非監査役会設置会社に移行した経緯で増加した。

（2）権限等

監査役会の権限は，監査報告の作成，常勤の監査役の選定及び解職，監査の方針，業務及び財産の状況の調査の方法その他監査役の職務の執行に関する事項の決定である（390条1項）。もっとも，監査役は独任制であることから，監査役会監査報告の内容が自己の判断と異なるときには，監査役会監査報告にその内容を付記することが可能である（会施規130条2項，会計規123条2項）。

平成26年会社法により，会計監査人の選解任・不再任の議案の内容の決定が執行部門から監査役に移行したことから，この点も監査役会設置会社では監査役会での決議事項である（344条3項）。

監査役会が求めるときは，監査役はいつでも職務の執行状況を監査役会に報告する義務がある（390条4項）。もっとも，取締役や監査役らが監査役全員に対して監査役会に報告すべき事項を通知したときは，その事項の報告義務はな

【1-4．図表2】 取締役会・監査役会・株主総会の書面決議・報告の比較

	取締役会	監査役会	株主総会
書面決議	可（会社法370条）（取締役全員の同意，監査役が異議を述べないこと，定款の定め）	不　可	可（会社法319条）（株主全員が書面で同意の意思表示）
書面報告	可（会社法372条）（取締役・監査役全員に対して，報告すべき事項を通知した場合。但し，3ヶ月に1回の業務報告は必要）	可（会社法395条）（監査役全員に報告すべき事項を通知した場合）	可（会社法320条）（株主全員が書面で同意の意思表示）

い（395条）。取締役会と同様に，緊急の際に，監査役会を開催せずに個別報告の対応が可能という立法趣旨であり，いわゆる書面報告と呼ばれるものである。他方，取締役会と異なり，監査役会には，書面による決議は認められていない（【1-4．図表2】取締役会・監査役会・株主総会の書面決議・報告の比較参照）。

（3）監査役会の運営

　監査役会は，取締役会のように3ヶ月に一度開催しなければならないという

【1-4．図表3】　監査役会設置会社の概念図

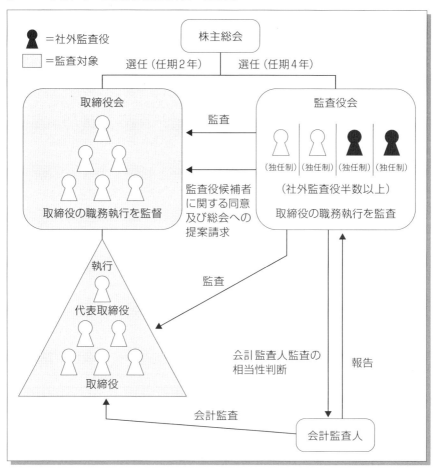

ことはなく，必要に応じて開催される。その際，招集権者は個々の監査役であり（391条），監査役全員が同意すれば，招集手続なしで開催することが可能である（392条2項）。監査役会を招集するには，監査役会の日の1週間前までに，各監査役に対して招集通知を発する（392条1項）。招集通知の期間を定款で短縮できることは，取締役会と同様である。もっとも，取締役会と異なり，定款の定めによって特定の監査役に招集権限を限定させることはできない。

監査役会の決議は，監査役の過半数で決定される1人1議決権であり（393条1項），代理行使は認められない。これらの規定は，取締役会と同様である。また，特段，明示的に定められているわけではないが，取締役会と同様に，監査役会の決議の手続又は内容上の瑕疵がある場合は，一般原則により，その決議は当然に無効とされる。

監査役会を開催した場合には，監査役会議事録を作成する義務がある（393条2項前段）。その際，出席した監査役は，署名又は記名・押印をしなければならない（393条2項後段）。監査役会議事録の記載内容に責任を持たせるためである。また，取締役会議事録と同様に，議事録に異議をとどめないと決議に賛成したものと推定される（393条4項）。監査役会議事録は，10年間本店に備え置く必要がある（394条1項）。

●重要関連裁判例
- 弁護士である監査役の訴訟代理の可否（最判昭和61年2月18日民集40巻1号32頁）……百選74事件
- 社外監査役の任務懈怠責任（大阪高判平成27年5月21日金判1469号16頁）

第5章◆会計参与・会計監査人

●本章の目的

① 会計参与，会計監査人の権限と役割を理解する。

② 会計監査人の独立性の確保のために，どのような規定が置かれているか説明できる。

③ 会計監査人の資格及び任期を理解する。

●キーワード

株主総会での意見陳述権，会計監査人の任期のみなし規定，会計監査人の報酬，会計監査人の選解任

1．会計参与

（1）資格・員数・任期

会計参与は，平成17年会社法から導入された会社機関であり，公認会計士，監査法人，税理士及び税理士法人がその有資格者である（333条1項）。会計参与は，任意に設置される機関である。員数の制限は特になく，取締役と同じ2年の任期である（334条1項）。

（2）権　　限

会計参与の権限は，計算書類（435条2項）とその附属明細書，臨時計算書類（441条1項）とその附属明細書を取締役と共同で作成することである（374条1項）。会計参与の役割は，中小規模の会社等で計算書類等の適正化を促進するためである。このために，会計参与は，会計参与報告の作成義務がある（374条1項）。

会計参与は，その職務を全うするために，会計帳簿又はこれに関する資料の閲覧・謄写や取締役等に対する会計に関する報告請求の権限を有する（374条3項・4項）。また，監査役と同様に，子会社調査権もある（374条3項）。

（3）義　　務

会計参与は，会社法上の役員であることから（329条1項），会社に対して，その職務を行うについて善管注意義務を負う（330条，民644条）。そして，取締役の職務の執行に関し，不正の行為又は法令・定款違反の重大な事実を発見したときは，遅滞なく株主に報告する義務がある（375条1項）。また，監査役と

同様に，計算書類等及び連結計算書類を承認する取締役会に出席し，必要に応じて意見陳述義務とともに（376条1項），株主総会において，計算書類等の作成に関する事項について，会計参与が取締役と意見を異にするときは，会計参与は株主総会において意見を述べることができる（377条1項）。

（4）報　　酬

会計参与の報酬については，監査役の規定と同様に，定款の定め又は株主総会の決議により定める（379条1項）。2人以上の会計参与がいる場合に配分の定めがなければ，総額の範囲内で会計参与の協議で決定し，株主総会で意見陳述も可能である（379条2項・3項）。

★トピックス　会計参与制度を導入したけれど……？

会計参与は，平成17年会社法で新たに導入された。計算書類の作成等を行う経理・財務部門が手薄な際に，税理士等の会計の専門家を選任することにより，計算書類の作成等をサポートする役割として期待された会社法上の役員である。しかし，その後，会計参与を選任している会社をほとんど耳にすることはない。

その理由としては，決算が締まらないと配当など株主との関係でも重大な影響が発生するために，会社として経理・財務部門には社内の人材確保を図っており，会計・経理業務に支障を来さないようにしているからである。

2．会計監査人
（1）資格と選任

会計監査人とは，計算書類及びその附属明細書，臨時計算書類並びに連結計算書類（以下「計算書類等」という）の監査（会計監査）をする外部の職業的専門家である。したがって，会計監査人は，公認会計士又は監査法人（5人以上の公認会計士を社員として設立される法人。337条1項）でなければならない。監査法人が選任される場合は，その社員の中から，当該会社の会計監査人の職務を行うべき者を選定し，会社に通知することになる（337条2項）。金融商品取引法では，監査人と称するが，実務的には，会社が起用している会計監査人と監査人は同一人である。国家資格である公認会計士試験に合格している従業員が経理や財務部門に所属している会社もあると思うが，このような者は会社の

内部者であり，会社と利害関係があることから会計監査人ではない。自己監査となってしまうからである。この他，会計監査の業務以外から継続的な報酬を受けている場合は，会計監査人の独立性を確保するために欠格事由に該当する（337条3項）。

　会計監査人は，会社法上の大会社と指名委員会等設置会社や監査等委員会設置会社の委員会型の会社では必置である（327条5項，328条。**第1編第1章3.**（2）参照）。

　会計監査人は，株主総会の普通決議で選任される（329条1項）。その際，会社が会計監査人の選任議案を株主総会に提案する際には，議案の内容については，監査役（監査役が2人以上の場合はその過半数）又は監査役会が決定する（344条）。例えば，A監査法人を解任して，B監査法人を会計監査人とすることを株主総会の議案として株主総会に提案する場合には，監査役（会）で検討してB監査法人であるとの決定を行った上で，取締役（会）に通知し，最終的には株主に株主総会招集通知に記載される。監査役（会）が会計監査人の選任議案の内容を決定する規定は，平成26年会社法の改正点の一つであり，従来は，監査役は同意権が付与されていた。同意権とは，執行部門が最終的に会計監査人の選任議案の内容を決定する前に監査役（会）に同意を求めるもので，監査役（会）は拒否権を持っている意味があった。しかし，監査役に同意権から決定権に移行したことは，監査役が会計監査人との関係で，より主体的に関わることができることから，会計不祥事等に対して，監査役と会計監査人との連携を深化させる立法趣旨である。

（2）任期と選任みなし規定・解任

　会計監査人の任期は1年である（338条）。もっとも，翌年の定時株主総会で別段の決議がされなかったときは，その総会において再任されたものとみなされる。このために，実務的には，予め会計監査人の再任について監査役（会）で決定するとともに，株主総会での目的事項としない旨（いわゆる議題としないこと）を確認している会社が多い。

　他方，会計監査人が職務上の義務に違反したり，職務を怠ったなどのときは，監査役は監査役全員の同意によって会計監査人の解任が可能である（340条）。この規定は，大会社では，解任のために臨時株主総会の開催が必ずしも容易でないことが理由である。もっとも，監査役の全員の同意要件となっているのは，

会計監査人への濫用的な解任を防止するためである。また，会計監査人も，会社からの一方的な解任や辞任をせざるを得なかった場合に，株主総会において意見を述べることができる（345条5項・2項・3項）。意見陳述権によって，会計監査人としての独立性を確保する趣旨である。なお，緊急の場合を想定して，監査役と同様に，会計監査人にも仮会計監査人の選任の制度がある（346条4項・6項）。

（3）権限・義務

会計監査人は，計算書類等を監査し，その結果を会計監査報告として作成する義務がある（396条1項）。このために，会計参与と同様に，会計帳簿の閲覧等を行う権限が付与されている（396条2項）。また，子会社調査権もある（396条3項・4項）。

その他，会計監査を通じて，取締役の職務の不正行為や法令・定款違反に関する重大な事実を発見したときには，遅滞なく監査役（会）に報告する義務がある（397条1項・3項）。また，計算書類等の適合性について，監査役（会）と意見を異にするときは，会計監査人は，定時株主総会での意見陳述を行うことができる（398条1項・3項）。なお，定時株主総会において会計監査人の出席を求められたときには，当該株主総会に出席して意見を述べなければならない（398条2項）。

●事例問題8

甲会社は化学品の製造・販売を業とする株式会社であり，会計監査人設置会社である。甲会社は，過度な設備投資が重荷となり，収益が悪化し同業他社と大きく企業業績で差がついたことから，平成24年から平成28年の間に，甲会社の代表取締役社長であるＡの主導のもと，架空の売上高の計上などによる粉飾決算を行った。しかし，大手監査法人の乙会計監査人は，監査報告において無限定適正意見を表明していた。

将来，甲会社が粉飾決算によって行政当局から行政罰を受けるなどの損失を被った場合に，乙会計監査人は，甲会社に対して損害賠償責任を負うことになるか。

○考える際のポイント

①　会計監査人は，会社の粉飾決算を発見する義務はあるのか。

②　5 年間にわたり，粉飾決算を防止できずに無限定適正意見を表明し続けたこと
をどのように考えるか。

○関連条文

396条 1 項，423条 1 項

○参考裁判例

東京地判平成15年 4 月14日判時1826号97頁

大阪地判平成20年 4 月18日判時2007号104頁

○解答骨子例

　会計監査人は，会社の計算書類及びその附属明細書，臨時計算書類並びに連結計
算書類を監査することがその職務である。したがって，会計監査人は，粉飾決算を
発見できなかったことに対する結果責任を負うのではなく，会計監査人として注意
義務を果たした結果，計算書類等に監査結果を反映した意見を表明することが責務
となる。

　本件では，甲会社は，経営戦略の失敗から，赤字体質となっており，そのことを
契機としてA代表取締役主導のもとで複数年にわたって粉飾決算を行っており，意
図的かつ悪質なものである。乙会計監査人は，一般に公正妥当と認められる監査の
基準に則って，本来行うべき監査手続で行っていれば，結果責任を問われるもので
はないが，本件では，5 年にわたって粉飾決算を発見できずに無限定適正意見を表
明していたこと，設備投資の失敗で赤字体質となったときには，とりわけリスクア
プローチの観点から，重点的に監査すべきであったにもかかわらず行わなかったこ
とから，善管注意義務を果たして監査をしたとは言い難い。したがって，乙監査法
人は，甲会社に対して，甲会社が被った損害に対して損害賠償責任を負うことにな
る可能性が高い。

（4）報　　酬

　会計監査人の報酬（会計監査人の職務の対価として会社から受ける財産上の利
益）は会社が定めるが，監査役（会）の同意（監査役が二人以上の場合は，過半
数の同意）を得なければならない（399条 2 項・ 3 項・ 4 項）。この規定は，会社
執行部門が，会社の支出を抑えるために，会計監査人の監査報酬を抑制する可
能性もあること，また逆に報酬を高めに設定することにより甘い会計監査を期

待することを防止する必要性から，監査役に同意権を付与することによって，適切な会計監査を確保する立法趣旨である。

★トピックス　会計監査人の報酬に対する監査役の同意権と決定権

　平成26年会社法の審議の中で，会計監査人の選任議案内容と合わせて，会計監査人の報酬についても，監査役に同意権から決定権に移行すべきとの中間試案が提示されていた。最終的には，会計監査人の選任議案内容については監査役に決定権が移行し，報酬については，同意権が維持された。

　世界的にみても，監査される側（会社執行部門）が監査する側（会計監査人）の人事権と報酬決定権を持つことは，監査の独立性の観点から問題であるとの認識が高いことから，わが国の会社法でも，執行部門から法的に独立している監査役にこれらの決定権を付与すべきか否かについて審議された。

　審議では，監査役が同意権を適切に行使することが先決であるとの意見等が主張されたことから，報酬決定権の移行は見送りとなったものの，公開会社の場合は，事業報告において，監査役が会計監査人の報酬を同意した理由を記載することが定められた（会施規126条2号）。この規定によって，監査役は，執行部門が決めた会計監査人の報酬を後追い的に同意したり，実質的に同意手続を取っていない実態は避けられる。監査役に会計監査人の報酬決定権を付与する法制化の過渡期ともいえよう。

●重要関連裁判例
- 会計監査人の責任（大阪地判平成20年4月18日判時2007号104頁）
  ……百選75事件

第6章◆委員会型設置会社

●本章の目的

① 委員会型設置会社（指名委員会等設置会社・監査等委員会設置会社）の仕組みと特色を説明することができる。

② 監査役設置会社との違いについて理解する。

③ 指名委員会等設置会社の取締役は，原則として当該会社の業務を執行することを禁止されている理由を説明することができる。

④ 指名・報酬・監査の各委員会の権限について説明することができる。

●キーワード

指名委員会，報酬委員会，監査（等）委員会，執行と監督の分離，執行役

1．委員会型設置会社

　委員会型設置会社（指名委員会等設置会社・監査等委員会設置会社）のうち，指名委員会等設置会社は，指名・報酬・監査の３つの委員会が必置の会社形態である。元々は，平成14年の商法改正で創設された会社形態で，当時は「委員会等設置会社」と呼ばれていた。したがって，指名委員会等設置会社の呼称の「等」は，報酬委員会と監査委員会を意味している。

　一方，監査等委員会設置会社は，平成26年会社法で新たに創設された会社形態であり，監査等委員会のみが設置された会社形態である。監査等委員会設置会社の「等」は，指名委員会等設置会社とは異なり，監査等委員会が，監査のみならず監督機能も持ち合わせていることから，「監督」を意味している（詳細は，**本章3．監査等委員会設置会社**を参照）。

　会社は，監査役設置会社，指名委員会等設置会社，監査等委員会設置会社の３つから，自社に相応しいと思われる会社形態を定款に定めて自由に選択することができる（326条2項）。もっとも，監査役設置会社と委員会型設置会社は，取締役会と会計監査人を設置しなければならない。また，指名委員会等設置会社と監査等委員会設置会社は，監査役と同様の機能を指名委員会等設置会社の監査委員，監査等委員会設置会社の監査等委員（以下「監査（等）委員」という）が持っていることから，重複を避ける意味で，監査役を置くことは禁止されている（327条4項）。

　委員会型設置会社は，監査役の代わりに取締役監査（等）委員が就任してい

ることが特徴である。監査（等）委員は，取締役であることから，取締役会で議決権を持っており，取締役会で取締役の解任の動議や解任決議に賛成することができるなど，代表取締役に対する監視・監督機能が強化されているともいえる。また，従来，監査役は，取締役の職務執行の適法性のみを監査できるという適法性監査限定論と妥当性まで及ぶとする妥当性監査論の対立が見られる（適法性監査限定論が多数説。**本編第4章トピックス　適法性監査と妥当性監査**参照）が，取締役監査（等）委員であれば，妥当性監査まで及ぶとすることに学説上も異論はない。

2．指名委員会等設置会社の概要と特徴

（1）概　　説

　指名委員会等設置会社は，監督と執行の分離を念頭において，業務執行に関する意思決定を行う「執行役」を会社機関として設置している。そして，執行役は取締役会において選解任されることから，取締役会が監督機能を持っている。

　指名委員会等設置会社では，株主総会に提出する取締役（及び会計参与）の選任・解任に関する議案内容の決定を行う指名委員会（404条1項），執行役等の職務執行の監査及び監査報告の作成を行う監査委員会（404条2項），取締役と執行役の報酬の決定を行う報酬委員会（404条3項）の3つの委員会を置くことが義務づけられている。そして，3委員会は，取締役会で取締役の中から選定された3人以上の委員（400条1項・2項）のうち，その過半数は社外取締役から構成されなければならない（400条3項）。すなわち，社外取締役がイニシアティブを持っているということである。もっとも，複数の委員会のメンバーを兼ねることは可能であることから，最低限2人の社外取締役が存在すればよいこととなる。社外取締役の委員会兼務が禁止されていない事情として，わが国では，欧米と異なり，社外取締役の人材が不足していることも背景にある。

　3委員会に共通して，委員会で決定した内容を取締役会で覆すことはできない。したがって，社外取締役の意向に対して，制度上は十分に配慮した会社形態となっている。アメリカモデルと言われている指名委員会等設置会社ではあるが，各委員会の権限が強いという特徴は，アメリカの制度とは異なる点である。

（2）取締役の任期と権限

　指名委員会等設置会社の取締役の任期は1年である（332条3項）。監査役設

置会社の取締役の任期が2年であることから，指名委員会等設置会社では，毎年，株主総会において，取締役の選任議案が諮られることになる。

　取締役の資格で業務執行をすることはできない（415条）。指名委員会等設置会社では，執行役が業務執行を行うからである。取締役監査委員の場合は，業務執行取締役や業務執行者との兼任はできない（400条4項）。監査役と同様に，自己監査となってしまうからである。

【1-6. 図表1】　指名委員会等設置会社の概念図

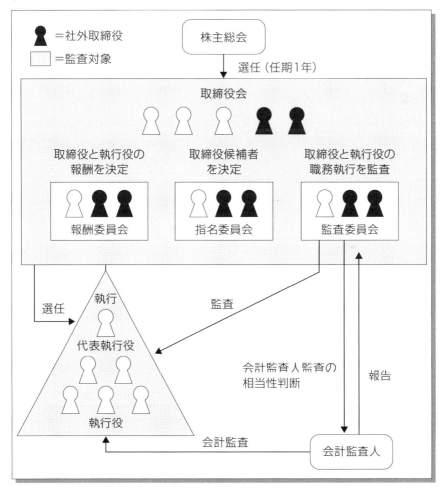

（3）取締役会

　指名委員会等設置会社の取締役会の権限は，①経営の基本方針や内部統制システムに係る事項等の重要事項の決定（416条1項），②委員会メンバーの選定・解職（400条2項，401条1項），③執行役の選任・解任（402条2項，403条1項），④代表執行役の選定・解職（420条1項・2項），⑤執行役等の職務の執行の監督（416条1項2号）がある。特に，法の定める基本事項（416条4項）を除いて，業務決定の権限を執行役に委任できることが特徴である。しかも，監査役設置会社において，取締役に委任できる事項と比較し，執行役に委任できる範囲が広い。このために，新株発行や重要財産の譲渡の決定まで，執行役に委任することができることから，機動的な会社経営の推進が図られる。もっとも，取締役と執行役の兼任は禁止されていないために，実務では取締役と執行役の兼任は普通に見られることから，厳密な意味で執行と監督の分離は行われていないことになる。

　取締役会の招集や取締役会への報告等の招集権者は，招集権者の定めがあった場合でも，指名委員等の中から選定された者も可能であるし，また執行役も取締役会を招集できる（417条1項・2項）。選定された委員は，遅滞なく委員会の職務執行の状況を取締役会に報告するとともに，執行役も，3ヶ月に1回以上，自己の職務の執行状況を報告しなければならない（417条3項・4項）。また，執行役は，取締役会の要求があったときは，取締役会に出席し，取締役会が求めた事項について説明しなければならない（417条5項）。執行役の3ヶ月に1回以上の取締役会への報告義務については，監査役設置会社の業務執行取締役と同様の規定である。

（4）執行役及び代表執行役

　執行役と会社とは，委任関係にある（402条3項）ことから，会社役員と同様に，会社に対して善管注意義務を負い（民644条），また，会社に対して忠実義務を負う（419条2項，355条）。

　執行役は，取締役会決議により委任された業務執行を決定する（418条1号）と同時に，会社の業務執行を行う（418条2号）。執行役の選任は，取締役会の決議で行われ（402条1項・2項），任期は1年である（402条7項）。もっとも，いつでも取締役会決議で解任され得る（403条）。

　また，執行役は，会社に著しい損害を及ぼすおそれのある事実を発見したと

きは，直ちに，その事実を監査委員に報告しなければならない（419条1項）。
監査役設置会社における取締役と同様の規定である。

　執行役を代表する者として，代表執行役がいる。代表執行役は，執行役が2
人以上いる場合は，取締役会決議で選定される（420条1項）が，1人の場合は，
その者が代表執行役となる。他方，取締役会は決議によって，いつでも代表執
行役を解職することが可能である（420条2項）。代表執行役の権限は，監査役
設置会社の代表取締役の規定が準用され（420条3項），会社の業務に関する一
切の裁判上及び裁判外の行為に及ぶ包括的代表権を有する。

（5）執行役の行為差止請求

　株主（公開会社の原告適格は6ヶ月の株式継続保有）は，執行役が会社の目的
外の範囲の行為又は法令・定款違反の行為をしているか，するおそれがある場
合は，当該行為によって回復することができない損害が生ずるおそれがあると
きは，当該執行役に対して，差止請求ができる（422条1項）。監査委員に付与
されている差止請求権は，会社に著しい損害が発生するおそれがある場合（407
条1項）であり，株主の場合の方が行使要件のハードルは高くなっている。こ
の関係は，監査役設置会社の監査役と株主の場合（360条1項・3項，385条1
項）と同様である。

3．監査等委員会設置会社
（1）概　　説

　平成26年会社法で創設された監査等委員会設置会社は，監査役設置会社と指
名委員会等設置会社の特徴を取り入れた両者の中間形態の会社形態である。指
名委員会等設置会社は，平成14年に創設された当初，約100社強にとどまり，
その後，減少しているのに対して，監査等委員会設置会社は，当初から約200
社が採用し，かつその数は，令和5年7月末には1,500社を超えるほどになっ
ている。

　指名委員会等設置会社は，代表取締役にとって権力の源となる取締役等の人
事権や報酬決定権を社外取締役がイニシアティブをとる指名委員会や報酬委員
会が必置であり，かつその決定を取締役会が覆すことができない点が，採用会
社数に増加が見られない理由であると言われている。

　他方，監査役会設置会社の場合は，監査等委員会のみを設置すれば足りるこ

と，海外の機関投資家を中心に社外取締役の選任を求める声が高まっている中，現状の複数の社外監査役に加えて，更に社外取締役の人選を考えなければならないことからその負担感が増すこと，監査役会設置会社からの移行であれば，社外監査役をそのまま社外取締役とすれば足りることから，監査役会設置会社からの移行が相当数ある点が会社数増加の大きな理由の一つと考えられる。また，監査役と比較し，監査等委員は取締役であり，業務執行者の任免を含む取締役会における議決権を有することから，監査等委員会設置会社は，業務執行者に対する監督機能が強化された会社形態となっている。

なお，監査等委員会設置会社では，指名委員会等設置会社のような執行役を会社機関として設置しないことから，監査役設置会社と同様に，業務執行取締役が文字通り，業務執行の役割を担う。

（2）取締役の任期と取締役会の権限

監査等委員会設置会社の取締役の任期は１年であるが，取締役監査等委員に限って２年となっている（332条３項括弧書）。前者は，指名委員会等設置会社の取締役の任期と同じであり，一方，取締役監査等委員の任期が業務執行取締役よりも長い点は，監査役設置会社に類似している。

監査等委員会設置会社では，原則として重要な業務執行の決定を取締役に委任できない（399条の13第４項）が，取締役の過半数が社外取締役であること，取締役に委任できる旨の定款の定めがある場合には，取締役会決議によって重要な業務執行の決定を各取締役に委任することが認められている（399条の13第５項・６項）。指名委員会等設置会社では，業務執行の決定権限を執行役に委任されているが，監査等委員会設置会社では執行役は設置されていないために，各取締役への委任という形となっている。一定の要件の下で，重要な業務執行の決定を各取締役に委任できる点は，指名委員会等設置会社の長所である意思決定の迅速さと，結果として取締役会で十分な審議をすることができることによる監督機能の強化を取り入れた形となっている。

（3）監査等委員会

監査等委員は，監査役の独立性確保の規定を取り入れつつ，常勤の監査等委員を義務づけていないこと，監査役のような独任制となっていない点は，指名委員会等設置会社の監査委員と同様である。

【1-6. 図表2】　監査等委員会設置会社の概念図

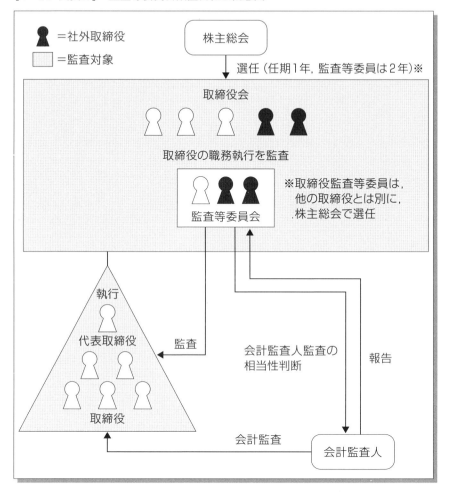

　監査役の独立性確保に沿った主な規定として，取締役監査等委員は，他の取締役とは別の議案として選任されること（329条2項），取締役監査等委員の報酬は，監査等委員以外の取締役の報酬と区別して定められる（361条2項）とともに，株主総会で，報酬に関して意見を述べる権利も付与されている（同条5項）などがある。

　監査役にない権限として，監査等委員以外の取締役の選任・解任・辞任等及び報酬等について，株主総会で意見を述べる権限を有する（342条の2第4項，

361条6項）。監査等委員会設置会社は，指名委員会と報酬委員会が設置されていないことから，この株主総会での意見陳述権は，監督機能を有するものと位置づけられている（監査等委員会設置会社の「等」の意味）。

　更に，監査等委員でない取締役と会社との利益相反取引に関して，監査等委員会の承認があったときには，任務懈怠の推定規定（利益相反取引と取締役の責任については，**本編第7章2.(7)利益相反取引**参照）が生じない（423条3項・4項）。この規定は，実務的には利用価値のある規定であり，監査等委員会設置会社の制度導入のインセンティブ的な意味合いが強いとも言われている。

●事例問題9

　甲会社は，常勤監査役1名，非常勤監査役2名からなる監査役会設置会社である。甲会社の代表取締役Aは，経営企画部長のBに対して，監査等委員会設置会社に移行するとした場合，検討すべき課題は何かを整理するように指示した。Bはどのような課題を整理したらよいであろうか。なお，甲会社は現在，取締役は3名であり，社外取締役は就任していない。

○考える際のポイント

　①　監査等委員会設置会社は監査役設置会社との相違点は何か。

　②　相違点をもとに，実務的に整理すべき点は何か。

○関連条文

399条の2〜14

○解答骨子例

　監査役会設置会社から監査等委員会設置会社に移行する場合は，社外監査役をそのまま監査等委員会設置会社の社外取締役に就任させることができ，新たに外部の社外取締役候補者を探す必要はないメリットはある。

　もっとも，監査等委員会設置会社では，取締役の過半数が社外取締役である場合や取締役会の決議によって重要な業務執行の決定の全部又は一部を取締役に委任することができる旨を定款に定めた場合，取締役会の決議によって，法定のもの（399条の13第5項各号）を除いて取締役に委任することができる。甲会社の場合は，移行時においては，取締役に委任することができる重要な事項を整理する必要がある。例えば，重要財産の処分・譲受け，多額の借財，重要な使用人の選任・解任などがある。重要な事項を取締役に委任できることは，経営の意思決定のスピード化を図

ることができるメリットがある。また，監査等委員会が選定した監査等委員は，株主総会において，監査等委員以外の取締役の選解任・辞任，報酬等について意見を述べることができる。この意見陳述権は，監査等委員会設置会社に特有の制度であり，監査役会設置会社には存在しない業務執行者に対する監督機能の強化であることから，定時株主総会に先立ち，監査等委員の意見陳述権行使の有無の確認，意見表明がある場合の株主総会参考書類での記載や株主総会での説明などの実務が発生する。

　さらに，甲会社では，現在，常勤監査役が就任していることから，監査等委員会設置会社でも常勤の監査等委員となることが想定されるが，監査等委員会設置会社では，常勤の監査等委員の就任は法的に義務づけられていないために，将来，常勤の監査等委員を継続していくのか，すべて非常勤の監査等委員とするならば，監査の実効性確保のために内部監査部門との連携のあり方や監査等委員に専任スタッフを配置するなどの対応も課題となってくる。

　なお，利益相反取引に関する監査等委員会の承認における任務懈怠の推定規定は，利用価値はあるものの，あくまでも監査等委員会の承認の可否が重要であることから，非常勤取締役監査等委員で，これらの承認が十分に可能か否かについても，事前の検討事項である。

4．監査役会，監査委員会及び監査等委員会の比較

　監査役設置会社，指名委員会設置会社，監査等委員会設置会社における監査役会，監査委員会，監査等委員会を比較したものが【1-6．図表3】　監査役会，監査委員会及び監査等委員会の比較である。

【1-6．図表3】　監査役会，監査委員会及び監査等委員会の比較

	監査役会 (監査役会設置会社)	監査委員会 (指名委員会等設置会社)	監査等委員会 (監査等委員会設置会社)
目的	取締役・会計参与の職務執行を監査	取締役・会計参与・執行役の職務執行を監査	取締役・会計参与の職務執行を監査
監査対象	原則，適法性監査のみ	適法性監査＋妥当性監査	適法性監査＋妥当性監査

構成員	監査役	取締役	監査等委員たる取締役
員数	3人以上	3人以上	3人以上
構成員の選任方法	株主総会で直接選任	取締役会で選任	株主総会で直接選任
構成	社外監査役が半数以上	社外取締役が過半数	社外取締役が過半数
常勤者の要否	必要	不要	不要
任期	4年 (選任後4年以内に終了する事業年度のうち，最終のものに関する定時株主総会の終結の時まで) ※公開会社でない場合は選任後10年以内	1年 (選任後1年以内に終了する事業年度のうち，最終のものに関する定時株主総会の終結の時まで)	2年 (選任後2年以内に終了する事業年度のうち，最終のものに関する定時株主総会の終結の時まで)
解任	株主総会の特別決議	株主総会の普通決議	株主総会の特別決議
兼任制限	会社・子会社の取締役もしくは支配人その他の使用人，または子会社の会計参与もしくは執行役を兼ねることは不可	会社・子会社の執行役・業務執行取締役もしくは支配人その他の使用人，または子会社の会計参与もしくは支配人その他の使用人を兼ねることは不可	会社・子会社の業務執行取締役もしくは支配人その他の使用人，または子会社の会計参与もしくは執行役員を兼ねることは不可
会計監査人の選解任・不再任についての権限	議案の内容の決定権	議案の内容の決定権	議案の内容の決定権
会計監査人の報酬に関する権限	議案に対する同意権	議案に対する同意権	議案に対する同意権
取締役等に対する報告請求権，業務等調査権，子会社調査権	各監査役の権限（独任制）	監査委員会が選定する監査委員の権限	監査等委員会が選定する監査等委員の権限

取締役等の違法行為差止請求権	各監査役の権限	各監査委員の権限	各監査等委員の権限
取締役会の招集請求権・招集権	各監査役の権限	監査委員会が選定する監査委員の権限（その他取締役・執行役も権限あり）	監査等委員会が選定する監査等委員の権限（その他取締役も権限あり）
取締役会に対する報告義務	各監査役の義務	各監査委員の義務	各監査等委員の義務
会社と取締役（執行役）との訴えにおける会社の代表者	監査役（各監査役が代表可能）	監査委員会が選定する監査委員（訴えの当事者の場合を除く）	監査等委員会が選定する委員（訴えの当事者の場合を除く）
監査の方法	各監査役が監査することが基本（監査役スタッフを活用することは可能）	内部監査部門を活用した組織監査	内部監査部門を活用した組織監査
会社に著しい損害を及ぼすおそれのある事実の報告義務者	取締役	執行役	取締役
株主総会に提出しようとする議案等が法令等に違反する場合等における株主総会への報告義務	あり	なし	あり
監査報告の作成者	各監査役が作成した上で監査役会監査報告を作成	監査委員会報告のみ（各監査委員は監査報告を作成せず）	監査等委員会報告のみ（各監査等委員は監査報告を作成せず）

出所：太田洋＝高木弘明編著『平成26年会社法改正と実務対応［改訂版］』（商事法務，2015年）97〜100頁を一部変更

96

★トピックス　制度間競争

　わが国では，監査役設置会社，指名委員会等設置会社，監査等委員会設置会社の会社形態を選択することが可能である。平成14年改正商法において，委員会等設置会社（現在の指名委員会等設置会社）が導入されたとき，監査役設置会社との間で健全な企業間競争が行われ，例えば企業不祥事のガバナンスの点でどちらの会社形態に優位性があるかなどについて，関心があった。しかし，現実的には，委員会等設置会社の会社数は，100社足らずから増加せずに，制度間競争には程遠い現実となった。平成26年会社法では，更に，監査等委員会設置会社を創設した結果，令和元年7月時点で上場している会社の1,000社を超える会社が監査等委員会設置会社に移行した。

　今後，制度間競争が進展すれば，世界的に例をみない三形態からの選択は，いずれ二形態程度に収斂する可能性がある。各々の形態を選択した会社は，その形態の範囲内で，まずは自社に相応しいガバナンス体制を構築した上で，必要に応じて他の会社形態に移行する可能性があるということは，中長期的に見れば，自ずと制度間競争が働くともいえる。

第7章◆会社役員の責任

●本章の目的

① 会社役員の対会社と対第三者の責任を負う場合の要件について説明できる。

② 対会社責任と対第三者責任の適用の差について理解する。

③ 責任一部免除の仕組みについて，具体例をもって説明できる。

④ 役員等の第三者に対する責任の範囲に関して問題となる直接損害，間接損害の意味を説明することができる。

⑤ 内部統制システム構築の意義と規定について理解する。

●キーワード

任務懈怠，悪意・重過失，経営判断原則，内部統制システム，競業取引，利益相反取引，責任の一部免除

1．会社に対する損害賠償責任

　取締役や監査役は株主から負託を受けて，業務執行や業務の意思決定，監査業務などを行うが，これらの職務によって会社が損害を被れば，株主への配当に影響を及ぼすことになるし，究極的には会社が倒産状態となることもあり得る。したがって，会社法では，会社役員等（役員等とは，役員である取締役・会計参与・監査役に加えて，執行役，会計監査人。以下，まとめて「役員」とする）がその職務を通じて会社に損害を及ぼした場合には，会社に対して賠償する義務を負うとの規定がある。この規定のうち，典型的なものが任務懈怠責任である（423条1項）。

　任務懈怠とは，この文言の通り，役員が職務を遂行する任務の中で，その職責を怠ることである。役員は，職務を行うにつき，法令及び定款を遵守することが前提となることから，これら法令・定款に違反すれば，法令・定款遵守義務違反として任務懈怠となるのは当然である（法令違反を認識できなかったことに対して，過失がなかったとして取締役の任務懈怠を否定した判例として，最判平成12年7月7日民集54巻6号1767頁がある）。また，会社法の個別条文にとどまらず，建築基準法や食品衛生法など他の個別具体的な法令違反も含む。更に，役員が役員としての注意義務を果たさなかったために，会社に損害を及ぼすケースも考えられる。例えば，個別の法令に違反していなくても，大きなプロジェクトの失敗から会社が損害を被るケースである。この場合は，期待されるべき

注意義務を果たさなかったという点で，やはり任務懈怠ともいえる。

　そこで，以下，一般規定である役員としての注意義務の問題を解説した上で，個別具体的な法令違反としての任務懈怠の問題を説明する。

2．任務懈怠責任
（1）善管注意義務と忠実義務

　役員は，会社に対して委任関係にあること（330条）から，会社に対して，善管注意義務を負う（民644条）。善管注意義務とは，「善良なる管理者としての注意義務」を短縮した文言であり，担当者ではなく経験や知見を持った役員として当然に要求されるべき注意義務を果たすことをいう。

　会社役員のうち，取締役には，会社に対する忠実義務を負うとの規定も存在する。すなわち，取締役は，法令及び定款並びに株主総会の決議を遵守し，株式会社のため忠実にその職務を行わなければならないと規定している（355条）。それでは，何故に，会社法では，取締役のみに忠実義務を課しているのであろうか。

　取締役は，業務執行者である（348条1項）。すると，取締役は業務を執行する中で，例えば，会社と取締役の利益が衝突する利益相反の場面において，取締役が自己の利益を優先させることもあり得る。このように，会社の利益を犠牲にして自己の利益を優先する業務執行を行わないようにする規定が忠実義務を果たすという意味がある。

　もっとも，判例では，忠実義務は，注意義務を一層明確化したにとどまり，善管注意義務とは別個の高度な義務ではないとしている（最判昭和45年6月24日民集24巻6号625頁）。ただし，会社法上，善管注意義務と忠実義務を別個に規定していること，取締役に対してのみ忠実義務を課していることを考えると，取締役と会社の利益衝突の場面で忠実義務を理解することも大切であり，事実，学説でもこの考え方は定着している。それでは，会社が損害を被った際には，役員の任務懈怠として会社に対する損害賠償責任を必ず負うことになるのであろうか。

　民間会社の場合は，収益を上げて，その中から株主への配当等による還元，従業員への給料の支払い，取引先への代金支払い，将来の投資に備えた内部留保などを行う。このためには，グローバルな展開や企業買収等，ある程度のリスクを覚悟した経営戦略を取らなければ，十分な収益を上げることは困難であ

る。しかし，リスクを取った経営が結果として会社に損害を被らせたとして，善管注意義務違反により，取締役に損害賠償責任を負わせることになれば，従業員と比較して高い報酬を得ていたとしても，オーナー系の代表取締役等の一部の資産家たる経営者を除けば，高額な損害賠償の支払いに応じることは困難である。結果として経営の萎縮を招き，リスクを取らない経営によって，会社の持続的な発展は期待できなくなるおそれが生じる。このような背景から，個別具体的な法令・定款違反でない場合には，たとえ取締役が自らの業務執行行為によって会社に損害を被らせたとしても，一定の要件を満たしていれば，会社に対する損害賠償責任はないという考え方が，判例・学説として確立している。いわゆる経営判断原則の適用である。

　もっとも，食品衛生法違反の添加物を混入した肉まんを製造・販売したことに対して，取締役会で積極的に公表しないとの判断を下した取締役に，善管注意義務違反であるとした裁判例（「ダスキン株主代表訴訟事件」大阪高判平成18年6月9日判時1979号115頁）があるように，裁判所は，取締役の善管注意義務を広く捉えている傾向がうかがわれる。

（2）経営判断原則

　取締役の行為により会社が損害を被れば，個別・具体的な法令・定款違反でなくても，取締役の善管注意義務違反の有無が争点となる。その際，経営判断原則の適用があると，取締役の善管注意義務違反とはならない。

　経営判断原則とは，"Business Judgment Rule"と言われ，主にアメリカの判例で発展した考え方である。わが国でも，会社法の条文に規定はなく，判例（「アパマンショップHD株主代表訴訟事件」最判平成22年7月15日判時2091号90頁等）及び学説で確立した考え方である。

　経営判断原則とは，一般的には①判断の前提となる事実の認識に重要かつ不注意な誤りがないこと，②判断の過程及び内容に著しく不合理な点がないこと，が要件とされている。①や②について，裁判所の判旨の表現は必ずしも一様でないが，要するに，取締役が行為を行うについて，まずは社内外から必要な情報収集や調査をしっかりと行うことを前提として，判断を行う社内手続やプロセスに則った上で，会社役員である取締役としての常識的な判断を行えば，仮に結果として会社が損害を被っても，損害賠償責任を負う義務はないというものである。実務では，あるプロジェクトを行う場合には，プロジェクトの採算

性と合わせて想定されるリスクを洗い出し，法的視点や財務的視点など，関係部署があらゆる角度から検討した上で，最終的に取締役会において承認・決議を行う。このような常識的な対応を行わずに，一部の取締役が，自己の評価を上げるために独断専行的にプロジェクトを強行したり，拙速な検討により，本来あるべき判断過程が不十分であったりした場合には，経営判断原則の適用とはならない。

　もっとも取締役が個別の法令・定款違反を伴う行為をし，会社と利益衝突した場合に自己のための行為をした場合には，経営判断原則の適用はない。

　なお，アメリカでは，経営判断の原則が適用となると，裁判所では審理を行わないのに対して，わが国の裁判所では，事実認定を行った上で経営判断の内容にまで踏み込んで判決を下している（例えば，巨額の投融資について経営判断が適用とならなかった裁判例として，「北海道拓殖銀行カブトデコム事件」最判平成20年1月28日判時1997号148頁がある）。

（3）監視義務

　経営判断原則の適否は，取締役が直接，業務執行を行う上で問題となることから，その他の取締役には，経営判断原則の適用となることはない。それでは，あるプロジェクトをめぐって最終的に会社に損害が発生した場合に，プロジェクト責任者である取締役以外の取締役はどのような義務があると考えるべきか。

　取締役は取締役会の構成員として，他の取締役の職務執行を監督する義務がある（362条2項2号）。いわゆる監視義務である。取締役は，取締役会の場のみで監視義務があるのではなく，他の社内会議や委員会などを通じても監視義務を負う。また，社外非常勤取締役であっても，取締役会に上程される議題・議案のみに監視義務があるわけではないとの最高裁判例がある（最判昭和48年5月22日民集27巻5号655頁）。

　監視義務の行使の仕方としては，取締役会で業務執行取締役の説明に対して質問をしたり，確認をすることは基本としても，実務では，取締役会に上程される前に，通常は経営会議や常務会，投融資委員会やリスク管理委員会等の場で質疑されたり，事前に担当部署から説明があったりすることも多い。監視義務には，このような場を利用して確認をすることも含む。最終的には，取締役会の意思決定の場の議案採決で決定されるが，無条件に賛成するのではなく，仮に取締役会に上程される前に修正依頼や疑問点を指摘していれば，それらが

正されているか取締役会において確認することになる。したがって，直接の業務執行取締役以外の取締役が監視義務を怠れば，任務懈怠責任となる。

　ちなみに，他の取締役以外に，取締役の職務執行を監査する監査役（381条1項）や会社の計算書類等を監査する会計監査人（396条1項）も，監査業務を通じて監視義務を負っているといえる。

（4）内部統制システム構築義務と任務懈怠

　取締役が各々の立場から監視義務の意識を持って，他の取締役の職務執行を監督することは大切なことであるが，より効率的には，社内又は企業集団の体制として，取締役に法令・定款を遵守させたり，チェックする仕組みがあることである。この体制のことを内部統制システムという。内部統制システムは，"Internal Control System" を日本語に置き換えたものであり，アメリカでは外部監査人である会計士が効率的に会計監査をするために，内部統制システムという概念を利用したことが始まりである。

　わが国では，取締役に対する巨額の損害賠償が認容された大和銀行株主代表訴訟事件（大阪地判平成12年9月20日判時1721号3頁）において，当時の大阪地方裁判所が「健全な会社経営を行うためには，……（中略）リスク管理が欠かせず，会社が営む事業の規模，特性等に応じたリスク管理体制（いわゆる内部統制システム）を整備することを要する」と判示したことから注目された概念である。その上で，判旨では，取締役は内部統制システムを構築する義務を負っていることから，この義務に違反すれば，任務懈怠責任を負うとした。

　もっとも，最高裁判所は，内部統制システムについて，疑念を差し挟む特段の事情がない限りは，通常容易に想定し難い巧妙な不正行為も想定して構築しなければならないわけではないと判示している（「日本システム技術事件」最判平成21年7月9日判時2055号147頁）。要するに，企業不祥事の中には，従業員の一部が巧妙に隠ぺいして起こす内容のものもあり得るが，そのようなことも想定して，完璧な内部統制システムを構築することは効率性の観点からも不具合であり，各社の業種・業態・業容に相応しい内部統制システムを構築することが重要であるということである。

　会社法上の内部統制システムの規定の眼目は，内部統制システムの整備をリスク管理担当取締役等の個々の取締役に委任することはできずに，内部統制システムの構築を定める場合には，取締役（会）が決定又は決議をしなければな

らない点である（348条3項4号，363条4項6号）。会社にとって，不祥事防止や発生した後の事後対応は会社経営にとっても重要であるので，複数の取締役（取締役会設置会社であれば取締役会）で内部統制システムの基本方針や組織・規程・内部通報制度等の構築を決めるべきであるというのが立法趣旨である。

　会社法上，内部統制システムの整備の決定を義務づけているのは，資本金5億円以上又は負債総額200億円以上の大会社（362条5項）・監査等委員会設置会社（399条の13第1項1号ハ），指名委員会等設置会社（416条1項1号ホ）である。もっとも，実務的には，上記の会社以外（非大会社・非委員会型会社）でも，リスク管理の重要性の観点から内部統制システムの構築を決定している会社が増加している。その理由の一つとして，仮に不祥事が発生しても，一定の内部統制システムが整備されていれば，取締役等の会社に対する損害賠償責任が回避できるからである（「三菱商事株主代表訴訟事件」東京地判平成16年5月20日判時1871号125頁，上記の「日本システム技術事件」等）。

　内部統制システムの項目は，①情報保存管理体制，②損失危険管理体制，③効率確保体制，④使用人の法令・定款遵守体制，⑤企業集団業務適正確保体制である（会施規100条1項）。この中で，グループ経営が重要視される背景から，⑤の企業集団の内部統制システムについては，平成27年改正会社法施行規則において，親会社が整備するとの義務が定められた上で，子会社役職員から親会社への報告体制（会施規100条1項5号イ）と親会社監査役への報告体制（同条3項4号）の整備を明示的に示した。子会社の不祥事については，親会社も含

【1-7．図表1】　親会社と子会社における役職員の報告体制

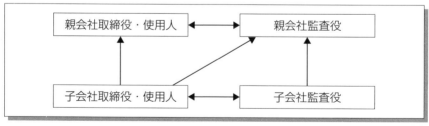

注．親会社・子会社における取締役・使用人と監査役との横の関係では，相互に
　　報告義務があり
　　・取締役→監査役（357条1項）
　　・監査役→取締役（382条）

めてその対応を迅速に行うためには，適時・適切に親会社に報告が行われるべきであるとの趣旨からである。したがって，グループ内部通報制度の整備等，子会社から親会社への報告体制を個々の役職員に依存するのではなく，グループガバナンスの仕組みとして整備することが求められている。

★トピックス　わが国の内部統制システム

　わが国では，判例で内部統制システムの概念が先行し，平成14年の商法改正で，委員会等設置会社（現在の指名委員会等設置会社）が創設されたときに，委員会等設置会社に内部統制システムの規定が適用されることとなった。その後，平成17年会社法で，委員会等設置会社に限定しないで，監査役設置会社にも全面的に規定されるように至った。もっとも，内部統制システムの構築の基本方針の決定は取締役に委任せずに，取締役会で行った上で事業報告の開示に留まっていた。その後の平成26年会社法で，内部統制システムの運用状況も含めて事業報告の開示となった。いわゆる外形だけでなく，適切な運用が行われることが重視されることとなったわけであり，実務にとっては大きな影響がある改正であった。

（5）任務懈怠責任

　役員が善管注意義務又は忠実義務に違反して会社に損害を与えたときは，債務不履行の一般原則（民415条）によって，会社に対して損害賠償責任を負う。会社法上の規定としては，役員等は，その任務を怠ったときは，会社に対してこれによって生じた損害を賠償する責任を負うと規定されている（423条1項）。言い換えれば，423条1項の任務懈怠責任は，役員の任務懈怠による賠償責任を債務不履行責任の特則として位置づけた法定責任としたものである（法定責任説）。ここで，法令・定款違反は，当然のこととして任務懈怠であるとの考え方が一般的である。また，役員が遵守すべきは会社法に限らず，独占禁止法，建築基準法等の全ての法令（最判平成12年7月7日民集54巻6号1767頁），地方自治体の条例（名古屋地判平成13年10月25日判時1784号145頁），更には，外国法令（大阪地判平成12年9月20日判時1721号3頁）も含まれる。

　役員が会社に対して損害賠償責任が認容される場合の要件としては，①任務懈怠の事実があること，②会社に損害事実があること，③任務懈怠と損害との間に相当の因果関係があること，であり，役員の責任を追及する会社又は株主

が取締役等の任務懈怠の証明責任を負う。また，帰責事由（故意又は過失）が
なければ免責されるが，この点については，役員側が証明責任を負う。なお，責
任を負うべき取締役や監査役等が複数いる場合には，連帯責任となる（430条）。

　役員の任務懈怠責任は，一般債権の消滅時効である10年が経過すれば，その
責任は時効となり消滅する（最判平成20年1月28日民集62巻1号128頁）。

● 事例問題10

> 　機械部品の製造・販売をしている甲会社は事業の拡大のために海外進出を計画
> していた。このたび，甲会社の取締役Ｙは，日系企業も既に進出している中国内
> 陸部に工場を建設して中国の需要を取り込むべき綿密な計画を立案し，社内外の
> 専門家の意見も取り入れて，社内で定められた投融資委員会，経営会議での審議
> を経た後，取締役会の承認・決議を取り付けた上で，実行に移した。
> 　ところが，工場建設の資機材の搬入の遅れなどのために，操業開始が大幅に延
> 期になった上に，操業後も現場従業員のストライキなどの発生から，150億円も
> の累積損失を生じて，最終的には計画中止に追い込まれた。これに対して，Ｙは
> 会社が被った損害を賠償する義務が生じるであろうか。

○ 考える際のポイント
　① 具体的な法令・定款違反は存在しているか。
　② 担当取締役がプロジェクトを企画するに際して，判断の前提となる情報収集，
　　判断の過程や内容に問題はなかったか。

○ 参考裁判例
　最判平成20年1月28日判時1997号148頁
　最判平成22年7月15日判時2091号90頁

○ 解答骨子例
　　Ｙは，中国内陸部に工場建設を行うプロジェクトの推進責任者であったものの，
最終的には，操業中止に追い込まれ甲会社に150億円の損害が発生した。Ｙは，甲
会社に対して善管注意義務を負っていることから，プロジェクトの失敗による会社
の損害に対して，善管注意義務違反として，甲会社に対して損害賠償責任を負うこ
とが基本である。
　　しかし，本件においては，Ｙはプロジェクトの計画段階において，内外の専門家
から情報を収集した点に不注意な誤りはなく，社内規程に則った手続を行った上で

既に日系企業も進出している地域への工場の操業開始の判断内容についても不合理な点はない。したがって，Ｙの行為には経営判断原則が適用されることとなることから，善管注意義務違反には該当せず，Ｙは甲会社に対して損害賠償する義務はない。もっとも，プロジェクトの規模等の判断の内容が，通常の経営者では考えられないような不合理なものと評価されれば，経営判断原則の適用がなく，損害賠償の支払いが生じることもあり得る。

●事例問題11

　　甲証券会社の取締役Ｙは，部下の営業部長が一部の顧客に対して強力に進めた株式取引によって多額の損失が生じたことから，当該顧客に対して損失補てんを指示した。この時点では，損失補てんを直接禁止する法令はなかったものの，行政当局から損失補てん自粛の通達は出されていた。その後多くの証券会社と一部の顧客の間で損失補てんが行われたことから社会問題化し，後日，損失補てんは，金融商品取引法や独占禁止法違反となった。Ｙは，通達については認知していたが，損失補てんを禁止する法令は存在しなかったことから，一部の顧客対応を優先した。

　　甲会社の株主Ｘは，損失補てんは甲会社に損害を及ぼすものであり，Ｙに任務懈怠があるとして甲社に対して損害賠償の支払いをすべきとの株主代表訴訟を提起した。Ｘの請求は認容されるだろうか。

○考える際のポイント

①　損失補てん行為は，会社に損害を生じさせる行為であったか。

②　損失補てん行為は，法令違反であったか。

○関連条文

423条1項，109条1項

○参考裁判例

最判平成12年7月7日民集54巻6号1767頁

○解答骨子例

　　Ｙの損失補てん行為は，会社の資金流出であり会社の損害に該当する。もっとも，この損失補てん行為に対しては，自粛の通達は行政当局から出されており，Ｙはその存在を認知していたものの，当時は具体的な法令違反でなかったことから，Ｙの行為は任務懈怠とまではいえない。

　もっとも，損失補てんをした顧客が甲社の株主であった場合には，一部の株主に
のみ損失補てんを行う行為は，株主平等原則に違反する可能性があることから，一
部損失補てんの程度や顧客の範囲によっては，109条1項違反として任務懈怠とな
り得る余地はある。

（6）競業取引

　最高裁判所は，忠実義務は注意義務を一層明確化したにとどまり，善管注意
義務とは別個の高度な義務ではないとしているが，会社の利益と取締役の行為
が衝突する場合に，取締役は会社の利益を優先すべき観点から忠実義務を捉え
る考え方がある。この意味での忠実義務を個別の取引の場面に当てはめて規定
しているのが競業取引である。

　競業取引とは，事業の部類に属する取引をすることで，取締役が自己又は第
三者のためにこの取引をしようとするときは，重要な事実を開示して株主総会
（取締役会設置会社では取締役会）での承認を得なければならない（356条1項1号，
365条1項）。開示すべき重要な事実とは，取引の相手方，取引の種類，目的物，
数量と価格，取引条件等である。事業の部類に属する取引とは，例えば，食品
の製造・販売を行う総合食品会社である甲会社において，その一事業部門が
行っている健康食品事業の責任者であるA取締役が，同じ健康食品事業を行っ
ている別の会社である乙会社の代表取締役として行うことである。この場合，
甲会社と乙会社では健康食品事業が相互に競合するので，健康食品の市場規模
が拡大しない限りは，限られた市場規模の中で乙会社の利益が上がれば上がる
ほど，甲会社の利益が減少することになる。言い換えれば，Aの乙会社におけ
る健康食品の製造・販売行為は，自分が所属している甲会社の製造技術等のノ
ウハウや顧客情報を利用することによって，結果的に甲社の利益を毀損して
行っていることになる。この場合，Aは，甲会社の株主総会（甲会社が取締役
会設置会社の場合は取締役会）で，乙会社での健康食品事業の製造・販売につい
て，具体的な商品内容や規模，販売地域などの重要な事実を開示し，実質的に
甲会社と競合しない旨を説明し，承認を得ることになる（356条1項1号，365
条1項）。

　仮に，Aが重要な事項を開示して株主総会又は取締役会で承認を得るべきと
ころ，この手続を行わずに乙会社の健康商品事業の製造・販売を推進したとき
には，この取引によってA自身又は乙会社が得た利益の額は，甲社の損害額と

推定される（423条2項）。この場合，Aは，競業取引の行う際の手続上の法令
違反として，取締役の任務懈怠と評価される。したがって，役員としての任務
懈怠，会社の損害，相互に相当の因果関係が存在することとなり，Aは甲会社
に対する損害賠償責任が生じることとなる（423条1項）。

　なお，現時点で競業取引は行われていなくても，将来の進出のための準備を
進めている事業についても，競業取引の規制の対象となるとの裁判例がある
（東京地判昭和56年3月26日判時1015号27頁）。

（7）利益相反取引

　利益相反取引も競業取引と同様に，会社と取締役との利益衝突場面の個別規
定である。

　利益相反取引とは，取締役として就任している会社の利益と自ら又は第三者
が得た利益が相反する取引のことである。例えば，甲会社の取締役であるAが，
自宅を建設するために甲会社の遊休地を購入する場合を考える。Aとしては，
可能な限り安価に土地を購入したいと考える中で，Aが甲会社の取締役として
の地位を利用して，甲会社が所有する遊休地を地価評価額の半値で購入したと
すれば，この行為は，甲会社の利益を犠牲にしてA自身が利益を得る典型的な
利益相反取引行為である。

　仮に，Aが代表取締役を務める乙会社が事業拡大のために甲会社から同様に
半値で土地を購入した場合には，Aの行為は，第三者である乙会社の利益のた
めに，甲会社を犠牲にした行為となる。前者が自己のための直接利益相反取引，
後者が第三者のための直接利益相反取引である（356条1項2号）。

　更に，例えば，Aが第三者から土地を購入する際に丙銀行から融資を受ける
場合，丙銀行が甲会社の債務保証を融資の条件としたとしよう。この場合，A
が丙銀行からの融資の返済ができなければ，丙銀行に債務保証をした甲会社が
Aの代わりに丙銀行に返済する。すなわち，甲会社と丙銀行との間の債務保証
は，Aが融資を受けることの利益と甲会社が債務保証を行うことの不利益との
相反する取引である。会社法上は，このような場合を間接利益相反取引として，
直接利益相反取引と区別している（356条1項3号）。

　直接利益相反取引は，Aの土地購入という直接の行為によるものに対して，
甲会社による丙銀行との間の債務保証行為は，Aから見れば，直接の当事者で
ないことから間接利益相反行為としている。

　利益相反取引行為の場合も，競業取引と同様に，予め株主総会又は取締役会（取締役会設置会社の場合）で重要事項を開示して承認・決議を得なければならない。事例としてあげたケースでは，甲会社において，甲会社との直接の土地取引の内容や丙銀行の債務保証の条件などを株主総会等で合理的な説明が行われた上で，承認・決議が必要である。仮に，利益相反取引によって，会社に損害が生じたときには，利益相反取引の当事者である取締役に限らず，最終決定した取締役や取締役会で賛成した取締役も任務懈怠が推定される（423条3項）。

　競業取引の場合は，利益の額が損害額と推定されるのに対して，利益相反取引の場合は，利益相反取引を行ったこと自体が任務懈怠として推定される点が異なる。とりわけ，自己のために直接利益相反取引を行った取締役は，無過失責任（428条1項）となり，会社に対して重い損害賠償責任が課されている。

　競業取引の場合も利益相反取引の場合も，取締役が業務執行を行う際に，会社との利益衝突が生じる場面に遭遇したときには，自分が就任している会社の利益を優先することが会社に対する忠実義務を果たすことと理解してよいであろう。また，取締役会設置会社の場合は，競業取引及び利益相反取引を行った取締役は，当該取引後，遅滞なくこれらの取引について重要な事実を取締役会で報告する必要がある（365条2項）。事前承認を得た重要な事項が，誠実に履行されているか確認するための立法趣旨である。

　取締役会設置会社において，取締役会決議を欠く利益相反取引が行われた場合の効力については，最高裁判所は，当該利益相反取引は無効であるものの，会社が第三者に無効を主張するためには，第三者の悪意を主張・立証する必要があるとしている（最判昭和43年12月25日民集22巻13号3511頁，最判昭和46年10月13日民集25巻7号900頁）。その際，無効の主張は会社のみが主張できる（最判昭和48年12月11日民集27巻11号1529頁）。会社による無効の主張が争われるのは，間接利益相反取引のみに生じる問題である。なぜならば，直接利益相反取引においては，利益相反を行った自社の取締役の取引の安全を考慮する必要がないことから，会社はいつでも取引の無効を主張できるのに対して，間接利益相反取引の場合は，相手方（前述の例では，会社に債務保証を要請した銀行）の取引の安全を考慮する必要が生じてくることから，相手方が取締役会決議を欠くことを知っていることを会社が主張・立証してはじめて利益相反取引の無効を主張できるわけである。

　なお，完全親子会社形態の場合は，利益相反取引は該当しないとの考え方が

判例の立場である（最判昭和45年8月20日民集24巻9号1305頁）。その他，取締役が会社の利益を害するおそれがない場合（無利子・無担保で取締役が会社に貸付。最判昭和38年12月6日民集17巻12号1664頁），株主全員の同意がある場合（最判昭和49年9月26日民集28巻6号1306頁），全株式を保有する取締役との取引の場合（前記・最判昭和45年8月20日）も利益相反取引の規定は及ばないと解されている。

3．その他の取締役の会社に対する損害賠償責任

（1）利益供与

　会社が株主の権利の行使に関して，財産上の利益供与をしたときには，当該利益供与を行った取締役は，会社に対して無過失責任の損害賠償責任を負うこととなり，また，利益供与に関与した取締役は，過失責任の損害賠償責任を負う（120条4項）。過失責任とは，取締役の職務を行うについて注意を怠らなかったことを証明した場合には，免責されるということである。利益供与の場合は，取締役らの関与が任務懈怠に当たるか否かという判断とは関係なく責任が認められることになる（利益供与については，**第2編第1章4．**参照）。

（2）違法な剰余金分配

　分配可能額を超えて剰余金分配がなされた場合は，取締役は，分配された額を会社に支払う義務を負う。分配可能額を超えた配当は，会社の財務状況を悪化させることになるからである（剰余金分配問題については，**第3編第3章2．**参照）。この場合，取締役が無過失を立証した場合は免責となる（462条）。

（3）その他，取締役が会社に対して責任を負う事項

　その他，取締役が会社に対して責任を負う場合は，現物出資財産の価額補てん責任（213条），新株予約権行使時の現物出資財産価額の責任（286条），株式発行等における仮装払込に係る責任（213条の3），新株予約権の発行又は行使における仮装払込みに係る責任（286条の3），剰余金の処分に係る欠損補てん責任（465条）がある。

　なお，実務的にあり得る事例として，退任する予定の取締役が会社と競合する会社を設立し，その会社に現在の会社の従業員を引き抜く場合がある。この場合は，当該取締役が退任した後は，元の会社の取締役ではないため，競業取引の規制は及ばない。しかし，このようなケースでも，取締役の忠実義務違反

であると解されている（東京高判平成元年10月26日金判835号23頁）。

4．責任の免除と軽減
（1）責任軽減制度の経緯

　取締役等の会社に対する損害賠償責任は，総株主（議決権を有しない株主を含む）の同意がなければ免除することができない（424条）。取締役の責任に対して，会社がお手盛り的に損害賠償責任を免除すれば，取締役ら役員の規律が緩むだけでなく，実質的な脱法行為となるからである。

　他方で，過大な損害賠償責任を取締役らに負わせることとなれば，経営の萎縮に繋がるだけでなく，直接の行為者である取締役以外の監視・監督義務がある取締役や監査役も連帯責任の下，必ずしも常識的な責任負担とならない可能性もある。何よりも，総株主の同意がなければ，取締役等の会社に対する損害賠償責任は免除できないとなると，株主が多数存在する大会社では，実質的には実行不可能な規定である。

　取締役らの責任軽減規定の契機となったのは，大和銀行株主代表訴訟事件（大阪地判平成12年9月20日判時1721号3頁）である。この訴訟のもととなった事件とは，大和銀行ニューヨーク支店の現地行員が簿外取引などの不正会計を10年近くにわたって行ったことによって，大和銀行に11億ドルの損害を及ぼした上に，米国当局から3億4,000万ドルの罰金の支払いを命じられた事件である。この事件に対して，大和銀行の株主が取締役や監査役49名を相手に，弁護士費用を含めた大和銀行が被った総額14億5,000万ドルの損害賠償の支払いを行うように株主代表訴訟を提起した。

　大和銀行株主代表訴訟事件では，現地行員の直接の上司である取締役や監査を実施した監査役にとどまらず，その他の取締役や監査役が，リスク管理としての内部統制システムを構築していなかったとして，取締役と監査役の11名に対して，7億5,000万ドル（当時の為替レートで約830億円）の損害賠償の支払いが命じられた。損害賠償の金額の大きさにとどまらず，ニューヨーク支店に直接関与した役員以外の取締役らにも多額の損害賠償の支払いが認容されたことは，経済界に大きな衝撃を与え，平成13年の商法改正における責任軽減制度の規定に繋がることとなった。

（2）責任の軽減（一部免除）

　責任軽減制度とは，取締役らの任務懈怠による会社への損害賠償責任として認められた金額を軽減させる制度である。

　責任の限度額は，代表取締役及び代表執行役は，報酬等の6年分，代表取締役以外の業務執行取締役と執行役は，報酬等の4年分，監査役，非業務執行取締役，会計参与，会計監査人は報酬等の2年分である。すなわち，実際の責任賠償額から責任限度額を控除した額が責任軽減額となる。報酬等とは，取締役等が在職中に会社から職務執行の対価として受ける1年間当たりの金額に各々の年数を乗じたものであり，月例報酬以外に退職慰労金や新株予約権によるストックオプションを受領した場合は，これらも含まれる。

　取締役らの責任軽減を行う要件は，その職務を行うにつき，善意かつ無重過失のときである（425条1項，426条1項，427条1項）。したがって，取締役が法令・定款違反を認識した上の職務上の行為や，仮に法令・定款違反でなくても，そのことを当然知り得る立場にあることについて過失性が重いと判断されたときには，責任軽減規定は適用とならない。

　また，自己のために直接の利益相反取引をした取締役・執行役の責任は対象外である（428条2項）。直接の利益相反取引を行う取締役らは，自らの利益を得るために会社を犠牲にすることからその責任は重く，責任軽減に値しないと考えられるため，無過失責任（428条1項）である。

　責任軽減を行うための方法としては，①株主総会の特別決議（425条，309条2項8号），②取締役会決議（426条），③責任限定契約（427条）の3通りがある。

　①の株主総会の特別決議の方法では，責任軽減議案を総会に提出する前に，監査役（又は監査（等）委員）全員の同意を得た上で，株主総会において責任原因となった事実や賠償額と責任限度額，責任軽減を行う理由を開示する（425条2項・3項）。

　②の取締役会決議の方法では，予め定款において，取締役会決議で責任軽減を行う旨を定めることが必要であり，かつ定款を変更する場合及び責任免除に関する議案を取締役会に提出する場合の両方において，監査役全員の同意が必要である。また，取締役会が責任免除の決議を行ったときは，責任の原因となった事実，賠償額，責任限度額及び責任軽減の理由を遅滞なく株主に通知するとともに，株主が免除に異議があれば一定の期間内に会社に意見を述べる機会を設けている。そして，上記期間内に，総株主の議決権の3％以上の株主が

112

異議を述べたときは，責任免除はできないこととなっている（426条7項）。

　③の責任限定契約による方法とは，予め会社が定めた額と最低責任限度額（報酬の相当年数分）との高い額を限度とする契約を，業務執行取締役以外の役員である監査役等と締結することが可能というものである。この場合も，定款を変更して上記の定めを設ける議案を株主総会に提出する場合に，予め監査役

【1-7．図表2】　責任軽減制度の仕組み①

　A代表取締役は，4年間の在任期間を終えて退任した後，任務懈怠責任により，4億円の損害賠償が確定した。なお，退任時に，退職慰労金として4千万円を得ていた（新株予約権行使による利益はない）。

　A代表取締役の損害賠償額　　　　　　　　4億円
　A代表取締役の年間報酬額（在任中の最高額）　3千万円
　A代表取締役の退職慰労金　　　　　　　　4千万円

①責任限度額　　（3千万円＋4千万円÷4年）×6年分＝2.4億円
②責任免除額　　4億円－2.4億円＝1.6億円

【1-7．図表3】　責任軽減制度の仕組み②

　B社外取締役は，4年間の在任期間を経て退任した後，任務懈怠責任により，1億円の損害賠償が確定した。なお，B社外取締役は，会社と責任限定契約を締結しており，責任の上限額を2千5百万円としていた。

　B社外取締役の損害賠償額　　　　　　　　1億円
　B社外取締役の年間報酬額（在任中の最高額）　1千万円
　B社外取締役の退職慰労金　　　　　　　　2千万円
　B社外取締役の責任上限額（責任限定契約）　2千5百万円

①　責任限度額
　　ア）（1千万円＋2千万円÷4年）×2年分＝3千万円
　　イ）2千5百万円（責任限定契約によって定められた額）
②　責任上限額　3千万円（ア＞イにより）
③　責任免除額　1億円－3千万円＝7千万円
※仮に，責任限定契約による上限額を3千5百万円としていれば，ア＜イにより，この額が採用される。

全員の同意が必要である（427条3項）。株主総会や取締役会の決議の方法では，代表取締役が議案の提出を行わない限り，責任軽減措置の是非の議論に入ることができないのに対して，責任限定契約を締結した場合には，善意かつ無重過失の要件を満たせば，代表取締役の意向にかかわらず適用になる点が特徴である。したがって，例えば，社外役員が，その職務として監視・監督機能を発揮させるために代表取締役に色々な意見を具申したことに代表取締役が快く思わずに，責任軽減の議案を提出しないという恣意的な対応に左右されない点から，社外役員の人材確保に役立つと言われている。

　もっとも，責任軽減の要件が厳しいこと，裁判所が認容した損害賠償額に対する軽減を行うことには，それ相当の合理的な理由が必要であることから，今日までに開示されている情報では，制度の適用事例は極めて少ない。

★トピックス　責任限定契約対象範囲の拡大

　平成26年会社法以前は，責任限定契約の対象者は，社外役員（社外取締役と社外監査役）に限定されていたのに対して，改正によって，非業務執行役員（監査役，取締役会長，取締役相談役等）まで対象となった。監査役や非業務執行取締役は，経営に対する監督・監査を行う職責がある中で，業務執行取締役ほど直接的に責任をコントロールできるわけではないこと，従来は社外役員扱いとなっていた子会社に派遣された親会社の役職員が，社外要件から除外されたために，自動的に責任限定契約対象者から外れることへの救済的意味があったためである。

5．第三者に対する損害賠償責任

（1）基本的な考え方

　会社と委任関係にある取締役らは，会社の損害に対して損害賠償責任を負う。他方で，取締役らの行為によって，第三者（債権者，株主）が損害を受ける場合も想定できることから，第三者保護の観点から規定されたものが，第三者に対する取締役らの損害賠償責任である。本来，取締役らの故意・過失の行為によって第三者に損害を及ぼせば，民法の不法行為責任が生じる（民709条）。しかし，その立証責任は，損害を被った第三者が負うこととなり，取締役らの故意・過失を立証することは容易なことではない。そこで，取締役らの職務における悪意又は重過失（429条1項）と第三者の損害の間に相当の因果関係がある

限り，直接損害・間接損害を問わず責任を追及できるという規定である。

　第三者は，取締役らが，職務を行うにつき法令・定款違反を行ったことは，マスコミ報道等でも容易に把握できることから，主張・立証しやすいという利点がある。そこで，判例では，第三者責任は，民法上の不法行為責任とは別個の特別の法定責任であると判示している（最判昭和44年11月26日民集23巻11号2150頁）。

　なお，特定の書類（計算書類等）や登記等に虚偽の記載・記録・公告があった場合には，その行為をした者は，無過失を証明しない限り責任を負う（429条2項）。すなわち，本来は，第三者が立証責任を負うものの，虚偽記載等の場合は，取締役らが注意を怠らなかった立証責任を負うという立証責任の転換規定となっている。

（2）直接損害と間接損害

　取締役が代金支払義務の不履行の場合は，債権者である第三者が直接損害を被ることとなる。取締役の虚偽の計算書類の作成によって，債権者が当該会社の業績は良いと誤認し取引を継続したところ，取引条件の引下げ等によって損害を被る場合も直接損害である。直接損害の場合は，株主も第三者に含まれるというのが通説である。

　これに対して，取締役らの悪意又は重過失の行為により会社が損害を被り，その結果，第三者も損害を被った場合が間接損害である。間接損害の場合は，会社が損害を被り，その結果，第三者にも影響を及ぼすという点が特徴である。例えば，取締役の法令違反の業務執行により最終的に会社が倒産し，債権者が債権を回収できなくなった場合である。直接損害の場合と異なり，間接損害の場合は，株主は第三者に含まれないとするのが通説である。会社の損害に対しては，株主は株主代表訴訟の訴訟提起によって，会社の損害を回復する手段があることから，株主としては，法的には株主代表訴訟の手段を利用すべきというのがその理由である。もっとも，株主代表訴訟によって株主が勝訴したとしても，その利益は会社に帰属し，株主は間接的に恩恵を受けるだけであることから，株主が間接的でも損害を受けたら，第三者に含めてよいとする有力説もある（株主代表訴訟については，**本編第8章**参照）。

　取締役の第三者に対する責任は，一般的には，主に中小会社が倒産した場合に，会社債権者が訴えを提起する事例を中心に，件数としては比較的多い（取

締役の責任が認容された主な裁判例として，最判昭和41年 4 月15日民集20巻 4 号660
頁，最判昭和44年11月26日民集23巻11号2150頁，最判昭和51年 6 月 3 日金法801号29
頁，京都地判平成22年 5 月25日判時2081号144頁，大阪高判平成26年 2 月27日金判
1441号19頁等）。

6．補償契約・役員等賠償責任保険

（1）補償契約

　補償契約とは，役員等（取締役・監査役・執行役・会計参与・会計監査人）が
その職務の執行に関して発生した費用や損失の全部又は一部を会社が負担する
ことを会社が役員等と約する契約であり，令和元年会社法で創設された。

　従前は，補償契約制度が存在しなかったために，役員等が法令違反を疑われ
て訴訟提起を受けた際に，会社が負担することができる費用や損害の範囲・手
続については，解釈に委ねられており，実務的には都度，検討する実態であっ
た。そこで，補償契約に関する規定を定めることによって，役員の人材確保や
役員等が萎縮することなく業務執行を行うことができるインセンティブの側面
が認められるとの趣旨で導入された。

　補償契約の範囲は，①役員等が，その職務の執行に関し，法令の規定に違反
したことが疑われ，又は責任の追及に係る請求を受けたことに対処するために
支出する費用，②役員等がその職務の執行に関し，第三者に生じた損害を賠償
する責任を負う場合による損失である（430条の 2 ）。

　①は，防御費用のことで，弁護士費用や調査費用が相当する。費用について
は，補償における要件はなく，結果的に取締役が敗訴した場合にも支払が行わ
れるが，通常要する費用の額を超える部分については，補償契約にかかわらず，
補償はされない（430条の 2 第 2 項 1 号）。過大な費用支出は，会社ひいては株
主にとって不利益となるからである。

　②の損失は，第三者から役員等に対する損害賠償請求が行われた場合の損害
賠償金や和解金が相当する。損失には，罰金や課徴金，及び役員等が会社に対
して支払う損害賠償金は含まれない。また，防御費用の補償の場合と異なり，
役員等が職務を行うにつき，善意かつ無重過失の場合のみ補償の対象となる
（430条の 2 第 2 項 3 号）。

　なお，補償を受けた取締役が自己若しくは第三者の利益を図る目的でその職
務を執行したことを認識していたときは，①の場合は，会社は補償した金額の

相当額の返還請求が可能である（430条の2第3項）。

　補償契約内容につき，株主総会（取締役会設置会社は取締役会）での決議（取締役会設置会社は実施後の報告も）が必要である（430条の2第1項・第4項・399条の13第5項12号・416条第4項14号）。これらの手続は，取締役の利益相反取引（356条1項）を行う際の手続と同様である。補償契約（次に解説する役員等賠償責任保険も同様）は，会社が金銭を支出し，一方で役員等が経済的利益を得るという会社と役員等との利益相反取引の性格を持ち合わせているからである。もっとも，補償契約内容について，株主総会等の決議を必要とすることから，利益相反規制（356条1項・423条3項・428条1項）は適用されない（430条の2第6項）。

　新たに創設された補償契約は，会社と役員等との契約であり，補償契約の具体的な内容は個社ごとにより異なる。その際，補償契約の範囲を制限的にするのか否かも含めて，各社が検討することになる。

　なお，公開会社の場合は，当該役員の氏名・補償契約の概要，補償を実行したときの一定事項について事業報告の開示項目である。

（2）役員等賠償責任保険

　役員等賠償責任保険（Directors and Officers Liability Insurance，以下「D＆O保険」という）とは，会社が役員等を被保険者として保険者と締結する保険のことである。従前より，D＆O保険は上場会社を中心に広く普及していたものの，その適用範囲や手続，保険料について会社が負担することの可否等についての会社法の規定は存在しなかった。特に，会社が保険料を負担することについては，会社と役員との間で利益相反の側面があることから，その是非については解釈が分かれていた。その後，保険料について，会社が支払うことができるとの一つの解釈が示された（経済産業省「コーポレート・ガバナンス・システムの実践〜企業価値向上に向けたインセンティブと改革」平成27年7月別紙3「法的論点に関する解釈指針」）こともあり，令和元年会社法においては，D＆O保険の定義を定めた上で，その範囲や手続を明確にした。

　D＆O保険とは，「株式会社が，保険者との間で締結する保険契約のうち役員等がその職務の執行に関し責任を負うこと又は当該責任の追及に係る請求を受けることによって生ずることのある損害を保険者が填補することを約するものであって，役員等を被保険者とするもの」とした（430条の3第1項）。D＆O保険の対象となるものは，法律上の損害賠償責任を求められたときに支払う

賠償金や和解金・調停・示談等法律上支払うべき賠償金，対象弁護士への着手金・報奨金・裁判所への手数料・調査費等の争訟費用である。罰金や過料，生産物賠償責任保険（PL保険），企業総合賠償責任保険（CGL保険），自動車賠償責任保険，海外旅行保険等は除外される。

　D＆O保険の内容を決定する際には，株主総会（取締役会設置会社は取締役会）での決議が必要である（430条の3第1項）。会社補償契約と同様に，利益相反の側面があることから，事前に会社機関の決議を行うものである。また，取締役と執行役を被保険者とする保険契約については，会社補償契約と同様，利益相反取引規制（356条1項等）は適用されない（430条の3第2項）。

　なお，公開会社の場合は，D＆O保険契約の内容の概要や被保険者等について事業報告の開示項目となる。

●重要関連裁判例
- 取締役の責任と法令違反（最判平成12年7月7日民集54巻6号1767頁）
　……百選49事件
- 取締役の注意義務と経営判断原則（最判平成22年7月15日判時2091号90頁）
　……百選50事件
- 利益相反の間接取引（最判昭和43年12月25日民集22巻13号3511頁）
　……百選58事件
- 取締役の監視義務と対第三者責任（最判昭和48年5月22日民集27巻5号655頁）
　……百選71事件
- 計算書類の虚偽記載と対第三者責任（東京地判平成19年11月28日判タ1283号303頁）……百選73事件
- 銀行の取締役の善管注意義務（最判平成20年1月28日判時1997号148頁）
　……百選51事件

第8章◆株主代表訴訟

●本章の目的

① 株主代表訴訟制度の特徴を理解する。

② 株主代表訴訟を提起できる場合の要件と手続を説明することができる。

③ 多重代表訴訟制度とは何か理解する。

④ 株主代表訴訟制度の課題について理解を深める。

●キーワード

提訴請求，不提訴理由書，訴訟告知，補助参加，却下制度，担保提供申立制度，訴訟上の和解

1．株主代表訴訟の法構造と対象

（1）株主代表訴訟の法構造

株主代表訴訟とは，会社役員や会計監査人がその職務につき任務を懈怠したことによって，会社が損害を被った場合に，ある株主が会社に代わって，形式的には全ての株主を代表して会社役員等の責任追及を行うことである。そして，取締役の責任の範囲は，取締役の地位に基づくものに限定されずに，会社に対して負担する取引上の債務も含まれると考えるのが判例（最判平成21年3月10日民集63巻3号361頁）及び通説である。

営業担当取締役が，独占禁止法という法令違反を犯して談合行為を行ったことによって，会社が行政罰や指名停止による損害を被った場合，本来は会社と取締役との間の係争については監査役が会社を代表して当該取締役の責任追及を行う（386条1項）。しかし，取締役から監査役に横滑りして就任した場合の仲間意識等から，監査役が当該取締役の責任を追及しない場合も考えられる。会社の損害が固定してしまうと，株主配当の減少につながる上，法令違反に対する会社の社会的信頼の失墜に伴う株価下落など，株主にとって不利益となる。このために，株主が会社に代わって，会社が被った損害賠償の支払いを当該取締役に請求するよう訴えを提起することが株主代表訴訟である。

株主代表訴訟は，1株又は1単元株式を保有していれば訴訟を提起できる単独株主権（公開会社の場合は，6ヶ月株式継続保有要件もある）である。したがって，株主代表訴訟といっても，訴訟提起を行った株主が，その他の一般株主から法的手続を通して代表者に選出されるわけではない。

株主代表訴訟が一般の民事訴訟と異なる点は，直接の当事者である原告株主と被告取締役以外に，会社とその他の株主が間接当事者となり判決の効力が及ぶことである。すなわち，株主代表訴訟によって取締役が勝訴した場合，この判決を不服として他の株主や会社は，再審の申立てをすることはできない。

【1-8．図表1】　株主代表訴訟の法構造に起因する特徴

	直接訴訟	株主代表訴訟
原告勝訴の場合の経済的利益の帰属先	原告	会社（直接）株主（間接）
判決の効力	訴訟当事者	訴訟当事者 会社 原告以外の株主

（2）株主代表訴訟を提起できる対象と範囲

株主代表訴訟は，会社に代わって，取締役をはじめ会社に損害を及ぼした当事者に対する損害賠償の支払いを請求する制度であることから，会社の損害が前提となっている。そこで，株主代表訴訟の対象は，①役員等の任務懈怠責任（423条1項），②払込みを仮装した設立時募集株式の引受人の責任（102条の2第1項），③不公正な払込金額で株式や新株予約権を引き受けた者等の責任（212条1項，285条1項），④不正な利益供与に対する利益の返還（120条3項），⑤出資の履行を仮装した募集株式の引受人の責任（213条の2第1項），⑥新株予約権に係る払込み等を仮装した新株予約権者等の責任（286条の2第1項）である。この中で，実務的に代表訴訟が提起される比率が圧倒的に高い内容が，①の取締役の任務懈怠に対する責任追及である。

全国レベルでの株主代表訴訟の件数は公表されていないが，東京地裁ベースの受理件数は，概ね100件台後半から200件前後である。株主代表訴訟制度は，戦後，アメリカの制度をモデルにわが国に導入されたものの，4年に1件程度で長らく活用されなかった反省を踏まえて，平成5年の商法改正によって，株主の経済的負担を軽減したことを契機に訴訟件数は増加した。訴訟件数の増加に限らず，近時は，高額の損害賠償が認容されている（例えば，ダスキン株主代表訴訟事件では総額53億4,350万円（大阪高判平成19年1月18日判時1973号135頁）），ヤクルト本社株主代表訴訟事件では，総額約64億円（東京高判平成20年5月21日判

タ1282号273頁)，蛇の目ミシン株主代表訴訟事件では，総額583億円（最判平成18年4月10日民集60巻4号1273頁，東京高判差戻審平成20年4月23日金判1292号14頁）等）。また，内部統制システムの整備状況に照らして，直接の実行犯である取締役に限らず，監視義務のある取締役や監査役にも責任追及の範囲が拡大していること，内部告発型の訴訟提起が散見されることが特徴である。

2．株主代表訴訟の手続と取締役の対抗手段

（1）会社への提訴請求と裁判所への提訴

　会社が役員の責任追及を怠っている場合，公開会社の株主であれば，1株又は1単元株式を6ヶ月間継続保有している場合，会社に対して当該役員の責任追及の提訴請求を行うことができる。一応，6ヶ月の継続保有要件となっているのは，例えばマスコミである会社の事件が報道されたのを受けて，直ちにその会社の株式を購入して興味本位で提訴請求を行う濫用的な訴訟を回避するためである。したがって，株式の譲渡に会社の承認が必要な非公開会社の場合は，6ヶ月要件は不要である。

　責任追及の対象者が取締役の場合，株主は監査役に対して提訴請求の書面を送付する。会社と取締役との間の係争は監査役が会社を代表することから，取締役に対する株主からの提訴請求の受領も監査役が行う（386条2項1号・2号）。監査役は，取締役の職務執行を監査することが職責（381条1項）であるから，監査役に改めて取締役に任務懈怠がなかったか否かを調査をする機会を与えることがその趣旨である。ちなみに，監査役の責任追及に対する提訴請求の場合の提訴請求先は，原則通り，会社を代表する代表取締役となる。

　提訴請求を受けた監査役は，株主からの提訴請求に基づいて，事実関係の調査・証拠となる書類の整理，取締役の責任の有無について，提訴請求書を受領した日の翌日から起算して60日間で調査を行う。監査役間で手分けして調査しても，外部の第三者に一定の調査を依頼した上で，最終的に監査役（会）として判断しても構わない。

　調査の結果，株主の請求通り，取締役に責任があると判断すれば，監査役が会社を代表して，本店所在地を管轄する地方裁判所に対して当該取締役を正式に提訴する。他方，①調査の結果，会社の損害事実や任務懈怠の事実がない場合，②会社の損害と任務懈怠との間に相当の因果関係がなかった場合，③既に会社として会社の損害に対する取締役の責任を果たさせている場合，④改めて

訴訟にかかる費用のほうが会社の損害より高額が想定される場合，などと判断すれば，提訴しないこととなる。この場合，株主や当該取締役が請求すれば，不提訴理由通知書という形で通知する。株主からの提訴請求に対しては，監査役は会社のために提訴するか否かの判断・決定を行う善管注意義務がある（監査委員会の事例として，東京高判平成28年7月28日金判1506号44頁）。

　株主は，不提訴理由通知書を受領し，その内容や結論に不服な場合に，裁判所に対して正式に株主代表訴訟として提起する。株主は，訴訟を提起したときは，会社に対して，遅滞なく訴訟告知し，会社は訴訟告知を受けたときは，その旨を公告又は他の株主に通知しなければならない（849条4項・5項）。他の株主に訴訟参加の機会を与えるためである。会社の訴訟参加も認められる。

　会社が訴訟参加をするのは，多くの場合，会社として不提訴理由書を通知したにもかかわらず，株主が訴訟を提起してきたときに，会社が訴訟遂行の際に当該取締役を全面的にバックアップするためである。会社として不提訴理由を決めた段階で，会社と当該取締役の利害は一致していることから，会社が被告取締役への補助参加を通じてサポートするのは理にかなっている。もっとも，会社の被告取締役への補助参加が適正であるかを見極めるために，事前に監査役全員の同意が必要である（849条3項）。

　訴訟の審理が開始された後，原告株主が訴訟を取り下げたり，訴訟上の和解を行うこともあり得る。訴訟上の和解を行う場合は総株主の同意は不要であるため，和解を当事者が受け入れれば，裁判は終了する。その際，裁判所は会社に和解内容を通知し，その通知に対して2週間以内に会社が異議を述べなかったときは，和解を承認したものとみなす（850条2項・3項）。なお，訴訟上の和解を行うときには，事前に監査役全員の同意が必要である（349条の2）。当事者がなれ合い的な和解を行うことによって会社が不利益を被らないようにするために，法的に執行部門から独立した監査役の全員の同意を要件としている。

　最終的に裁判所からの判決が行われた後は，同じ訴訟提起の理由で同じ対象者に対しては訴訟提起はできないものの，原告株主と被告取締役が共謀して会社を害する目的を持って判決をさせたときには，他の株主や会社は再審の訴えを提起できる（853条1項）。

　なお，株主代表訴訟は，財産権上の請求でない請求に係る訴えとみなされる（847条の4第1項）ことから，株主代表訴訟においては訴額にかかわらず，提

訴手数料は一律である（現在は，13,000円。民訴費4条2項）。また，株主が勝訴すれば，調査に要した費用や弁護士報酬の支出を会社に請求することが可能なだけでなく，敗訴した場合であっても，悪意があったときを除き，会社に対して損害賠償の義務を負わない（852条）。これらの規定は，勝訴しても経済的利益を受けない原告株主の経済的負担を軽減するためである。

●事例問題12

甲会社の取締役Yが，食品衛生法違反の添加物を混入した食品を販売した責任者として，甲会社に対して10億円の損害を及ぼしたとして，甲会社の株主Xは，Yの責任追及をするように甲会社の代表取締役Aに対して，書面による通知を行った。Aは，本件を取締役会にて報告したために，甲会社の全ての取締役と監査役は認知した。取締役会では，法務担当の取締役Bから，本件についてはY取締役への責任追及であることから，提訴請求の通知先は監査役宛でなくてはならないから，本件提訴請求は無視して構わないと発言した。甲社として，どのような対応が考えられるであろうか。

○考える際のポイント
① 取締役の責任追及の提訴先は誰か。
② 株主が提訴請求先を誤って通知してきた場合に，会社はどのような点を考慮して対応すべきであろうか。

○関連条文
386条2項1号

○参考裁判例
最判平成21年3月31日民集63巻3号472頁

○解答骨子例
　株主代表訴訟において，株主が取締役の責任追及の請求を行う場合には，例外的に監査役が会社を代表して提訴請求の書面を受領し，会社として取締役の責任の有無を判断するための調査を開始しなければならない。したがって，本件ではXは，甲会社の代表取締役Aに通知しているために手続として法令違反となり，甲会社としては無視して構わない。

　しかし，本件では，Aは提訴請求の受領を甲会社の取締役会で報告していることから，取締役会に出席義務のある監査役も認識しており，調査を開始することは可

能である。したがって，甲会社の対応としては，①Aから監査役に通知内容が転送されたとして，調査を開始すること，②甲会社としてXに対して誤った通知先であるので再送するように要請すること，③無視し続けてXから連絡があったときに，改めて再送を依頼すること，の3つの方法があり得る。これらのどの方法を採用するかは，株主の属性，提訴請求案件の内容と調査難易度によって決定することになる。例えば，会社として，提訴請求株主の誤解であることが明確であれば，正規に提訴請求を受けたものとみなして監査役が調査を開始し，60日間に提訴の有無を判断すればよいだろうし，当該株主に再度，提出依頼をすることも考えられる。

【1-8．図表2】　株主代表訴訟の流れ

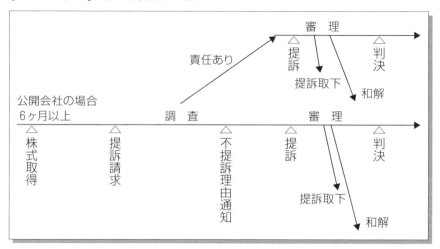

（2）却下制度と担保提供申立制度

　株主代表訴訟制度は，1株又は1単元株式を保有してさえいれば訴訟を提起できる単独株主権であり，かつ訴訟に関する経済的負担も重くないことから，濫用的な訴訟提起の可能性も否定できない。そこで，会社法上は，濫用的な訴訟を防止するための制度を設けている。

　一つは，却下制度といわれるものであり，平成17年会社法で制定された。却下制度とは，株主による責任追及の訴えが，株主や第三者の不正な利益を図ったり，会社に損害を与える目的とする場合は，裁判所は却下することができるというものである（847条1項但書）。会社に損害を与える目的とは，株主が会

【1-8. 図表3】 主要各国の株主代表訴訟制度比較

	日　本	アメリカ	イギリス	ドイツ	フランス
原告適格	・単独株主権 ・6ヶ月継続 　保有 　(公開会社)	・単独株主権 ・適切代表性 ・行為時株式 　所有	・単独株主権	・少数株主権	・少数株主権 　(共同行使 　又は団体行 　使の場合)
不当な訴訟 への対応	・担保提供申 　立て	・担保提供申 　立て ・訴訟委員会	・裁判所事前 　許可	・裁判所事前 　許可 ・経営判断原 　則の法定化	・会社の訴訟 　引込み

社に恨みを持って，会社の信用を貶めようとするための訴訟が考えられる。

　却下制度を利用するためには，取締役が株主の意図を主張・立証しなければならないので，そのハードルは高い。なぜならば，株主がたとえ上記の意図を持って訴訟を提起したとしても，その意図を隠して，取締役の善管注意義務違反というもっともらしい理由づけをして訴訟を提起するだろうからである。

　もう一つは，担保提供申立制度である。担保提供申立制度とは，被告取締役が裁判所に対して，原告株主に相当の担保提供の申立てを行うものである（847条の4第2項）。原告株主に担保提供をさせる意味は，被告取締役が勝訴した際に，原告株主に対して不法行為による損害賠償請求権を担保することにある。株主が敗訴し，それが安易かつ濫用的な訴訟提起であったとすれば，提供した担保が被告取締役に取られてしまうことになるので，株主側に慎重な訴訟提起を促す立法趣旨がある。

　担保提供の具体的内容は，訴訟のために支出する訴訟代理人費用が主なものである。被告取締役が裁判所に担保提供の申立てをするためには，原告株主の訴訟目的が悪意であることを疎明（裁判所に確からしさの心証形成をするもので，厳密な立証責任は不要）すればよい（847条の4第3項）。被告取締役の主張が認められれば，裁判所が原告株主に対して担保提供申立許可決定を出し，担保の提供を命ずる。原告株主がそれに応じなければ，自動的に当該裁判は棄却される。原告株主は勝訴しても経済的利益を獲得することができないことから，現実的には，担保提供に応じる株主はほとんど存在しないため，被告取締役が勝訴する有力な手段である。もっとも，悪意の意義について，裁判所の判断が確

立していないために（例えば，担保提供の申立てを認めた裁判例として，東京地決平成 6 年 7 月22日判時1504号121頁，名古屋地決平成 7 年 2 月28日判時1537号167頁，東京地決平成12年 5 月25日資料版商事法務207号58頁がある。他方，担保提供の申立てを否定した裁判例として，大阪高決平成 9 年 8 月26日判時1631号140頁，大阪高決平成 9 年11月18日判時1628号133頁がある），必ずしも被告取締役にとっては，使い勝手のよい制度ではない。

　欧米主要国の株主代表訴訟制度は，濫用的な訴訟提起に対する法制度が整備されており，例えば，アメリカでは，原告株主が一般株主を適切に代表しているか，また取締役の責任原因時点で既に株主であったかが要件となり，また欧州主要国では，提訴請求の段階で，裁判所が関与して訴訟提起の事前許可の有無を判断することによって，濫用的な訴訟提起を防止している（【 1 - 8 ．図表 3 】主要各国の株主代表訴訟制度比較参照）。

3．多重代表訴訟

　平成26年会社法において，多重代表訴訟制度が創設された。多重代表訴訟制度は，最終完全親会社の株主が，完全子会社の役員に対して，代表訴訟を提起できるというものである（847条の 3 ）。近年，グループ会社戦略の重要性が増してきたことから，持株会社を設立し，その下に異なった業種の完全子会社を持ったり，事業部門を分社化して完全子会社化したりするケースが増加している。完全子会社にとって，唯一の株主は親会社であり，完全子会社取締役の不祥事に対して，親会社が株主として代表訴訟を提起することは，通常では考えにくい。本来は，親会社取締役は，企業集団の内部統制システムによって，子会社に対する監視・監督義務があるが，株主代表訴訟を提起するということは，自らの監視・監督義務違反を認めたことになるからである。すると，完全子会社の取締役は，株主代表訴訟の脅威に晒されることがなく，株主代表訴訟が持つ不祥事に対する抑止効果がなくなることとなる。このような背景から，多重代表訴訟制度は，完全子会社の役員に対する規律維持の点から，当該完全子会社の株主ではない親会社の株主が代表訴訟を提起できるようにしたものである。

　一方，最終完全親会社の株主が，総株主の議決権又は発行済み株式総数の 1 ％以上を保有し（最終完全親会社が公開会社の場合の株主は， 6 ヶ月の株式継続保有が必要），かつ対象となる完全子会社の取締役の責任原因となった事実が生じた日において，その株式の帳簿価額が完全親会社の総資産額の 5 分の 1 を

【1-8．図表4】 多重代表訴訟のイメージ図

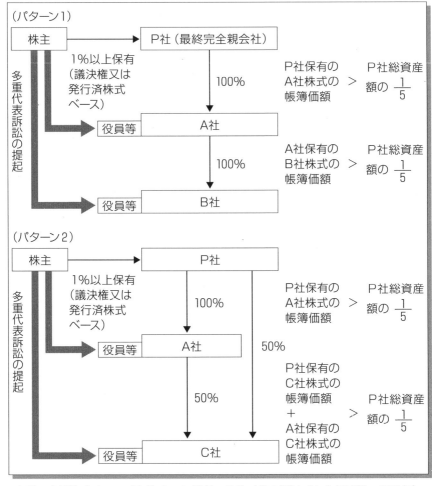

出所：高橋均『グループ会社リスク管理の法務（第3版）』（中央経済社，2018年）
186頁。

超える会社の取締役等の場合に限って代表訴訟を提起できることとなった（847
条の3第1項・4項）。多重代表訴訟の原告適格を少数株主権（少数株主権につ
いては，**第2編第1章2.(2)**参照）とし，対象会社を一定規模以上の会社に限
定したのは，株主代表訴訟制度が持つ濫用的な権利行使の危惧が示されたから
である。

　多重代表訴訟に該当すると考えた完全親会社の株主は，完全子会社の監査役に対して，書面等により当該完全子会社の取締役の責任追及の訴えの提起を請求する（847条の3第1項・6項）。

　多重代表訴訟の対象となる子会社は，金融機関を中心とした持株会社形態をとっている事業会社の場合が中心的となるであろうが，株式を上場している大規模な会社であれば完全親会社の発行済み株式総数は膨大なものとなり，その1％以上を保有する個人株主は極めて限られる。

　このように，現実的には，多重代表訴訟は，ハードルが極めて高い制度である。もっとも，今後，対象から外れる世の中の完全子会社の取締役による不祥事が多くなれば，多重代表訴訟の提訴要件が緩和される立法措置が取られる可能性が増していくものと考えられる。

●重要関連裁判例
- 株主代表訴訟の対象となる取締役の責任（最判平成21年3月10日民集63巻3号361頁）……百選67事件
- 代表訴訟と担保提供（東京高決平成7年2月20日判タ895号252頁）……百選68事件
- 株主代表訴訟の被告側への会社の補助参加の可否（最決平成13年1月30日民集55巻1号30頁）……百選69事件

第2編　株　　式

第1章◆株式と株主

●本章の目的

① 株式とは何か，どのような特徴があるか理解できる。

② 株主の権利と義務について理解できる。

③ 株主平等原則とはどういうものか説明することができる。

●キーワード

　株式，株主有限責任，自益権，共益権，株主平等原則，利益供与

1．株式の意義

（1）株主と株式

　株式会社（以下，特に区別する必要がない場合以外は「会社」という）は，出資者に対して株主になってもらい，会社はその出資を使って会社活動を行う。株主は，個人以外に法人などの団体がなることもある。株主は会社の出資者であることから，欧米の投資家の中には，「会社は株主のもの」と主張する者もいる。言い方を換えれば，株主は会社の構成員たる社員のことであり，会社の実質的な所有者ということである。他方，会社の財産は法人たる会社自身のものである。「実質的な所有者」という意味は，株主は会社に対して議決権の行使など一定の権利を行使することができるということを意味している。なお，ここでいう社員とは，いわゆる会社従業員のことではなく，会社の構成員としての株主のことである。

　会社は設立時に限らず，設立後も新株を発行することによって資金を調達することが可能である。株式を証券取引所に上場している場合は，株式は証券市場で自由に売買される。他方，譲渡が制限されている株式を売買する場合には，会社の承認が必要となる。したがって，全ての株式を譲渡する際に，会社の承認を得なければならない会社を株式譲渡制限会社という。株式譲渡制限会社の株式を他人に譲渡する場合，当事者間では有効ではあるが，会社が事前承認をしない限り会社との関係では無効となる。このために，会社の配当先は，会社

が株式の名義書換えを不当に拒絶するなどの事情がない限り，原則として元の株主である譲渡者ということになる。

株式には，株式数だけ株主の地位を有する性質と，株式は1株未満には細分化できない不可分性の性質がある。例えば，発行済株式総数5万株の会社で5千株を有する株主は，10%の持分を保有していることとなるから，1割相当の議決権を行使でき，一方で1割分の配当を受ける権利をもつことを意味する。

株式は，会社の業績が良ければ株価が上がり，株式を売却すれば利益を確定でき（売却しなければ含み益），株式を保有し続ければ増額の配当も期待できることから，投資目的で購入する投資家も多い。

★トピックス　上場会社と公開会社

上場会社と公開会社という言葉をよく聞くことがあるが，双方は同じであろうか。上場会社とは，発行した株式が証券取引所で取引されている会社のことで，金融庁が主管している金融商品取引法で規定されている有価証券報告書提出会社でもある。東京証券取引所一部銘柄，二部銘柄，ジャスダック銘柄，マザーズ銘柄がある。上場会社の株式は，譲渡制限株式でないことが前提である。

一方，公開会社とは，会社の承認なくして売買が可能な株式を発行している会社のことであり，会社法上で規定された概念である。株式を自由に売買するのは証券取引所であるので，上場会社と公開会社とは同じであると思うかもしれないが，厳密にいえば異なる。株式の公開には，取引所以外にも店頭公開の方法があるから，公開会社には，上場会社と店頭公開会社の二種類があることになる。

（2）株式と資本金の額との関係

株主が払い込む金額が株式会社の資本金の額となるが，例外措置として，払込額の2分の1までの額を資本金に組み入れないことも可能である。例えば，株主が総額6億円の金額を会社に払い込んだ場合に，通常は6億円の資本金の会社となるが，2分の1を資本準備金として，資本金3億円の会社とすることができる（資本金・資本準備金については，**第3編第3章**参照）。資本金が5億円以上であると，会社法上の大会社となり，会社機関設計としては会計監査人を置かなくてはならなくなるので，負債総額が200億円未満（負債総額200億円以上でも大会社）であれば，資本金を5億円未満として非大会社とする選択肢

もあり得る（会社機関設計については，**第1編第1章3.** 参照）。

（3）株主の特徴

　株主は，会社に対する資金提供者である。他方，株主の特徴は3点ある。

　第一点は，株主は，債権者と異なり，剰余金の配当が会社との間で個別具体的な契約によって行われるわけではないことである。剰余金の配当でいえば，株主総会の議案として提案され，承認・決議によるものであり，全ての株主との個別契約で行われるものではない（剰余金の配当については，**第3編第3章**参照）。

　第二点は，債権者の権利に対する劣後性である。すなわち，株主が会社から経済的利益を受ける権利は，債権者がその権利を行使した後となる。したがって，会社が倒産し消滅することになったとき，株主は，会社の資産の額が負債の額を上回らない限り，会社残余財産の分配を受けられない。

　第三点は，株主は，会社経営に関与できることである。具体的には，株主は，株主総会において質問したり（314条），議決権の行使を通じて取締役ら会社役員への選・解任権を持ったり（329条1項，339条1項），合併などの大きな事業戦略に賛否の意思表示をすることができる。

2．株主の会社に対する義務・権利など

（1）株主有限責任

　株主は，その有する株式の引受価額を限度とする責任を負うのみである（104条）。これを，株式会社における株主有限責任という。株主が出資した会社が大きな損害が発生して倒産状況になったとしても，株主は出資した額以上の損失を被ることはない。この点が，組合組織（民法上の組合，商法上の匿名組合）や合名会社のように，出資者が無限責任を負うのとは異なる。

　株主は有限責任であるために，会社のリスクを全て負うことはなくなることから会社に出資しやすくなり，結果として会社は広く資金を調達しやすくなる。したがって，株式会社は，合名会社のような持分会社や組合といわれる組織形態よりも，ビジネスを行うのに相応しい組織となる。このために，世間では株式会社形態をとっている会社が持分会社形態の会社よりも圧倒的に多い（株式会社が2,477,769社，合名会社が3,991社，合資会社が18,989社，合同会社が39,405社の統計がある。国税庁「会社標本調査」（平成28年3月）より）。

　もっとも，会社と物品の取引を行ったり，会社に融資をしている債権者にとっては，株主が有限責任であるということは，資金回収が困難となったときに，株主が出資以上の金銭や現物（現物出資の場合）を会社の代わりに支払ってくれるわけではないことを意味する。このために，会社が倒産状態になったときには，債権者が資産を優先的に取得する債権者優位の原則があり，また，株主となった以上は，出資義務を免除されたり，払い込んだ金額を返還請求することは基本的にはできない。

　例えば，会社が倒産状況となり，清算手続にはいった場合を考えてみよう。倒産状況に陥った時点での負債総額2億円に対して，会社が保有している土地・建物などの資産が1.3億円であった場合，1.3億円を債権者に対して債権額に応じて按分し返却する。差額の0.7億円は，債権者が結果的に損失負担をし，株主は有限責任の原則から，債権者が被った損失を負うことはない。

　一方で，同じく負債総額2億円の会社が倒産した時点で，会社資産が2.3億円あった場合には，まずは債権者に対して2億円を返還した上で，差額の0.3億円を株主が拠出額に応じて按分して受領するということになる。

（2）株主の権利

　株主が会社に対してその地位に基づいて有する権利を株主権といい，自益権と共益権がある。

　自益権とは，会社から個人的に経済的な利益を受ける権利のことであり，剰余金配当請求権（105条1項1号），残余財産分配請求権（105条1項2号），株式買取請求権（116条）等がある。

　他方で，共益権とは，会社の経営に参画し，又は会社の経営を監督・是正する権利のことであり，株主総会における議決権（105条1項3号），取締役違法行為差止請求権（360条），取締役会議事録閲覧・謄写請求権（371条2項），会社役員への訴訟提起権（847条1項・3項）等がある。

　株主がその権利を行使する際に，1株でも株式を保有する株主であれば行使できる単独株主権（単元株制度を採用している会社では，1単元）と，発行済株式総数の一定割合以上又は総株主の議決権の一定割合以上を有する株主のみが行使できる少数株主権がある。少数株主権となる基準の比率は，現行法上は，1％，3％，10％の三種類のみである。このように，単独株主権は一人の株主であっても行使でき，少数株主権は複数の株主でなければ行使できないという

意味ではない。

　株主の権利は，必ず単独株主権か少数株主権のどちらかに該当する。単独株主権であるのは，全ての自益権と，共益権のうちの株主総会での議決権や質問権等である（【2-1．図表1】　共益権としての株主権参照）。自益権は，剰余金配当請求権など，多くの株主が最も関心のある経済的利益を得る権利であることから，単独株主権となっている。また，共益権である議決権も，株主が直接会社役員と向き合って意思決定に加われる重要な権利であることから，単独株主権となっている。

　一方，少数株主権のうち，会社の解散請求権（833条）は10％以上，会計帳簿閲覧等請求権（433条）は3％以上，株主総会議題提案権（303条2項）は1％以上となっている。例えば，会社の解散請求権は，一人の株主が，会社に不満を持って解散請求権を行使することは重大なことなので，少数株主権としては最も比率が高い10％以上としている権利である。また，株主は，特に請求しなくても株主総会の参考書類として入手できる計算書類（貸借対照表，損益計算書等）に加えて，更に詳しく伝票等の会計帳簿を閲覧することは，それだけ会社の事務にも負担をかけることとなるので，会計帳簿閲覧等請求権については，3％以上の少数株主権としている（計算書類や会計帳簿については，**第3編第1章・第2章**参照）。このように，少数株主権を設けている理由は，単独株主権とすると，株主によっては最小限度の持株数で濫用的な権利の行使が行われることを否定できず，会社ひいては一般株主の共同の利益に反することになるからである。もっとも，少数株主権の範囲を拡大し過ぎると，単独株主権が及ぶ範囲が縮減し，少数株主権の株主が有利となりすぎることから，法的には一定の内容に限定している。

3．株主平等原則

（1）定　　義

　株主平等原則とは，株主の資格に基づく法律関係については，その有する株式の内容及び数に応じて，平等に扱わなければならないという原則（109条1項）のことである。株式の内容に応じてとは，株式には普通株式以外に種類株式（**本編第2章**参照）が存在するために，同一の種類株式の中では，平等に扱うという意味である。例えば，種類株式の一つに，自由に売買できない譲渡制限株式の場合，譲渡制限株式を保有している株主が，普通株式のように株式の

134

譲渡を自由にできなくても，株主平等原則に違反することはないということである。なぜならば，譲渡制限株式を保有した株主は，そのことを自覚して保有しているはずだからである。

他方，数に応じて平等とは，同じ株式数も持つ株主の間では平等に扱わなければならないことである。例えば，10株を保有している株主であれば，10株相当の配当請求権を持つことになり，別の10株を保有している株主のみ多くの配当の分配を受けることは株主平等原則に反することを意味する。したがって，法が例外を認める場合を除いて，株主平等原則に反する定款の定め，株主総会の決議，取締役会の決議，取締役の業務執行行為等は無効となる。例えば，最高裁判所は，無配状態の会社が，株主総会の会社議案の承認・決議を得るために，特定の大株主に限定して贈与を約した行為は，株主平等原則に反し無効であると判示している（最判昭和45年11月24日民集24巻12号1963頁）。

株主平等原則は，株主の頭数の平等ではないことに留意すべき点である。

（2）株主平等原則の例外

株主平等原則の例外としては，非公開会社では，株主の権利について株主ごとに異なる取り扱いを行う旨を定款で定めることが可能ということである（109条2項）。なぜならば，非公開会社では，株主の個性に重きがおかれているためである。具体的には，特定株主の保有株式を複数議決権とすることなどがある。

（3）株主平等原則の意義

株主平等原則の意義は，多数派株主が持株比率以上に会社利益の分配や議決権の行使を行うことにより，他の株主が株式投資から収益を得ることができなくなったり，株主としての意思表示が反映されないようになることを防止することである。その結果，株主が安心して株式に投資をすることができることを促す効果が期待できる。

●事例問題1

　航空会社である甲会社（種類株式は発行していない）は，販売促進や個人株主獲得の観点から，株主優待制度として1万株以上の株式を所有している株主に対

して，自社の東京と札幌間の無料往復航空券を 1 枚配布することを自社のHPで
公表した。この行為は，株主平等原則に反するか。

○考える際のポイント
　　① 株主優待制度と株主平等原則の関係
　　② 株主優待制度の目的
○関連条文
　　109条
○参考裁判例
　　最判昭和45年11月24日民集24巻12号1963頁
　　高松高判平成 2 年 4 月11日金判859号 3 頁
○解答骨子例
　　株主平等原則とは，所有する株式の内容及び数に応じて平等に扱わなければなら
ないという原則である。したがって，株主平等原則を厳密に解すれば，本件の無料
航空券の配布は，1 万株以上の所有株主に限定して一律に配布していることから，
株主平等原則に反することとなる。しかし，株主優待制度は，株主の資格に基づく
ものであり，会社経営にとって適正な目的があり，かつ金額的にも合理的な範囲内
であれば株主平等原則を緩やかに適用することが相当である。
　　本件において無料往復航空券を 1 枚配布することは，家族やペアの旅行者には有
料で航空券を販売することにつながる上，株主優待制度のために新たな株主が増加
することにより安定株主確保ともなることから，会社ひいては株主共同の利益にも
なる。また，本件の無料往復航空券は，特段金額的に過大なものでもなく，かつ
HPに公表することによって広く株主に周知されていることから，株主平等原則に
反しないと解せられる。

4．株主の権利行使に関する利益供与の禁止
（1）規　　定
　　株主が権利を行使する際に，必ずしも会社の意向に沿うような行動をするわ
けではない。例えば，会社が候補者とした取締役の選任議案について，株主が
株主総会で反対票を投じることも可能である。このような事態に対して，会社
が金銭等の利益を供与することによって，会社が候補者とした取締役の選任議
案に賛成するように依頼することは，金銭で株主の権利を買ったこととなるた

めに，法的に禁止されている。すなわち，会社は，誰に対しても，株主の権利の行使に関し，会社又はその子会社の計算で財産上の利益を供与してはならないと定めている（120条1項）。「会社又はその子会社の計算で財産上の利益供与」とは，要するに自社又は子会社の資産を利用して，金銭・商品券・物品の利益供与をすることである。株主の権利に関する利益供与の問題については，株主から会社経営陣と対立する役員選任議案が提出されている状況の中で，現経営陣の経営方針に賛成するように求めつつ，議決権を行使した全ての株主に対して，会社が500円相当のQUOカードを交付したことが株主の権利に関する利益供与とされた裁判例（東京地判平成19年12月6日判タ1258号69頁）がある。

　また，会社が特定の株主に対して，無償で財産上の利益供与をした場合には，会社は株主の権利の行使に関して，利益供与をしたものと推定すると規定している（120条2項）。120条2項は，株主総会における総会屋（株主総会の円滑な運営を妨げることを示唆して，会社から金銭を得ようとする特殊株主）を念頭に置いた規定である。一方，無償でない財産上の利益供与とは，例えば，さしたる価値のない雑誌を購入したり，通常の市価より遙かに高額な価格で物品を購入するようなケースである。

　利益供与を行うこと自体，会社資産の流出となる中で，それが株主の権利の行使に関わることとなれば，会社運営の公正性・健全性を阻害することとなるので，利益供与の禁止は，会社法の中でも重要な規定の一つであり，実務的にも影響の大きい規定である。

　なお，利益供与の要件である株主の権利の行使規定については，会社からみて好ましくないと判断される株主の議決権行使を回避する目的で譲り受けた株式の対価の支払いは，利益供与に相当するとした判例がある（最判平成18年4月10日民集60巻4号1273頁）。

（2）違　　反

　利益供与の規定に違反した場合には，利益供与を受けた者と利益供与を行った者の双方に対して返還義務が生じる。

　利益供与を受けた者に対しては，会社又は子会社に返還する必要があることが明記されている（120条3項）。他方で，違法な利益供与に関与した取締役等は，供与した利益の額について会社に対して連帯して支払う義務がある（120条4項）。「利益供与に関与した取締役等」とは，利益供与に関する職務を行っ

た取締役・執行役の本人に加えて，取締役会の決議に基づいた利益供与の場合
は，①取締役会の決議に賛成した取締役，②取締役会に利益供与の議案を提案
した取締役・執行役となる。また，株主総会の決議に基づいた利益供与の場合
は，①利益供与の議案を提案した取締役，②当該議案の決定に同意した取締役
（議案の決定が取締役会で行われた場合には，決議に賛成した取締役），③株主総会
で利益供与を説明した取締役・執行役のことを指す（会施規21条）。

　利益供与を実際に行った取締役・執行役は無過失責任となり，監視義務違反
等の取締役らは，無過失を立証したときは責任を免れる（120条4項但書）。利
益供与の実行犯は，いかなる言い訳も認められず，利益供与を行ったという事
実をもって，利益供与相当額を会社に対して返還する義務を負うということで
ある。他方，利益供与に賛成した取締役等は，取締役会で利益供与に断固とし
て反対したという事実の主張・立証が裁判所で認められれば，免責されること
になる。

　なお，従業員持株会において，購入に際して会社が一定の援助をすること，
株主優待制度によって物品を株主に贈ること，株主総会の出席者に手土産を渡
すことは利益供与の例外と考えられている。もっとも，その程度が大きいと，
株主平等原則の面からも問題となり得ることから，あくまでも合理的な金額の
範囲であるという基本原則があることには留意が必要である。

●事例問題2

　甲会社の業績は減収減益であり，特に直近年度は赤字に陥ったことから，甲会
社の大株主である乙会社は，甲会社が定時株主総会で提案する予定の役員選任議
案に反対する意向を示した。そこで，甲会社株主総会の招集通知の選任議案には，
会社提案の役員と乙会社提案の役員が記載された。その上で，甲会社は，平成28
年6月25日に開催される定時株主総会に先立って，「議決権行使のお願い」と称
する文書を全株主に送付し，その文書には，甲会社が提案している役員選任議案
に賛成する旨の依頼とともに，議決権行使を強く勧めるために，有効に議決権を
行使した株主に対して，QUOカード1枚（500円相当，総額400万円）を贈呈す
ることとした。この行為は，会社法上，問題があるか。

○考える際のポイント
　①　利益供与とその要件

② 会社提案議案の賛成して欲しい旨の依頼の是非

○関連条文

120条1項，831条1項

○参考裁判例

東京地判平成19年12月6日判タ1258号69頁

○解答骨子例

　会社は，何人に対しても，株主の権利の行使に関する利益供与を禁止している。この趣旨は，本来あるべき公正な株主権の行使が，利益供与によって妨げられることになることから，禁止されているものである。

　本件では，甲会社は，株主総会に先立ち，「議決権行使のお願い」と称する文書と，実際に議決権を行使した株主に対してQUOカードを贈呈することとした。本件では，会社提案の役員への議決権行使株主に限定せずに，有効に議決権を行使する株主には一律にQUOカードを配布することから，株主平等原則に反することはなく，利益供与にも該当しないように思われる。しかし，「議決権行使のお願い」の文書には，甲会社が提案している役員選任議案に賛成して欲しい旨の内容が記載されていることは，株主の権利の行使に際して，QUOカードを贈呈することを通じて甲会社に有利な議決権行使を示唆しているものともいえる。したがって，QUOカードの配布は会社法上の利益供与にあたるものと考えられ，株主総会決議の取消原因になる。

【2-1. 図表1】　共益権としての株主権

（1）−1．少数株主権（共通編）

① 1％以上　　 ⅰ）総会検査役選任請求権（306条）※

② 3％以上　　 ⅰ）会計帳簿閲覧・謄写請求権（433条）

　　　　　　　 ⅱ）検査役選任請求権（358条）

　　　　　　　 ⅲ）役員解任の訴え提起権（854条）※

　　　　　　　 ⅳ）役員等の責任免除の異議（426条7項）

　　　　　　　 ⅴ）株主総会招集請求権（297条）※

③10％以上　　 ⅰ）会社の解散請求権（833条）

　　　　　　　 ⅱ）公開会社における支配株主の異動を伴う新株（予約権）発行につき株主総会決議とするための反対通知権（206条の2第4項，244条の2第5項）

※＝公開会社では，6ヶ月の継続保有要件あり

（1）－2．少数株主権（取締役会設置会社のみ）
①1％以上　　i）議題提案権（303条2項）※
　（又は300個）ii）議案の要領記載請求権（305条1項但書）※
　　※＝公開会社では，6ヶ月継続保有要件あり

（2）－1．単独株主権（共通編）
①総会関係　　i）議決権（308条1項）
　　　　　　　ii）議案提案権（304条）
　　　　　　　iii）総会決議不存在又は無効の確認の訴え（830条）
　　　　　　　iv）総会決議取消の訴え（831条）
②取締役会　　i）招集請求権（367条1項）←監査役設置会社・委員会型の会社
　　　　　　　以外
②組織再編　　i）募集株式等の発行の差止請求権（210条）
　　　　　　　ii）新株予約権の発行の差止請求権（247条）
　　　　　　　iii）無効の訴え（828条）
　　　　　　　iv）新株発行等の不存在確認の訴え（829条）
③調査関係　　i）各種書類の閲覧・謄写請求権
　　　　　　　　a）定款（31条）
　　　　　　　　b）株主名簿（125条）
　　　　　　　　c）議事録（株主総会・取締役会・監査役会）（318，371，394条）
　　　　　　　　d）計算関係書類（442条）
　　　　　　　　e）組織再編に関する書面
　　　　　　　　　・事前開示書面（775，782，794，803条）
　　　　　　　　　・事後開示書面（791，801，811，815条）
④違法行為　　i）取締役・執行役の行為差止請求権（360，422条）※
　　　　　　　ii）株主代表訴訟（847条）　※
　　※公開会社では，6ヶ月の継続保有要件あり

（2）－2．単独株主権（非取締役会設置会社）
①総会関係　　i）議題提案権（303条1項）
　　　　　　　ii）議案の要領記載請求権（305条1項本文）

（3）親会社株主による子会社への直接的な株主権

①会計帳簿閲覧・謄写請求権（433条3項）

- 権利行使の必要性の明示（裁判所の許可必要）

- 少数株主権（3％）

②検査役の選任（358条4項）

- 子会社の業務および財産の調査権（裁判所の許可必要）

- 少数株主権（3％）

③各種議事録閲覧・謄写請求権

- 株主総会議事録（318条5項）（単独株主権，裁判所の許可必要）

- 取締役会議事録（371条5項）（単独株主権，裁判所の許可必要）

- 監査役会議事録（394条3項）（単独株主権，裁判所の許可必要）

●重要関連裁判例

- 株主平等の原則（最判昭和45年11月24日民集24巻12号1963頁）
  ……百選12事件（初版）

- 議決権行使阻止工作と利益供与（最判平成18年4月10日民集60巻4号1273頁）
  ……百選14事件

第2章◆種類株式

●本章の目的
　① 種類株式の内容について理解する。
　② 種類株主総会の概要と種類株主間の利害調整について理解する。

●キーワード
　種類株式，種類株主総会

1. 株式の内容と種類

（1）概　　要

　株式の原則は，株式の権利の内容が同一である普通株式である。株式の内容について，特に定款で何も定めなければ，全ての株式は，当然に普通株式である。しかし，例外的に，株式の内容として特別なものを定款で定めれば，一定の種類株式を発行することができる（107条）。具体的には，①譲渡による取得について会社の承認を要する「譲渡制限株式」（107条1項1号），②株主から会社に対して取得を請求することができる「取得請求権付株式」）（同項2号），③会社に一定の事由が生じたことを条件として強制的に取得することができる「取得条項付株式」（同項3号）がある。譲渡制限株式の発行は，株主総会の特殊決議（309条3項），取得請求権付株式の発行は，株主総会の特別決議（309条2項），取得条項付株式の発行では，株主が会社に株式を会社に取得させる以外の選択権がなくなることから，株主全員の同意（110条）が手続的に必要となる。

　また，権利の内容の異なる2種類以上の株式を発行することも認められている（108条1項）。例えば，普通株式の発行と同時に，一部は種類株式を発行することである。その場合に発行できる種類株式は9種類が有り，①剰余金の配当優先株式（同項1号），②残余財産の分配優先株式（同項2号），③株主総会において議決権を行使できる議決権制限株式（同項3号），④株式の譲渡制限がある譲渡制限株式（同項4号），⑤株主から会社に対して株式の取得を請求することができる取得請求権付株式（同項5号），⑥会社による株式を強制取得する取得条項付株式（同項6号），⑦総会決議に基づいて，株式全部を強制取得する全部取得条項付種類株式（同項7号），⑧種類株主総会の承認について拒否権をもつ拒否権付株式（同項8号），⑨種類株主総会での取締役・監査

役を選任する権利がある取締役・監査役の選任株式（同項9号）である。このうち、⑨の取締役・監査役の選任種類株式のみは、指名委員会等設置会社及び公開会社は発行することができない。

　種類株式発行を認める立法趣旨は、配当に関心を持つ株主や株主構成を変更したいと考える会社など、株主や会社の多様なニーズに応えるためである。株主によっては、議決権を行使することよりも、多くの配当を受領することに関心がある株主もいるかもしれない。このような場合は、共益権である株主総会での質問権や議決権を放棄する代わりに、剰余金の配当に関して、普通株式を所有している株主よりも優先的に配当を受けることができる配当優先株式が魅力的になる。

　特別な内容の株式及び種類株式の発行手続は、全ての株式に特別な内容を定めた上で、内容の異なる種類の株式を発行するには、定款での記載が必要となる（107条2項、108条2項）。

　定款には、内容の要綱を定め、具体的な内容は株式を発行する時までに株主総会又は取締役会で決定してもよい。また、特別な内容の株式や種類株式を発行するときは、一定事項を株主名簿（121条2項）や株券（216条3号・4号）に記載し、かつ登記（911条3項7号）が必要である。普通株主とは異なることを予め明示することによって、株式を取得する者が誤認しないようにするためである。

（2）種類株主総会

　種類株主総会とは、種類株式を持つ株主を構成員とする会議体のことである。会社が数種の株式を発行した場合、異なる種類の株式間での権利の調整が必要になるため、その調整のための機関が種類株主総会となる。種類株主総会が開催される場合とは、種類株主に損害を及ぼすおそれがある場合であり、その際には種類株主の構成員による種類株主総会の決議が必要となる（322条）。このことを、法定種類株主総会制度という。法定種類株主総会制度の決議を必要する場合とは、株式の種類を追加する定款変更、譲渡制限を新設する定款変更、株式の併合・分割を内容とするときである（322条1項）。

　種類株主総会の手続として、特別決議の場合と特殊決議の場合に注意が必要である。

　特別決議が必要な場合とは、①全部取得条項付種類株式とする定款変更（111

条2項），②譲渡制限株式の追加発行又はその委任（199条4項，200条4項），③譲渡制限株式を新株予約権の目的とする新株予約権の発行又はその委任（238条4項，239条4項），④会社の一定の行為（322条1項），⑤選解任株式による役員等の解任（339条1項），⑥存続会社等における吸収合併等の承認（795条4項）である。

　例えば，定款を変更して，配当優先株式の優先配当金額を削減する予定としたときには，配当優先株式を所有していた株主は不利益を被ることから，株式の内容の変更にあたり（322条1項1号ロ），株主総会の特別決議（議決権の過半数を持つ株主が出席し，出席した株主の議決権の3分の2以上の多数による決議（309条2項）。**第1編第2章4.(4)参照**）に加えて，優先株式の種類株主総会の特別決議による承認が必要となる。

　他方，特殊決議（株主の半数以上が出席し，出席した総株主の3分の2以上の多数による決議（309条3項））が必要な場合とは，①株式に譲渡制限を新設する定款変更の承認（111条2項），②消滅会社等における吸収合併等の承認（783条3項），③消滅会社等における新設合併等の承認（804条3項）がある。例えば，株式に新たに譲渡制限を新設すると，株主が自由に投下資本の回収ができないこととなり，株主にとって大きな不利益が生じることから，特別決議より更にハードルを高くした特殊決議を必要としている。

　なお，定款変更の手続の特則として，会社が，定款変更によって取得条項を定めるときは，株主全員の同意が必要である（110条）。なぜならば，強制的に株主としての地位を奪うことになるためである。

　上記以外の種類株主総会は，普通決議となる。

（3）定款による法定種類株主総会の排除

　定款によって，種類株主総会の決議を要しない旨を定めることができる（322条2項）。もっとも，その代わりに，種類株主は会社に対して，保有している種類株式を買い取ってもらうように請求できる株式買取請求権が付与される（116条1項3号）。

　なお，そもそも種類株主総会での決議を排除できない場合として，①株式の種類の追加，②株式の内容の変更，③発行可能株式総数又は発行可能種類株式総数の増加がある（322条3項）。

（4）各種類株式の整理

a．配当・残余財産分配についての種類株式（108条1項1号・2号）

　配当・剰余財産分配についての種類株式とは，剰余金の配当，残余財産の分配について，内容の異なる2種類以上の株式を発行することであり，剰余金の配当，残余財産について，他の種類株式よりも優先的な地位が与えられる株式のことである。

　定款に定めるべき主な項目は，①発行可能種類株式総数，②発行可能種類株式の内容，③優先配当金額である。

　普通株式に対して，「配当優先株式」「残余財産に関する優先株式」とも言われる。

b．議決権制限株式（108条1項3号）

　議決権制限株式とは，株主総会の全部又は一部の事項について，議決権を行使することができない株式のことであり，配当等に期待し，議決権の行使には関心がない株主のニーズに応えたものである。また，会社にとっても，株主総会の招集通知の費用の節約となるメリットがある。

　定款で定めるべき主な項目は，①発行可能種類株式総数，②議決権行使事項・条件である（108条2項3号）。議決権制限株式の株主も，種類株主総会においては議決権を有する。なお，公開会社の特則として，議決権制限株式の総数は，発行済株式総数の2分の1を超えてはならないとの定めがある（115条）。公開会社でありながら，その株式の過半数を超える株式が譲渡制限株式であるとすると，もはや会社の公開性が希薄化されていることになるからである。「議決権行使条項付株式」ということもある。

c．譲渡制限株式（108条1項4号）

　全ての株式を譲渡制限株式とする場合の定款の定めを置くことであり，定款には，①株式の譲渡について会社の承認を要する旨，②一定の場合に会社が承認をしたとみなすときはその旨及び当該一定の場合，を定める必要がある。

　一方，一部の種類株式について譲渡制限を設ける場合の定款の定めとしては，①発行可能種類株式総数，②全ての株式を譲渡制限株式とする場合において，全ての株式を譲渡制限株式とする際と同様の①と②の項目である。

　譲渡制限株式を発行する会社は，会社にとって好ましくない株主を排除することが目的であり，閉鎖会社とも呼ばれる。

d. 取得請求権付株式（108条 1 項 5 号）

取得請求権付株式とは，株主がその株式について会社に取得を請求できるような株式のことである（2 条18号）。全ての株式を取得請求権付株式とする場合の定款に定める項目としては，①取得請求権付株式である旨，②取得の対価の種類・内容（新株予約権・社債・新株予約権付社債・その他），③取得請求権の行使期間である。

一方，一部の種類株式を取得請求権付株式とする場合の定款の定めとしては，①発行可能種類株式総数，②全ての株式を取得請求権付株式とする場合の①～③の項目である。

e. 取得条項付株式（108条 1 項 6 号）

取得条項付株式とは，一定の事由が生じた場合に，株主ではなく会社側が取得権を有するような株式のことである（2 条19号）。一部の種類株式を取得条項付株式とする場合の定款の定めとしては，①発行可能種類株式総数，②別に定めた日の到来を取得事由とする場合はその旨，③株式の一部を取得する場合は，その旨と取得の対象となる様式の決定方法，④取得の対価の種類・内容（新株予約権，社債，新株予約権付社債，その他）である。

取得手続としては，取得事由が生じた日に当然に会社が取得の効力が生じ，対象株式は自己株式となり，株主は対価を取得する。その上で，会社は，遅滞なく，取得したことを株主・登録質権者に通知又は公告し，株券提出手続を行う。決議された取得対価に不満な株主は，裁判所に対して取得価格の決定の申立てを行うことが可能である（172条）。

f. 全部取得条項付種類株式（108条 1 項 7 号）

全部取得条項付種類株式とは，株主総会の特別決議により，会社がその全部を取得することができるような種類株式のことであり，私的整理等において，100％減資を可能とするために会社法によって新たに導入された株式である。全部取得条項付種類株式を発行する際に，定款に定めるべき項目としては，①発行可能種類株式総数，②別に定めた日の到来を取得事由とする場合はその旨，③株式の一部を取得する場合は，その旨と取得の対象となる様式の決定方法，④取得の対価の種類・内容（新株予約権，社債，新株予約権付社債，その他）である。

全部取得条項付種類株式の取得手続は，取得条項付株式と同様である。

g. 拒否権付株式（108条1項8号）

　拒否権付株式とは，株主総会等で決議する事項（全部又は一部）について，決議の他に，当該種類の株式の種類株主を構成員とする種類株主総会の決議を必要とする旨の定めのある株式のことである。したがって，拒否権付株式を所有する株主は，株主総会の決議事項に拒否権を持つことになる。定款で定める事項としては，①種類株主総会の決議があることを必要とする事項，②種類株主総会の決議を必要とする条件を定めるときは，その条件である。

　株主総会の決議に関して，拒否権を認めた種類株式であることから，敵対的買収を仕掛けられたときの対抗措置として機能するために「黄金株」とも言われる。

h. 取締役・監査役選任株式（108条1項9号）

　取締役・監査役選任株式とは，種類株主総会において，取締役や監査役の選任に関する事項を定めた株式のことである。取締役・監査役の選任についての種類株式を発行できる対象会社は，非公開会社（株式譲渡制限会社）である。また，定款の定めとしては，①発行可能種類株式総数，②選任する取締役又は監査役の数である。

　取締役・監査役の選任権付種類株式であることから，「種類投票株式」とも言われる。

●事例問題3

(1) 甲会社は，PCのソフトを開発している株式会社で，学生時代の友人3人が集まって設立した非公開会社である。甲会社の業績は順調に伸びたが，更なる発展を遂げるために，ファンド乙会社からの出資を要請したいと考えている。甲会社が乙会社からの出資を得るために乙会社の経営者を説得するためには，どのような種類株式の発行が考えられるか。

(2) 甲会社が将来，上場することが可能となったときに備えて，甲会社は乙会社に対して，どのような種類株式の発行を示唆すべきか。

○考える際のポイント

① 資金提供元の経営者にメリットが得られる種類株式は何があるか。

② 上場後を見据えたときの種類株式の選択

○関連条文

108条

○解答骨子例

(1)　乙会社からみると，甲会社は非公開会社であり，かつ小規模な会社であることから，甲会社に資金提供をする経済的なメリットが十分でない上に，投資が回収できない見込みに対するリスク回避の方法がないと資金提供の判断は難しい。そこで，乙会社に経済的メリットを付与するためには，配当・残余財産優先株式を引き受けてもらう方法がある。乙会社とすれば，配当を優先的に受けるのみならず，甲会社が倒産状況に仮に陥ったとしても残余財産を優先的に請求できる種類株式であれば，一般株主と比較してリスク回避も可能である。また，いざというときに甲会社に株式を買い取ってもらえる取得請求権付株式を発行することにより，投資リスクを軽減する方法もあり得る。

(2)　上場後は，乙会社がキャピタルゲイン（株式売却益）を得られるためのスキームを考えることになる。具体的には，取得条項付株式を発行し乙会社に引き受けてもらった上で，甲会社が上場を決定した際に，乙会社から甲社の取得条項付株式を取得する代わりに，甲会社普通株式を乙会社に譲渡することによって，乙会社は甲会社上場後のキャピタルゲインを得られる可能性が高くなる。株式上場によって，株式価値が大幅に上がるのが通例だからである。

●重要関連裁判例
- 譲渡制限株式の評価（大阪地決平成25年1月31日判時2185号142頁）……百選19事件
- 譲渡制限に違反した株式譲渡の効力（最判昭和48年6月15日民集27巻6号700頁）……百選18事件

第3章◆株券と株式譲渡

●本章の目的

①　株券発行会社とそうでない会社での株式の譲渡方法について理解する。

②　株式譲渡が原則自由とされている理由と，譲渡が制限される具体例を挙げることができる。

③　定款による株式譲渡制限制度の趣旨・概要について説明できる。

④　株主名簿制度とはどういうものか，および名義書換の方法・効力について理解する。

⑤　株式の譲渡請求と株主名簿書換の効力について検討する。

●キーワード

株式譲渡自由の原則，株式譲渡制限，株券不発行，自己株式，株主名簿，振替株式制度

1. 株　　券

（1）総　　説

　出資した株主が，株主であることを明らかにするためには，従前は，株券の発行を前提とした上で，株券不所持制度が用意されていた。会社は，株券を発行することが通例であり，例外として株券を発行しない株券不所持制度を設けていたわけである。しかし，株券は流通していく上で摩耗するし，公開会社では大量の株式が日常的に売買されていることから，株券を流通させることが非現実的になってきた。また，株券の発行や保管に費用がかかる上，株券の紛失や盗難のおそれもある。そこで，現在では，原則として株券を発行せず，株券の発行を定款で定めた場合に限って発行することになっている（214条）。

（2）株券の発行

　株券発行会社は，株式発行日以後，遅滞なく株券を発行しなければならないことが原則である（215条1項）。例外として，非公開会社の株券発行会社は，株主の請求があるまでは株券を発行しなくてもよいこととなっている（215条4項）。この立法趣旨は，非公開会社では，株式の譲渡は頻繁ではないため，不必要に株券を発行させる理由に乏しいためである。

　株券の記載事項は，①株券発行会社の商号，②株券が表章する株式の数，③株式譲渡制限の定めがあるときはその旨，④種類株式発行会社では，株券が表章する株式の種類・内容・株番号，⑤代表取締役の署名又は記名押印である

（216条）。

　他方，株券の紛失などをおそれ，その所持を望まない株主のため，不所持の申出を可能とする株券不所持制度がある（217条）。株券発行後に株主が不所持の申出をした場合は，申出株主は株券を会社に提出し，その株券は無効となる（217条5項）。

（3）株券失効制度

　株券を喪失した者は，会社に対して株券喪失登録簿への記載・記録を請求することが株券失効制度である（221条〜223条）。株券を喪失した者からの通知があった場合に，会社は，喪失登録を行い，一般に閲覧させるとともに，株主名簿上の株主と登録質権者に通知する（224条1項，231条）。喪失登録されている株券の株式については，名義書換え及び議決権行使等はできない。そして，喪失された株券を有する者は，喪失登録に対して登録の抹消の申請が可能であり，この場合は，会社は喪失登録者に通知し，2週間後に喪失登録を抹消することとなる（225条）。最終的に，喪失登録の抹消申請がなされない場合には，喪失登録がなされた株券は，登録された日の翌日から1年を経過した日に無効となり，登録者は会社から株券の再発行が受けられる（228条）。

2．株式の流通
（1）株式の譲渡

　株券発行会社の場合は，株式の譲渡は，株券を譲受人に交付することにより行い（128条1項），株券の占有者は，適法の所持人と推定される（131条1項）。その際，株券の占有者から株券の交付を受けた者は，悪意又は重過失がない限り，善意取得したものとなる（131条2項）。

　他方，株券不発行会社の場合は，株式譲渡は当事者間では有効に成立するが，株式譲受人（取得者）の氏名又は名称と住所を株主名簿に記載しなければ，会社その他の第三者に対抗することができない（130条1項）。また，株券不発行会社の株主は，会社に対して株主名簿に記載された自分についての事項を記載した書面の交付を請求することが可能である（122条1項）。

（2）株式譲渡自由の原則と制限

　株式は譲渡が自由であることが原則である（127条）。この趣旨は，株主は，

会社の存続中は原則として会社に対して出資の返還を求める権利を有しないために，株式を譲渡する以外は投下資本を回収する方法がないためである。もっとも，例外として，時期による制限と親子会社間での制限がある。

　時期による制限とは，株券発行前における株式の譲渡は，当事者間では有効であるが，会社との関係では効力がないということである。言い換えれば，株式の譲渡に関して，会社が認知している限りにおいて有効であるということである。株式の譲渡について，会社が把握していなければ，剰余金の配当先の変更ができないからである。もっとも，判例上は，当事者間の意思表示で株式の譲渡は可能で，会社はその効力を否定できず，会社は譲受人を株主として扱う必要があるとされている（最判昭和47年11月8日民集26巻9号1489頁）。

　親子会社間での制限とは，子会社による親会社株式の取得の制限であり，子会社は親会社の株式を取得することは原則禁止されている（135条1項）。この趣旨は，親会社がその支配権を利用して子会社の株式を取得させ，親会社の株主総会で自社に有利な承認をさせようとすることを防止するためである。

（3）定款による株式譲渡の制限

　定款による株式譲渡の制限とは，全ての株式又は一部の種類の株式の譲渡について，会社の承認を必要とするものである（107条1項1号，108条1項4号）。定款によって株式譲渡に制限をするのは，同族会社のように，株主間の個人的な信頼関係が重視され，好ましくない者が株主になることを排除したいという会社のニーズによるものである。株式の譲渡制限とは，要するに株主が譲渡先を自由に決めることができないという制限である（もっとも，株主が一人の一人会社（「いちにん会社」と読む）の株主が，株式を譲渡したときは，会社の承認がなくても，その譲渡は会社との関係として有効との事案がある。最判平成5年3月30日民集47巻4号3439頁）。

　会社が承認する場合の会社機関としては，取締役会設置会社の場合は取締役会であり，非取締役会設置会社の場合は株主総会が承認する。もっとも，代表取締役が承認するなど，定款で別の定めをすることも可能である（139条1項）。定款による株式譲渡制限を設ける場合には，登記（911条3項7号）と株券への記載が必要となる（216条3号）。

　譲渡自由の株式を譲渡制限株式に変更する場合，株券発行会社においては，一定の期間（1ヶ月以上）を定めて公告及び株主・登録質権者への個別通知を

した後で，旧株券を提出させる（219条1項）とともに，旧株券は，株券提出の日に無効となる（219条3項）。

　株式の譲渡制限がある場合も，投下資本の回収の観点から，会社が譲渡を承認しない場合は，当該株主は会社に対して株式の買取りを請求できる（138条）。売買価格について，当事者間で合意できないときは，裁判所が価格を決定する（144条）。

　なお，会社が株式を買い取るときは，株主総会の特別決議が必要であり（140条2項，309条2項1号），譲渡等承認請求者は，株主総会で議決権を行使できない（140条3項）。また，会社自身が株式を買い取る方法と，会社が買取人を指定する方法がある。

　会社の承認がない場合も，譲渡当事者間では有効と解されている（最判昭和48年6月15日民集27巻6号700頁）。この場合，会社との関係では効力はなく，会社は譲渡前の株主を株主として扱う必要がある（最判昭和63年3月15日判時1273号124頁）。また，定款で定めをすれば，譲渡制限株式を相続などによって取得した者に対して，会社が，その株式を売り渡してもらうことを請求できる（174条～177条）。

　その他，契約による譲渡制限は，契約当事者間しか拘束力が及ばないことから，契約自由の原則から，株主同士が色々な譲渡制限を行うことが認められている。

（4）法律上の制限

　株券発行会社が株券を発行する前に株式の譲渡が行われたとしても，その譲渡は会社に対して効力をもたない（128条2項）。また，親会社株式は，子会社に取得させることはできない（135条）。

（5）契約上の制限

　会社によっては，従業員が自社の株式を取得できる従業員持株制度がある。従業員持株制度は，給与や賞与から一定金額を自動的に天引きされて積み立てられ，会社からも自社株取得に対して経済的な援助が行われることもあることから，従業員の中には，一種の貯蓄感覚でこの制度を利用している。会社にとっては，安定株主確保にとどまらず，自社の株価を上げるための勤労意欲向上というインセンティブも期待できることから，従業員持株制度がある会社も

多い。

　もっとも会社にとって，会社の内部情報に精通している従業員が自由に自社株式を売買することはインサイダー取引規制に該当することから，従業員持株制度では，予め契約上，在職期間中に自由に株式を譲渡することを契約上禁止しているのが一般的である。

　なお，従業員持株会と従業員との間の株式契約のように，会社を当事者としていない契約による株式の譲渡制限は，当事者間では有効であると解されている（最判平成7年4月25日集民175号91頁，最判平成21年2月17日判時2038号144頁）ものの，実務的には，個別の判断に委ねられるケースが多い。

●事例問題4

　株券不発行会社である甲会社は，全ての株式について譲渡の際には，取締役会の承認を要する旨を定款で定めている。甲会社の株主Xは，自宅補修のための資金が必要となったことから，保有株式全部の譲渡を友人のAに打診したところ，Aが承諾したことからAに譲渡した。譲渡に際して，XもAも，甲社に対し譲渡の承認請求をしなかった。その後，甲会社は，Xが他人に株式譲渡したことを聞き及んだために，株主総会の開催に際して，Xに対して招集通知を発送しなかった。甲社の措置は適法であるか。

○考える際のポイント
① 全ての株式譲渡の際に，取締役会の承認を要する旨を定款で定めている甲会社は譲渡制限会社であること
② 株式譲渡制限会社における株式譲渡の当事者間及び会社との間での有効性をどのように考えるか。

○関連条文
107条，137条

○参考裁判例
最判昭和48年6月15日民集27巻6号700頁

○解答骨子例
　甲会社は，全ての株式につき譲渡の際には取締役会の承認を要する旨を定款で定めていることから株式譲渡制限会社である。株式譲渡制限会社においては，好ましくない株主か否かを予め会社が判断の機会を設けることがその目的である。

　したがって，XはAに自分が保有している株式を譲渡する際には，予め甲会社に株式譲渡につき承認を得なければならなかった。このために，XのAに対する株式譲渡は，契約自由の原則から当事者間では有効であるものの，会社との関係では無効と解せられ，甲会社にとっては，引き続きXが甲社の株主である。したがって，甲会社がXに対して，株主総会の招集通知を発送しなければならないことから，甲会社の行為は義務違反となる。

　もっとも，本件では，XとAとの間では株式譲渡について合意が出来ており当事者間では有効であるので，甲会社がXの了解のもとAに対して株主総会の招集通知を発していれば，その事自体が否定されることではない。

3．振替株式制度

（1）振替株式制度の内容

　上場会社のように，株式の譲渡が大量かつ頻繁に行われるような場合に，都度株券の引渡しを行うことは煩雑なため，それを回避する必要がある。これを可能にしているのが，振替株式制度である。

　振替株式制度とは，株券の発行を前提とせずに，株式の譲渡は電子化された口座間の振替によって，保管振替機関の口座と証券会社等との口座間の振替記帳によって行われる。上場会社については，「社債，株式等の振替に関する法律」（平成21年1月5日施行）により，株券は廃止され，上場株式の譲渡は全て振替株式制度によって行われている。

　振替株式制度の加入者である株主は，自分の口座に記載された振替株式についての権利を適法に有するものと推定される（振替143条）。

（2）総株主通知と個別株主通知

　振替株式の場合は，その性格から都度株主名簿の書換えが行われるわけではない。もっとも，会社にとって，基準日時点の株主名簿の登録者を確認することは，株主総会の招集通知の発送や剰余金の配当先を確定させるために必要である。

　そこで，基準日などにおいて会社が株主を確定させたいときには，振替機関は，会社に対して振替口座の帳簿に記載されている株主の氏名や住所などの事項を速やかに通知しなければならない（振替151条）。この通知が「総株主通知」であり，総株主通知をもって，基準日等一定の日に株主名簿の名義書換が

行われたものとみなされる（振替152条1項）。

　他方，株主が株主としての権利を行使しようとする場合，その時点で株主名簿の書換えが行われているという保障はない。このために，自分が株主であることを会社に対して証明するために，自己の口座がある口座管理機関を通じて振替機関に申し出て，振替株式に関する情報（株主であること，持株数，住所等）を会社に通知してもらう（振替154条3項・4項・5項）。この通知が「個別株主通知」である。

　例えば，X株主が公開会社である甲会社の取締役Yの責任追及の訴えの請求（株主代表訴訟の提訴請求）を行おうと考えたとき，Xは口座管理機関に連絡し振替機関を通じて，自分が甲会社の株主であり，現時点で6ヶ月継続して甲社の株主であることなどの情報を甲会社に個別株主通知をしてもらった上で，この通知がなされた後，4週間以内に甲会社に対して，Yに対する提訴請求の書面を監査役に提出しなければならないこととなる（振替154条2項，振替令40条）。

【2-3．図表1】　振替株式の譲渡

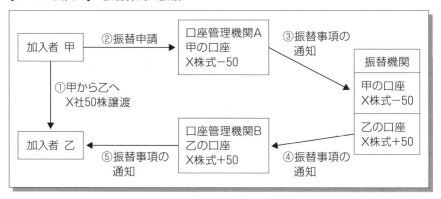

4．自己株式

（1）定義とニーズ

　自己株式とは，文字通り会社が有する自社の株式のことである。しかし，会社が自己株式を取得することは，自ら発行した株式を買い戻すことであり，事業のための設備投資等本来あるべき資金の活用ではない。そして，株式を買い戻す資金は会社財産の流出を意味することから，会社債権者にとっては債権回収の点から不利益を被ることになる。また，株主間においても，会社に売却する

タイミングによっては，売却価格の点から株主平等原則に反する可能性もある。

このために，わが国では長らく自己株式の取得は法で禁じられていた。ところが，取得した自己株式を消去することによって，株式市場の需給関係を改善し株価の下落を止めることができれば，株主にとっても利益となるし，会社が他の会社の株式を取得する際に，金銭ではなく自己株式を譲渡することも考えられる。このように，自己株式取得のニーズがあることから，自己株式の取得は，平成13年の議員立法による商法改正で解禁された経緯がある。

（2）自己株式の取得と方法

自己株式を取得できる場合は，株主との合意によって自己株式を有償で取得する場合以外，取得条項付株式等の種類株式の取得，所在不明株主の株式の買取り，他の会社の事業の全部を譲り受ける場合にその会社が有する株式の取得，合併後消滅する会社や吸収分割をする会社からの株式の承継などがある（155条各号）。

取得の方法は，①株式市場から買い付ける方法，②特定の株主から直接株式を買い取る方法，③株主との合意により取得する方法がある。

公開会社の場合は，株式市場から買い付ける方法が一般的である。株式市場からの公開買付けでは，取得に際して株主平等原則が図られており，もっとも透明性の高い手法である。また，企業買収（**第5編第5章**参照）の際に利用される公開買付による買収対象会社の株式取得は，会社があらかじめ，プレミアム価格を提示して市場から取得する方法であるが，株主からの申込総数が，会社が予定していた株式数を上回れば，比例按分によって割り振りがされることで，株主平等原則が担保されている。近時は，公開買付は会社経営陣が上場している自社を買収する手段（Management Buyout,「MBO」）としても用いられる。MBOでは，経営者が自社株式を不当に安価に取得したことで，問題となるケースもある（「シャルレ事件」大阪高判平成27年10月29日判時2285号117頁）。公開買付に引き続いて，全部取得条項付種類株式の取得が行われる場合には，取得価格決定の際に，恣意的な意思決定が排除された一般に公正と認められた手続を経た場合には，原則として公開買付価格が取得価格とされている（「ジュピターテレコム事件」最決平成28年7月1日民集70巻6号1445頁）。

他方，株式譲渡制限会社では株式が一般に流通していないことから，株主から自己株式を直接に買い取る方法とせざるを得ない。また，株主との合意によ

る取得は，予め株主総会での承認・決議によって，取得する株式の数，株式を取得するのと引換えに交付する金銭などの内容と総額，株式を取得することができる1年以内の期間を定めなければならない（156条1項）。その上で，会社が実際に自己株式を取得する状況となったときに，取締役会で取得のために必要な事項を決定し（157条），株主への通知・公告に基づいて，株主からの申込希望者を募る（158条）。取得を希望する株主は，株式数を明らかにした上で会社に申し込めば，申込期日において会社は申込を承諾したものとみなす。

　なお，会社としては無制限に自己株式を取得することはできず，自己株式の買取対価として，株主等に交付する金銭等の総額は，分配可能額の範囲内という財源規制がある（461条）。

　自己株式取得の手続は，株主総会の承認・決議を必要とするが，全ての株主に提案する場合は株主総会の普通決議，会社が特定の株主から取得する場合は特別決議となっている（160条1項，309条2項2号括弧書）。全ての株主に提案する場合は，株主に均等に自己株式取得の制度を利用する機会を付与できるのに対して，特定の株主から取得する場合は，会社の買取価格等の面でその他の一般株主に不利益が生じるかもしれないために，特別決議を要することとしている。また，株主平等原則の観点から，特定の株主からの株式取得が市場価格でなかった場合には，特定されなかった株主にも自己株式の売主として追加できるような売主追加請求権が付与されている（160条3項，161条）。

　なお，自己株式については，株主総会での議決権や配当請求権は発生しない。自己株式に株主総会における議決権があれば，会社が議案の賛成多数を得ようとした場合に，自己株式の取得を通じて行う可能性があり，株主総会での株主の意見を適切に反映できなくなるからである。

5．株主の会社に対する権利行使

（1）株主名簿

　株式の譲渡を受けて，新たに株主になったとしても，会社が新たな株主と認識していなければ，株主としての権利を行使できない。会社からみれば，誰が株主であるかを認識するための一元管理が必要である。この管理のための基本帳簿が株主名簿である。言い換えれば，株主名簿は，株主からみれば自分が株主であり会社に対する権利行使を主張することができるための名簿であり，会社からみれば，日々変更し得る株主を管理し，その権利行使を円滑に処理する

ために誰が株主かを認識するための帳簿である。したがって，株式譲渡が行われた場合，株式を譲り受けた者は，株主名簿上の名義を書き換えてもらわなければ，株主としての権利を会社や第三者に対抗できない（130条1項・2項）。また，株主名簿上に株主として登録されれば，株主の権利を行使するたびに株主であることを会社に証明する必要もなくなる。会社からみれば，株主名簿書換請求がなされない限り，名簿株主を株主として扱えば足りるという便宜がある。

　株主名簿の上記の目的からすれば，記載事項としては，株主の氏名・住所・持株数は必須であり，その他株主が株式を取得した日や，株券発行会社の場合は株券の番号となる（121条）。

　会社は，株主名簿を本店に備え置かなければならない（125条1項）。そして，株主及び債権者は，営業時間内はいつでも株主名簿の閲覧・謄写が可能である（125条2項）。株主や債権者が株主名簿の閲覧・謄写を請求する必要がある場面としては，株主が株主総会の代理出席を依頼しようとするときや株主総会で委任状の勧誘をしたいと思う場合が考えられるが，実務的には後者の事例が多い。株主及び債権者に株主名簿閲覧・謄写請求権があるから，株主名簿は会社の本店に備置義務が存在する。もっとも，株主等が権利の確保や権利行使に関する調査以外の目的，株主共同の利益を害する目的等のときには，会社は閲覧・謄写を拒絶することができる（125条3項）。

　株主名簿によって会社の株主が一元管理されているため，会社は株主名簿上の株主の宛先に通知等すればよいし，配当も株主名簿上の株主に支払えばよい（126条1項，457条）。会社として，株主名簿上の株主に送付した株主総会参考書類が株主の住所変更のために返信されてきたとしても，会社が住所変更先を調査して再送する必要はないということである。しかも，当該住所等に対して発信された通知・催告が5年以上継続して到達しない場合には，会社は以後，当該株主に対して通知・催告することは不要となる（196条1項）。

　株券不発行会社の株主は会社に対して，株主名簿記載事項を記載した書面等の交付を請求することができる（122条1項～3項）。株主が保有株式を譲渡しようとするときに，自己の権利を相手方に証明できるようにすることが目的である。他方，株券発行会社の株主の場合は，株券の権利推定効（131条1項）があるため，書面等の交付請求権を認める必要はない。

（2）基準日制度

　基準日制度とは，株主に権利行使を認めるために設けた一時点のことである（124条1項）。会社にとって基準日を定めるということは，基準日の株主名簿上の株主を後日における権利行使ができる者と定めることができることである。例えば，3月決算会社の場合，一事業年度は，4月1日から翌年の3月31日までである。この一事業年度の配当は，最終的に株主総会で承認・決議される場合には，基準日を年度末日と定めれば，あくまで3月31日時点に株主名簿に記載された株主に配当すればよいということになる。会社の決算は，年度末時点の後に決算集計作業を行った後に公表されることとなるから，その公表を待って配当状況を予測して株主になったり株主から離脱する行動をとることになると，株主総会招集通知等の事務に支障を来すことになるからである。

　基準日は，権利行使日の3ヶ月前までの日と定めなければならない（124条2項）。例えば，3月末日を基準日とした場合には，株主が配当請求権を行使するのは6月末までとなることから，株主総会は6月末までに開催されている。このように，株主にとっても基準日は，株主権の行使にとって重要な意味を持つことから，基準日を定款で定めた場合を除き，当該基準日の2週間前までに公告を要する。基準日をいつにするかは会社が自由に決めることが可能であるが，実務上は，3月決算会社の場合は，定款で3月末日とするのが通例である。また，基準日後に株式を譲り受けた者に議決権行使を認めることは，基準日時点の株主の権利を害するために許されないこととなる（124条4項但書）。もっとも，新株発行を受けた株主は，基準日後であっても議決権行使は認められる。

（3）名義書換え

　株券発行会社において，株式譲受人が会社に対して株主の地位を主張するためには，株主名簿上の名義を自己の名義に書き換える必要がある（130条1項・2項）。株主名簿の名義書換えがなければ，会社は誰が株主となるのか不明であるからである。その際，株券占有者は株主であることが推定されるために，株式の譲受人は株券を提示すれば，会社は，株券は盗難にあったものであり真の株主でないことを反証できない限り，名義書換えをする義務が生じる（133条1項・2項）。言い換えれば，会社が不当に名義書換えを拒絶したり，過失により名義書換えを怠った場合には，名義書換えを未了の株主は，株主であることを主張できる（最判昭和41年7月28日民集20巻6号1251頁）。

他方，株券不発行会社の場合は，株主名簿の名義書換えが，会社に対する対抗要件となる（130条1項）。したがって，株式の譲受人が株主名簿の名義書換えを会社に請求するときは，原則として株式譲渡人である名義株主又はその一般承継人（相続人等）と共同で行う必要がある（133条2項）。株券発行会社の株式譲受人のように，確かに株式の譲渡を受けたという証拠たる株券が存在しないから，譲渡人も共同で書換請求をすることによって，会社は安心して株主名簿の書換えを行うことができる。

もっとも実務上は，圧倒的多数の会社が株券不発行会社である中で，公開会社における株主名簿の名義書換請求は，証券会社と会社から委託を受けた保管振替機関である信託銀行との間でシステム的に行っており，株式譲渡人と譲受人が会社に共同で書換請求をすることはない（**本章3.の振替株式制度を参照**）。なお，株主は会社に対して，いつでも株主名簿の記載事項を証明した書面の交付を請求することができる（122条）。

譲渡制限株式の場合は，株式の譲渡について会社の事前承認が必要であることから，仮に譲渡制限株式を譲り受けた者が会社による譲渡の承認を受けていないときは，会社との関係では譲渡の効力が生じていないため，名義書換えを請求することはできない（134条）。

●事例問題5

> 株券発行会社である甲会社の株主AからXは株式を譲り受けた。そこで，Xは甲会社に予め連絡をして，Aから譲り受けた株券を提示して名義書換えを請求した。ところが，甲会社の総務部株式担当者であるBは，Aが一緒に請求してこなければ譲渡が本当になされたか否かを確認できないとして，Xの株式名簿の名義書換請求を拒絶した。
> その後，甲会社の株主総会が開催されたが，甲会社は名義株主であるAに対して株主総会の招集通知を発し，Xは総会に出席できなかった。甲社の対応は妥当であるか。

○考える際のポイント
① 甲社は，株券発行会社であること
② Xは正当に株券所持していること
③ 甲社の株式名簿名義書換拒否は不当拒絶に該当するか否か

160

○関連条文

130条，133条

○解答骨子例

　　甲会社は株券発行会社であることから，Aから株式譲渡を受けたXが株券を占有していれば，適法な株主としての権利者として推定される。したがって，Xは甲会社に株券を提示さえすれば単独で株主名簿書換請求が可能であり，甲会社はその株券が盗難にあったものなど正当な株券でないことを証明できない限り，名義書換えに応じなければならない。

　　以上から，甲会社がXからの名義書換えを拒絶したのは不当拒絶にあたり，名義書換えに応じた上でXに招集通知を発送する義務があった。

●重要関連裁判例

- 会社の過失による名義書換の未了と株式譲渡人の地位（最判昭和41年7月28日民集20巻6号1251頁）……百選15事件
- 競売による譲渡制限株式の取得（最判昭和63年3月15日判時1273号124頁）……百選20事件（初版）
- 譲渡制限に違反した株式譲渡の効力（最判昭和48年6月15日民集27巻6号700頁）……百選18事件

第4章◆株式の消却・併合・分割・無償割当と
単元株制度

●**本章の目的**

　① 株式の消却・併合・分割・無償割当の定義や手続について説明できる。

　② 単元株制度の意義と内容について理解する。

●**キーワード**

　株式数の増減，株式の消却，株式の併合，株式の分割，株式の無償割当，単元株制度

１．株式の評価

　株主が会社に株式買取請求をした場合に，会社と買取請求を行った株主の双方が合意した株価が決定されなければならない。株価の決定が株式の評価である。株式が取引市場で自由に売買されている公開会社の場合は，市場価格が一つの目安となるものの，株式譲渡制限会社（非公開会社）の場合の株式の評価は，複数の決め方がある（大阪地決平成25年1月31日判時2185号142頁，最判平成27年2月19日金判1464号22頁，最判平成27年3月26日民集69巻2号365頁等）。評価方法は，主には下記の3通りである。

　第一は，ディスカウントキャッシュフロー法（DCF法）と言われるものであり，会社が将来に稼ぐと予想される金額をもとに当該会社の現在価値を求める方法である。第二は，類似会社比較法であり，当該会社と業種が類似する会社の配当金額・利益金額・帳簿上の純資産額を参考として価格を決定する方法である。第三は，純資産額方式であり，評価対象会社の1株当たりの純資産額を用いる方法である。

　実務的には，この3つの方法を比較検討した上で最も合理的な方法と考えるものを採用したり，それぞれの方法で算出された価格に一定のウェイトを掛けたものを採用したりする。株式買取請求をする株主はできるだけ高い価格で，会社側はできるだけ低い価格で決定したという思惑がある。市場価格がある株式の評価であっても，株価は様々な要素で変動し得るものであることから，場合によっては，会社と株主の双方が折り合わずに，裁判所に株式買取価格の決定を委ねることになる。

2．株式の消却・併合等

　会社が発行した発行済株式総数を減少させたり増加させたりする手段がある。減少させる手段としては，株式の消却と併合があり，増加させる手段が株式の分割と無償割当である。

（1）株式の消却

　株式の消却とは，保有する自己株式を消滅させることである（178条）。自己株式を保有するためには，事前に市場から自社株式を購入するか，特定の第三者から譲り受けて保有していることが前提となる。

　手続としては，取締役会設置会社の場合，取締役会決議で消却する自己株式の数を定める。自己株式以外の株式については，会社が自己株式として取得した後にのみ，消却が可能である。なお，株式の消却によって資本金を減少させることはできない。自己株式の取得・処分は，「その他資本剰余金」として処理しなければならないからである。

（2）株式の併合

　株式の併合とは，数個の株式を合わせて元の株式数よりも少数の株式にすることである（180条）。例えば，従来の2株を1株とすると，1株のみ保有していた株主は，その1株は議決権の行使等の株主権の行使ができなくなる（このような株式を「端株」という）。株式併合の目的は，株式を併合することによって端株が生じることにより，結果的に株主数は減少することになり，株主総会における招集通知の発送などのコストを会社として削減することができること，株式市場における需給関係を引き締めることにより，株価が低くなりすぎた場合の歯止め・株価引上げにつながることが考えられる。

　手続としては，株主総会の特別決議により，併合割合や効力発生日を定める必要がある（180条2項・3項，309条2項4号）。株式併合の結果，株主でなくなるなどの不利益を被る人が出ることから，株主総会の特別決議という厳格な決議要件を設けている。従来，1株しか保有していない株主は，株式併合後は株式を買い増すという経済的支出を行わなければ，もはや株主としての地位を維持できないからである。また，多数派株主が少数派株主を締め出す手段として利用される可能性も否定できないことから，取締役は，株主総会で株式の併合を必要とする理由を説明しなければならない（180条4項）。

　2株を1株とした株式併合が行われた場合，3株を持っている株主は1株買い増しをして4株にすれば，2株としての株主権を保持することとなる。買い増すことをしなければ，1株の株主権となり，余った株式は端株となり，会社が買い取るか，競売して代金分配を行うことになる。

　株式併合を行う場合には，株式の併合の効力発生日の2週間前までに，併合の割合と効力が生じる日について，株主に通知又は公告しなければならない（181条1項・2項）。株主全員にとって直接影響がある内容だからである。株主は，効力発生日に，その日の前日に有する株式の数に併合割合を乗じた数の株式を保有することになる。株券発行会社の場合は，古い株券は併合の効力発生日に無効となり，会社は，新しい株式を発行する。

　なお，株式併合の手続等が法令・定款に違反し，株主が不利益を受けるおそれがあるときは，株主は会社に対して当該株式併合の差止を請求することができる（182条の3）。株式併合の差止請求は，平成26年会社法で規定された。

（3）株式の分割

　株式の分割とは，既発行の株式を細分化して，一定の割合で一律に多い数の株式にすることである（183条）。例えば，1株を3株に分割する。株式を分割したとしても，発行済株式総数は増加するものの（1株を3株の分割であれば，発行済株式総数も3倍となる），既存株主に新たな出資を求めるわけではない。したがって，会社財産が変更することにはならない。

　株式分割を行う会社側の目的は，1株当たりの株価が高額になりすぎ，個人株主が購入することが困難になった場合に，株式分割によって株価を下げ，株式を購入しやすくすることによって，その流動性を高めることが目的となる。1株当たり100万円の株価の株式を2株に分割すれば，1株当たり50万円となる。

　会社が株式分割を行おうとする場合，取締役会設置会社では取締役会，それ以外の会社では株主総会の普通決議により，基準日や効力発生日を定める（183条2項）。株式併合と比較して，取締役会での承認・決議で足り，非取締役会設置会社でも，株主総会の特別決議ではなく普通決議とその手続のハードルを高く設定していないのは，株式併合の場合と異なり，既存株主に直接的な不利益を生じないからである。株式分割によって，株主に経済的支出はない上，公開会社の場合は株式市場における需給関係が緩み，一時的に株価の下押し要因

ともなるかもしれないが，個人株主が購入しやすくなるということは，長い目でみれば株価の上昇要因になるからである。

会社は，株式の分割の基準日の２週間前までに株主への通知又は公告しなければならない（183条２項１号）。株式分割によって増加した株式は，全て既存株主に割り当てられる。

なお，会社分割では，分割比率の限度で，株主総会の特別決議を経ずに発行可能株式総数を増加させることが可能である（184条２項）。

（4）株式の無償割当

株式の無償割当とは，会社が株主に対し，保有株式数に応じて当該会社の株式を無償で交付することであり，平成17年会社法で新たに導入された制度である（185条）。株式無償割当は，株式の分割と経済的意義は同じである。すなわち，１株につき１株の無償割当と１株を２株にする株式分割とは全く同じである。一方，株式分割との相違点は，株式無償割当の場合は，発行済株式とは異なる種類の株式を割り当てることも可能であること，自己株式は割当てを受けないことが特徴である（186条２項）。実務上は，前者の意味が大きく，例えば，普通株式を保有している株主に，１株につき１株の取得条項付株式を割り当てることが可能となる。すると，将来，一定の事由が生じた場合に，株主ではなく会社側が取得権を有する株式であるため，会社としては，敵対的買収者が株式を買い増しているときに取得権を行使すれば，相手方の持株比率を押さえることができるなど，会社にとって使い勝手が良い株式を割り当てることができる。

【2-4．図表1】　株式分割と株式無償割当の比較

	株式分割	株式無償割当
①保有株式の数	増加	増加
②自己株式交付可否	可能	不可能
③種類株式の扱い	扱えない	割当可能
④基準日設定	必須	任意
⑤手続	・取締役会又は株主総会	・取締役会又は株主総会 ・定款で別段の定め可能

　株式無償割当の手続は，株式分割と同様に，取締役会設置会社では取締役会，それ以外の会社では株主総会の普通決議により割当株式数・種類や効力発生日を定める。もっとも，株式分割と異なり，定款で代表取締役が決定するなどの別段の定めも可能である（186条3項）。

3．単元株制度

（1）定　　義

　単元株制度とは，会社が定款により，一定数の株数を1単元とし，単元株主には完全な権利を認め，単元未満の株主には，配当等の自益権など限定された権利のみ認めることができる制度のことである。例えば，1,000株を1単元とすれば，1単元株について，1個の議決権が認められる。

　単元株制度を採用する場合には，定款において，1単元の株数を定める必要がある（188条1項）。その際，1単元の株数は，1,000株及び発行済株式総数の200分の1を超えてはならない（188条2項，会施規34条）。また，1単元を1,000株と定めれば，1,000株未満の株式を保有している株主は，単元未満株保有者となる。なお，種類株式発行会社では，1単元の株式数は種類ごとに定める（188条3項）。

　1単元の上限株式数を1,000株としているのは，単元株数を無制限に増やすと，株主としての権利行使が制限される株主が増加することから，一定の上限を設けている。

（2）制度の目的と単元未満株主の権利

　単元未満株主には議決権がないので（189条1項），会社は株主総会の招集通知を発しなくてよいため，費用の節約が可能となる。

　単元株制度と株式併合は一見すると類似の制度のように見える。しかし，株式の併合では，株主の中には株主からの離脱を余儀なくされ，剰余金の配当を受けられないなどの実害が生じるのに対して，単元未満株主の場合は，株主総会での議決権や議決権を前提にした株主提案権はなくなるが，配当請求権などの権利は維持される。もっとも，単元未満株主に対して，その権利を定款で制限することができる（189条2項）ために，実務上は，多くの会社が株主代表訴訟を提起できないなどの制限条項を設けている。一方，定款によっても排除不可能な事項として，残余財産分配請求権や配当請求権等がある（189条2項各号）。

また，株券発行会社の場合，単元未満株の株券については，定款で定めれば株券不発行も可能である（189条3項）。

（3）単元未満株主の投下資本回収方法

　単元未満株の譲渡は，株主の権利が制限されており株式の譲渡が困難なために，単元未満株主は，会社に対して株式買取請求ができる（192条）。株式買取価格は，株式に市場価格が存在するときは，その価格を基準とし，市場価格が存在しない場合は当事者間の協議による（193条1項1号・2号）。協議が不成立の場合は，裁判所が決定することとなる（193条2項）。

　他方，会社が定款に定めれば，単元未満株主は会社に対し，自己の保有株式と併せて単元株になるために必要なだけの株式売渡請求が可能である（194条）。会社が自己株式を有している場合，単元未満株主は，会社に請求することにより単元株保有者となることができるわけである。

　例えば，1単元1,000株の単元株制度を導入している会社の従業員が会社を退職する場合を考えてみる。退職する際に社内持株制度によって自社の株式1,800株を保有している場合，会社に対して800株の株式買取請求をして1単元株保有の株主となるか，200株の株式売渡請求をすることによって2,000株とし，2単元株の株主となるか選択できる。

●事例問題6

　甲会社は，1,000株を1単元株としている。この度，一般株主対策として，株価を手頃な価格とすることを目的として，1株を2株に株式分割することを取締役会で決議した。すると，甲会社の単元株数は，分割割合に応じて，2,000株が1単元株となるのであろうか。

○考える際のポイント
　①　単元株制度の手続
　②　単元株数の上限

○関連条文
　188条，191条，466条

○解答骨子例
　甲会社は，単元株制度を採用しており，単元株数は1,000株単位である。株式1

株を2株に株式分割することは，株主に不利益を及ぼさないことから取締役会決議の手続で可能であるが，単元株式数を変更するときは，定款変更を行わなければならない。定款変更を行うときには，株主総会の特別決議が必要であるが，株式の分割と同時に単元株数を増加し，又は単元株数についての定款の定めを設けるものであるときは，例外的に株主総会の決議は不要である。したがって，株式分割の取締役会決議によって，自動的に単元株数が2倍にすることは可能である。

　もっとも，単元株の上限は1,000株であることから，甲会社は1単元を2,000株とすることはできない。

●重要関連裁判例
- 名義書換の失念と株式分割（最判平成19年3月8日民集61巻2号479頁）
　……百選16事件

第3編 計 算

第1章◆会計の原則と会計帳簿

●本章の目的

① 会計の基本原則が定められている趣旨を理解する。

② 会計の原則を踏まえて，計算書類等や会計帳簿に対する株主の閲覧・謄写請求権について理解する。

●キーワード

会計原則，企業会計の慣行，会計帳簿

1. 概　要

（1）会社法における規制の目的

　株主や債権者は，自ら関係する会社の経営に日常的に関与しているわけではない（所有と経営の制度的分離）。一方で，株主や取引先としてあり続けるか否かの選択は常に意識せざるを得ない。そこで，会社としては，株主や債権者に対して，一定の情報を定期的に提供することが重要となってくる。例えば，各事業年度で会社の売上や損益状況，事業年度末の財務状況などの会計関連，会社の現況や今後の事業活動等である。事業年度とは，企業活動を行い，その結果，利益を計算するための一定の期間であり，わが国の多くの企業は，4月1日を起点として翌年の3月31日としている（諸外国では，1月1日から12月31日としているのが通例）。事業年度末が終了した後に，法で定められた方法によって計算書類等の内容が公開される手続としての決算が行われ，その結果，株主に配当することができる剰余金が決まり，剰余金の中から当該事業年度の配当額を会社から株主総会の議案として提案し，承認・決議を受ける。株主は，剰余金の分配としての配当を受ける権利以外にも，株主総会で役員に質問をしたり，役員の選任や重要事項に対して議決権を行使する権利もある。

　他方で，会社の剰余金を過剰に株主に分配すると，債権者にとっては，会社から債務の弁済を受けることが困難になる可能性がある。したがって，会社法では，株主と債権者との利害調整の視点から，剰余金の分配規制も定めている。

（2）会社法以外の規制

　会社法以外でも，企業会計に関して規定しているものがある。有価証券報告書を提出するいわゆる上場会社では，金融商品取引法（以前の証券取引法）の規制を受ける。金融商品取引法の目的は，投資者が投資を判断するために必要な情報提供をすることを通じて，投資家を保護することである。このために，開示のルールや公開買付，内部統制報告書等について詳細な規定が設けられており，これらの規定に違反すると罰則がある事前規制の法律である。

　一方，法人税をはじめとした企業が支払うべき税金について規定している法人税法等も存在する。

2．会計原則

　会社の会計は，包括的に「一般に公正妥当と認められる企業会計の慣行に従う」（431条）と規定されている。企業会計の慣行とは，主に，企業会計基準委員会（公益財団法人財務会計基準機構管轄）が定めた会計基準や運用上の指針などを指している（会社の会計処理方法が「公正な会計慣行」や「継続性の原則」に問題があるとして争われた事案として，大阪地判平成15年10月15日金判1178号19頁，東京地判平成17年9月21日判タ1205号221頁，最判平成20年7月18日判時2019号10頁，大阪地判平成24年9月28日判時2169号104頁等）。

　会社法上は，会社法施行規則と会社計算規則の法務省令に，計算関係書類や会計帳簿等についての詳細な規定がある。

★トピックス　企業会計審議会と企業会計基準委員会

　企業会計審議会は金融庁の諮問機関であり，企業会計基準委員会は民間団体である財務会計基準機構の下部組織である。従来は，企業会計審議会において企業の会計基準の詳細について審議され示されていたが，民間企業の会計基準の制定にあたっては，民間団体が行うべきとの意見が高まってきたことを受けて，現在は，企業会計基準委員会において，企業が遵守すべき公正妥当な企業会計基準や指針を定めている。

3．会計帳簿とその作成・保存義務

　株主に提出される計算書類やその附属明細書作成のもとになるものが会計帳簿である。会計帳簿とは，具体的には，仕訳帳・元帳・補助簿である。これら会計帳簿に対しては，会社は，法務省令で定めるところにより，適時に，正確な会計帳簿を作成しなければならないと規定されている（432条1項）。その上で，会社は，毎年の事業年度終結後に，会計帳簿に基づいて損益計算書（**本編第2章2．（1）参照**）を作成する（435条2項・会計規59条1項）。また，会社は，会計帳簿の閉鎖の時から10年間，会計帳簿及びその事業に関する重要な資料を保存しなければならないという保存義務がある（432条2項）。

4．株主の会計帳簿閲覧・謄写請求権

（1）意義と会計帳簿の範囲

　株主であれば，株主総会の開催の前に，株主総会招集通知とともに送付される参考書類の一部に計算書類が含まれていて，会計に関する一定の情報を得ることができる。会計帳簿は，計算書類のもとになる書類であることから，株主にとって，会社の会計に関する情報をより詳細に把握できる意味がある。また，企業の会計不祥事に対して，株主が取締役等の責任追及の有無を判断するための事前調査としての位置づけもある。

　このために，総株主の議決権のある株式数の100分の3以上，又は発行済株式総数の100分の3以上の数の株式（定款により，100分の3の要件引き下げは可能）を有する株主は，会社の営業時間内は，いつでも，会計帳簿又はこれらに関する資料の閲覧・謄写を請求することができる（433条1項）。いわゆる，株主による会計帳簿閲覧・謄写請求権である。「これらに関する資料」とは，会計帳簿の作成にあたり直接の資料となった書類を指すとされている（横浜地判平成3年4月19日判時1397号114頁）。例えば，会計帳簿に含まれない伝票，受取証，契約書等である。

　もっとも，会社の会計に関する一切の帳簿や書類も含まれるという主張もある。実務的には，会計帳簿のもととなる資料は会社によって異なることから，直接関係する資料に限定せず，会計書類に関する一切の書類も含まれるとする考えのほうが親和的である。なお，株式総数の3％以上の少数株主権としているのは，株主が興味本位で会計帳簿を閲覧・謄写する濫用的な行為を避けるために，一定以上の株式数を保有している影響力のある株主に限定しているから

である。

　また，親会社株主が，裁判所の許可を前提として，子会社の会計帳簿を閲覧・謄写を請求することも可能である（433条3項）。親会社（取締役）が子会社を利用して会計不祥事を行う可能性も否定できないからである。

（2）請求理由と拒絶

　株主が会計帳簿の閲覧・謄写請求を行う際には，その理由を明示しなければならない（433条1項後段）。会社として，株主の閲覧・謄写の請求に対して，応じるか否かを判断するためには，ある程度具体的に記載される必要がある。もっとも，理由を基礎づける客観的な事実の立証までは不要とされている（最判平成16年7月1日民集58巻5号1214頁）。

　他方，会社が株主の会計帳簿閲覧・謄写請求権の行使に応じることによって，製品の仕入原価や商品の利益率等の会社の営業上の秘密が漏洩するリスクを伴う。そこで，株主が不正な目的による請求，株主共同の利益を害する目的による請求，実質的に競合関係にある事業者による請求等に該当する場合には，会社は拒否することができる（433条2項各号）。言い換えれば，会社としては，433条2項各号に該当することを証明しない限りは，株主の請求を拒絶できないこととなる。もっとも，競合関係にある事業者からの請求拒絶については，判例では，会社は実質的に競争関係にあるという客観的事実が認められれば足り，請求株主が会計帳簿の閲覧・謄写によって知り得る情報を自己の競業に利用するという主観的意図があることまで要しないとしている（最決平成21年1月15日民集63巻1号1頁）。

●事例問題1

　甲会社は，ゲームソフトの開発・販売を業としており，ゲームソフト業界で急成長してきた会社である。乙会社は，甲会社の子会社であり，甲会社に対して，ゲームソフトの心臓部にあたる部品を供給している。

　丙会社は，ゲームソフトの販売のみを行ってきたが，今後，開発にも乗り出そうと考えている。丙会社は，甲会社が会社設立を行った際に，甲会社の代表取締役Aより依頼された5％の株式を引き受けており，その後保有している。

　乙会社は，従業員の不祥事の横領に関して粉飾決算をしているのではないかと

業界内で噂された。そこで，丙会社は乙会社の会計帳簿の閲覧・謄写請求を行ったが拒否されたので，東京地方裁判所に会計帳簿の閲覧・謄写の許可決定の申立てを行った。丙会社の請求は，認められるか。

○考える際のポイント

① 甲会社の株主である丙会社は，甲会社の子会社の丙会社の会計帳簿閲覧・謄写請求権はあるか。あるとしたら，その要件は何か。

② 乙会社が拒否できる事由は何があるか。

○関連条文

433条

○参考裁判例

最決平成21年 1 月15日民集63巻 1 号 1 頁

○解答骨子例

　株主は，当該会社及びその子会社の会計帳簿の閲覧・謄写請求権がある。もっとも，会計帳簿は，会社の営業機密に関する情報が含まれ，また会社の財務状況もわかることから，濫用的な閲覧・謄写請求権を制限するために，総株主の議決権又は発行済株式総数の 3 ％以上の少数株主権としている。その上で，会社は機密漏えいの防止の観点から，競業者や株主共同の利益に反する場合など一定の要件では会社は拒絶することができる。

　本件では，丙会社は，将来，ゲームソフトの製造の点で甲会社グループと競合関係に当たることから，丙会社による乙会社の会計帳簿閲覧・謄写請求は認められない。

● 重要関連裁判例

• 公正な会計慣行と取締役の責任（最判平成20年 7 月18日判時2019号10頁）
　……百選70事件

• 帳簿閲覧請求の要件（最判平成16年 7 月 1 日民集58巻 5 号1214頁）
　……百選77事件

• 帳簿閲覧請求の拒絶事由（最決平成21年 1 月15日民集63巻 1 号 1 頁）
　……百選78事件

第２章◆計算書類と事業報告

●本章の目的

① 計算書類の種類と内容の概要を説明できる。

② 事業報告とは何か説明できる。

●キーワード

計算書類，連結計算書類，事業報告，資本金

１．計算書類の概説

会社は，事業年度ごとに，計算書類や事業報告及びこれらの附属明細書を作成しなければならない（435条２項）。計算書類とは，貸借対照表，損益計算書，株主資本等変動計算書，個別注記表の４つである（435条２項，会算規59条１項）。なお，計算関係書類という文言は，計算書類とその附属明細書に加えて，連結計算書類も含む言葉である。

会社は，事業年度末が過ぎると，計算書類等の作成準備に取り掛かる。計算書類の場合は，経理・財務部門が計算書類を作成した後，監査役設置会社であれば監査役が監査を行い（436条１項），会計監査人設置会社であれば，会計監査人が監査を行った後（436条２項１号），監査役が会計監査人の監査の相当性を監査する。具体的には，会計監査人が会計監査報告を作成し監査役に通知する。その上で，監査役が監査役（会）監査報告を作成した後に，取締役会で計算書類等を承認（436条３項）し，株主総会の招集通知とともに，株主総会参考書類の一部として，株主に提供される（437条）。本来は，計算書類は株主総会で承認されるが，監査役会設置会社かつ会計監査人設置会社の特例として，会計監査人の無限定適正意見があり，これを不当とする監査役（会）の付記がないときは，株主総会の承認・決議は不要であり，報告で足りる（435条〜439条）。

【3-2．図表１】 計算書類の作成から株主総会までの手続の流れ

日　　　程		法定期間	設定例	内容・手続	日程関係の根拠法令
３ヶ月以内		3/31	3/31	事業年度末日・基準日	124条２項
			4/28	取締役：事業報告等の作成・提出 ①事業報告→監査役に提出	
			4/28	②計算書類→監査役と会計監査人に提出	
	４週間経過＊				

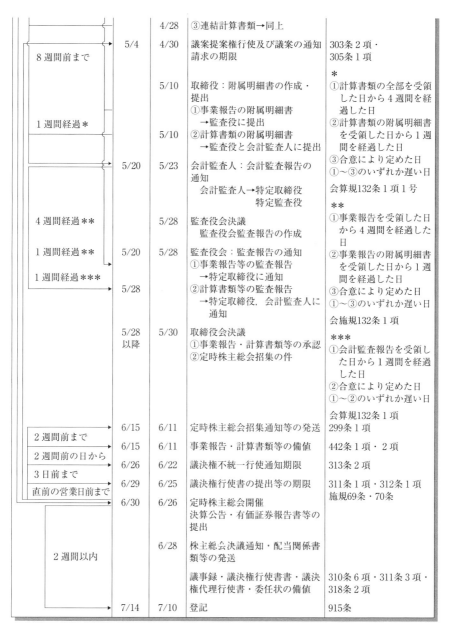

		4/28	③連結計算書類→同上	
8週間前まで	5/4	4/30	議案提案権行使及び議案の通知請求の期限	303条2項・305条1項
		5/10	取締役：附属明細書の作成・提出 ①事業報告の附属明細書 →監査役に提出	＊ ①計算書類の全部を受領した日から4週間を経過した日 ②計算書類の附属明細書を受領した日から1週間を経過した日 ③合意により定めた日 ①～③のいずれか遅い日
1週間経過＊		5/10	②計算書類の附属明細書 →監査役と会計監査人に提出	
	5/20	5/23	会計監査人：会計監査報告の通知 　会計監査人→特定取締役 　　　　　　　特定監査役	会算規132条1項1号 ＊＊ ①事業報告を受領した日から4週間を経過した日 ②事業報告の附属明細書を受領した日から1週間を経過した日 ③合意により定めた日 ①～③のいずれか遅い日
4週間経過＊＊		5/28	監査役会決議 　監査役会監査報告の作成	
1週間経過＊＊	5/20	5/28	監査役会：監査報告の通知 ①事業報告等の監査報告 →特定取締役に通知	会施規132条1項
1週間経過＊＊＊		5/28	②計算書類等の監査報告 →特定取締役，会計監査人に通知	＊＊＊ ①会計監査報告を受領した日から1週間を経過した日 ②合意により定めた日 ①～②のいずれか遅い日
	5/28以降	5/30	取締役会決議 ①事業報告・計算書類等の承認 ②定時株主総会招集の件	会算規132条1項
2週間前まで	6/15	6/11	定時株主総会招集通知等の発送	299条1項
2週間前の日から	6/15	6/11	事業報告・計算書類等の備置	442条1項・2項
3日前まで	6/26	6/22	議決権不統一行使通知期限	313条2項
直前の営業日前まで	6/29	6/25	議決権行使書の提出等の期限	311条1項・312条1項 施規69条・70条
	6/30	6/26	定時株主総会開催 決算公告・有価証券報告書等の提出	
		6/28	株主総会決議通知・配当関係書類等の発送	
2週間以内			議事録・議決権行使書・議決権代理行使書・委任状の備置	310条6項・311条3項・318条2項
	7/14	7/10	登記	915条

注1：3月決算会社

注2：大会社かつ公開会社（取締役会設置会社・監査役会設置会社・会計監査人設置会社）

★トピックス　会計監査人の意見表明

　会計監査人が計算書類等を監査した結果の意見表明として，会計監査報告書に記載するパターンとして，①無限定適正意見，②限定付適正意見，③不適正意見，④意見不表明の4種類がある。最後の「意見不表明」とは，会計監査人として，重要な監査手続を実施することができず，十分な監査証拠を入手できなかったことにより，計算書類等に対する意見表明ができないほどに重要と判断した場合である。会計監査報告書には，「適正に表示しているかどうかについての意見を表明しない」とした上で，その理由を記載する。

　意見不表明の場合は，会社と会計監査人との意見対立等により，十分な連携ができていない場合が多く，不適正意見の場合は，次年度以降に向けて具体的に改善につなげることができるのに対して，却って問題は深刻であるともいえる。

2．計算書類等の内容・様式

（1）計算書類の内容

a．貸借対照表

　計算書類のうち，貸借対照表は，事業年度末の一定時点での会社の財政状態を示すものである。財産状態とは，会社の資産，負債，純資産の額のことである（会算規73条1項）。貸借対照表の左側（借方）に資産の部として記載し，貸借対照表の右側（貸方）は，負債の部と純資産の部から構成されている。

　貸借対照表では会社が保有している資産について，事業年度の期末時点でどのような調達方法となっているか明示されている。したがって，資産の額の総額に対して，負債と純資産の合計額は一致するため，貸借対照表は，別名バランスシート（B/S）という。銀行からの借入れや社債の発行による資金調達が多ければ，負債の割合が大きくなり，逆に自己資本が多ければ，純資産の割合が大きくなる。もっとも，資産の額より負債の額が多くなった場合は，いわゆる債務超過の状態である。債務超過の状態では，会社の資産を全て売却しても負債を賄うことができないことから，財務状況が極めて悪い状態であり，早急に負債を減らすなどの対策をとらないと，倒産状況となる可能性が高まる。

　資産は，会社が保有する現預金や有価証券等（これらを「流動資産」という。1年以内に現金化されるものも含む），会社が所有している土地・建物等（これらを「固定資産」という），次年度以降に費用化する予定の繰延資産からなる。

　負債は，取引から生じたものや，1年以内に弁済しなければならない流動負債と，10年後に償還がくる社債などの固定負債に分けられる（会算規75条1項）。

　純資産は，主に株主資本を表すもので，資本金・資本剰余金・利益剰余金・自己株式等からなる（会算規76条1項1号・2項）。

【3-2. 図表2】　貸借対照表

貸 借 対 照 表
(令和2年3月31日現在)

(単位：千円)

資　産　の　部		負　債　の　部	
科　目	金　額	科　目	金　額
流　動　資　産	×××	流　動　負　債	×××
現 金 及 び 預 金	×××	支　　払　　手　　形	×××
金 銭 の 信 託	×××	未　　　払　　　金	×××
有 価 証 券	×××	未 払 法 人 税 等	×××
前 払 費 用	×××	未 払 消 費 税 等	×××
繰 延 税 金 資 産	×××	未　　払　　費　　用	×××
未 収 入 金	×××	預　　　り　　　金	×××
短 期 貸 付 金	×××	賞 与 引 当 金	×××
その他の流動資産	×××	その他の流動負債	×××
貸 倒 引 当 金	×××		
		固　定　負　債	×××
固　定　資　産	×××	退 職 給 付 引 当 金	×××
有形固定資産	×××	その他の固定負債	×××
建　　　　　物	×××	負　債　合　計	×××
車 両 運 搬 具	×××	純　資　産　の　部	
工具, 器具及び備品	×××	株　主　資　本	×××
土　　　　　地	×××	資　本　金	×××
		資　本　剰　余　金	×××
無形固定資産	×××	資 本 準 備 金	×××
借　地　権	×××	利　益　剰　余　金	×××
商　標　権	×××	利 益 準 備 金	×××
ソ フ ト ウ ェ ア	×××	その他利益剰余金	×××
その他の無形固定資産	×××	別 途 積 立 金	×××
		繰 越 利 益 剰 余 金	×××
投資その他の資産	×××	自　己　株　式	×××
投 資 有 価 証 券	×××	評価・換算差額等	×××
関 係 会 社 株 式	×××	その他有価証券評価差額金	×××
長 期 貸 付 金	×××	純　資　産　合　計	×××
繰 延 税 金 資 産	×××		
事 業 保 険 積 立 等	×××		
その他の投資等	×××		
貸 倒 引 当 金	×××		
資　産　合　計	×××	負債・純資産合計	×××

(注)　記載金額は，千円未満を切り捨てて表示しております。

178

b．損益計算書

　損益計算書とは，一事業年度における会社の経営成績を明らかにする計算書類のことである。企業が当該事業年度に計上した売上高を示すとともに，その売上を計上するための費用の内訳を明示している。費用には，売上原価，販売費及び一般管理費がある。売上高からこれら費用を差し引いた結果が営業利益であり，営業利益に営業外損益（受取利息や支払利息など）を加減すれば，一事業年度の経常利益となる。更に，臨時に発生した特別損益（固定資産の売却益や減損処理等）を加えた結果が税引前当期純利益となり，企業が支払う法人税等を差し引いたものが当期純利益となる。したがって，損益計算書を見ると，事業年度における損益結果がわかるだけでなく，増収によるものなのかコスト削減の影響が大きかったのかなど，損益の要因もわかる。

　なお，当期純利益を上げると，貸借対照表のその他利益剰余金が増加する。

c．株主資本等変動計算書及び個別注記表

　株主資本等変動計算書は，当該事業年度における純資産の変動を示す計算書類のことである（会算規96条）。貸借対照表が事業年度末時点の資産・負債・純資産の状況を示しているのに対して，株主資本等変動計算書は，損益計算書のように，一事業年度における変化を表している点が特徴である。貸借対照表の純資産の勘定科目について，当期首残高・当期変動額・当期末残高をその変動理由を含めて表示する。

　個別注記表は，会社の財産・損益の状態を正確に判断するために必要な注記を記載している計算書類である（会算規97条〜116条）。個別の注記に加えて，継続企業としての前提や，重要な会計方針の変更事項があれば，その記載も行う。

（2）事業報告・附属明細書

　事業報告は，当該事業年度における会社の状況や現況を記載する書類である（会施規117条〜126条）。全ての会社は，会社の状況に関する重要な事項の記載が義務づけられているが，その他に内部統制システムや買収防衛策，親子会社間取引等該当事項がある場合に記載する事項，公開会社であれば必須の記載事項（会社役員や主要な事業内容等），会計監査人設置会社が記載しなければならない事項（会計監査人の氏名又は名称等）がある。事業報告によって，株主は会社の状況について概ね把握することができる。

【3-2．図表3】　損益計算書

損　益　計　算　書
(令和元年 4 月 1 日から)
(令和 2 年 3 月31日まで)

（単位：千円）

科　　目	金　　額	
売　　上　　高		×××
売　上　原　価		×××
売　上　総　利　益		×××
返品調整引当金戻入額		×××
差　引　売　上　総　利　益		×××
販売費及び一般管理費		×××
営　　業　　利　　益		×××
営　業　外　収　益		×××
受　　取　　利　　息	×××	
受　　取　　配　　当　　金	×××	
受　　取　　広　　告　　料	×××	
その他の営業外収益	×××	
営　業　外　費　用		×××
その他の営業外費用	×××	
経　　常　　利　　益		×××
特　別　利　益		×××
退職給付引当金戻入額	×××	
投資有価証券売却益	×××	
特　別　損　失		×××
固　定　資　産　除　却　損	×××	
固　定　資　産　売　却　損	×××	
税　引　前　当　期　純　利　益		×××
法人税，住民税及び事業税		×××
法　人　税　等　調　整　額		×××
当　　期　　純　　利　　益		×××

（注）　記載金額は，千円未満を切り捨てて表示しております。

【3-2. 図表4】 株主資本等変動計算書

株主資本等変動計算書
(令和元年4月1日から)
(令和2年3月31日まで)

(単位：千円)

	株 主 資 本			
	資本金	資本剰余金		
		資本準備金	その他資本剰余金	資本剰余金合計
当期首残高	×× ×	×× ×	×× ×	×× ×
当期変動額				
剰 余 金 の 配 当				
当 期 純 利 益				
分 割 型 の 会 社 分 割 　に よ る 減 少				
株主資本以外の項目の 　当 期 変 動 額(純額)				
当期変動額合計	―	―		―
当期末残高	×× ×	×× ×	×× ×	×× ×

	株 主 資 本			
	利 益 剰 余 金			
	利益準備金	その他利益剰余金		利益剰余金合計
		別途積立金	繰越利益剰余金	
当期首残高	×× ×	×× ×	×× ×	×× ×
当期変動額				
剰 余 金 の 配 当			△×× ×	△×× ×
当 期 純 利 益			×× ×	×× ×
分 割 型 の 会 社 分 割 　に よ る 減 少			△×× ×	△×× ×
株主資本以外の項目の 　当 期 変 動 額(純額)				
当期変動額合計	―	―	△×× ×	△×× ×
当期末残高	×× ×	×× ×	×× ×	×× ×

	株主資本		評価・換算差額等		純資産合計
	自己株式	株主資本合計	その他 有価証券 評価差額金	評価・換算 差額等合計	
当期首残高	×× ×	×× ×	×× ×	×× ×	×× ×
当期変動額					
剰余金の配当		△×× ×			△×× ×
当 期 純 利 益		×× ×			×× ×
分 割 型 の 会 社 分 割 　に よ る 減 少		△×× ×			△×× ×
株主資本以外の項目の 　当 期 変 動 額(純額)			△×× ×	△×× ×	△×× ×
当期変動額合計	―	△×× ×	△×× ×	△×× ×	△×× ×
当期末残高	△×× ×	×× ×	×× ×	×× ×	×× ×

(注) 記載金額は，千円未満を切り捨てて表示しております。

　附属明細書は，計算書類・事業報告の記載内容に関して補足する事項を示すものである（会施規128条，会算規117条）。株主総会の招集通知を株主に事前送付する際に，事業報告や計算書類は参考書類として添付されるが，附属明細書は分量も多くなることから添付をしなくても良い。

【3-2．図表5】　事業報告の記載事項と適用対象会社

①は，全ての会社に適用
②～⑤は，該当する会社に適用
⑥～⑩は，公開会社に適用
⑪は，会計監査人設置会社に適用

①会社の状況に関する重要な事項（会施規118条1号）◀全ての会社に適用

②内部統制システムの決議又は決定がある場合はその内容の概要と運用状況の概要（同118条2号）

③買取防衛策の基本方針を定めている場合はその内容の概要（同118条3号）　◀該当する会社に適用

④特定完全子会社の内容（同118条4号）

⑤親子会社間取引に関する事項（同118条5号）

⑥会社の現況に関する事項（同119条1号，120条）

⑦会社役員に関する事項（同119条2号，121条）
・役員との責任限定契約（同121条3号）
・指名委員会等設置会社や監査等委員会設置会社である場合，常勤監査（等）委員の設置の有無とその理由（同121条10号）等　◀公開会社に適用

⑧会社の株式に関する事項（同119条3号，122条）

⑨新株予約権等に関する事項（同119条4号，123条）

⑩社外役員の特則（同124条）
・社外取締役を置くことが相当でない理由（同124条2項）等

⑪会計監査人設置会社の特則（同126条）◀会計監査人設置会社に適用

3．計算書類等の監査と取締役会の承認

（1）監　　査

　財務・経理部門が作成した計算書類並びに総務部門等が作成した事業報告及びこれらの附属明細書は，経営執行部門から法的に独立している監査役又は，監査（等）委員（以下，本章ではまとめて「監査役」とする）の監査を受ける必要がある（436条1項）。更に，会計監査人設置会社では，会計監査人が計算書類とその附属明細書をまず監査し，会計監査報告を作成し監査役に通知した上で，監査役が会計監査人の監査の相当性を判断する。すなわち，会計監査人を置いていない会社では，計算書類が会社の会計状況を適正に表示しているか監査役が直接監査するのに対して，会計監査人設置会社では，職業的会計専門家である会計監査人が一次的に監査し，その上で，監査役が会計監査人の監査が適切に実施されていたか判断する。

　最終的には，会計監査人は，会計監査報告を作成した上で，取締役と監査役に提出し，監査役は，監査役監査報告に会計監査事項も記載する。

　なお，会計監査人は事業報告及びその附属明細書については監査しない。

（2）取締役会の承認

　取締役会設置会社では，事業報告，計算書類及びこれらの附属明細書は，取締役会の承認を受ける必要がある（436条3項）。連結計算書類も同様である（444条5項）。監査役監査報告は，法的に独立した監査役が作成したものであるので，取締役会の承認を受ける必要はない。

（3）株主等への提供から定時株主総会対応・公告

　取締役会設置会社では，計算書類・事業報告・監査役（会）監査報告・会計監査報告は，定時株主総会の招集通知と同時に，参考書類として株主に提供される（437条）。なお，事業報告と会計監査報告及びこれらの附属明細書は，取締役会設置会社では，定時株主総会の日の2週間前から，取締役会非設置会社では，1週間前から会社の本店には5年間，支店にはその写しを3年間備え置かなければならない（442条1項・2項）。事業報告や計算書類の本体は，株主に対して通知されるが，これらの附属明細書は，株主総会の参考書類として添付されないために，株主や債権者が営業時間内にいつでも閲覧・謄写することができる（442条3項・4項）。

　取締役は，事業報告や計算書類を定時株主総会に提出した上で，計算書類は株主の承認を，事業報告はその内容を株主に報告する必要がある（438条）。

　もっとも，会計監査人設置会社においては，計算書類が法令及び定款に従い会社の財産及び損益の状況を正しく表示しているものとして，会計監査人が無限定適正意見を表明し，かつ会計監査人の監査の方法・結果が相当であるとした監査役の意見があれば，定時株主総会において承認を受ける必要はなく，報告で足りる（439条）。

　会社は，定時株主総会の終了後，遅滞なく，貸借対照表（大会社は損益計算書も）を公告しなければならない（440条1項）。公告方法は，官報又は日刊新聞紙とする場合は，貸借対照表の要旨で足り（440条2項），またウェブ開示でも可能である（440条3項）。もっとも，ウェブ開示の場合には，アクセス方法が通知されるとともに（会計規133条5項，134条5項），アドレスは登記事項となる（911条3項26号，会算規220条）。なお，金融商品取引法上の有価証券報告書提出会社は，内容が重複するために，公告は免除される（440条4項）。

4．連結計算書類
（1）内　　容
　連結計算書類とは，企業集団における財産及び損益の状況を示す計算書類のことであり，企業集団の親会社が作成する。具体的には，連結貸借対照表・連結損益計算書・連結株主資本等変動計算書・連結注記表が該当する（444条1項，会算規61条）。

　大会社かつ金商法上の有価証券報告提出会社は，事業年度末日において，連結計算書類を作成しなければならない（444条3項）。

（2）株主総会での扱い
　連結計算書類の作成の後は，監査役（会）及び会計監査人の監査を経て，取締役会で承認された上で，定時株主総会の招集通知時に株主に提供され，株主総会当日に報告される（444条4項〜7項）。

第3章◆剰余金と分配規制

●本章の目的

① 資本金と準備金の懸念とその意義について理解するとともに，各々の額の増減についての手続きについて説明できる。

② 剰余金の分配の理解と分配可能額について，基礎的な理解ができる。

③ 分配可能額を超過した剰余金の配当の効力と役員等の責任について説明できる。

●キーワード

資本金，準備金，分配可能額，剰余金

1．資本金と準備金

（1）資本金制度とその意義

剰余金の配当は，資産が，負債に加えて資本金と準備金の合計額を超えることが原則である。言い換えると，純資産額から資本金と準備金を控除した額が分配可能額と考えることが基本となる（実際の分配可能額の算定は複雑である）。株主有限責任の中，会社債権者にとっては，資本金と準備金は財産的基礎となるべきものであり，過度な分配によって会社が倒産する事態となれば，債権の回収に支障を来すことになるために，会社が維持すべき資産額を負債額よりも多く積み立てておく規定としている。もっとも，資本金と準備金は，会社に現金が存在しているのではなく，あくまで計算上の数字である。

資本金は，会社の設立又は給付した財産の額であるが（445条1項），その2分の1までの額は資本金としないことも可能である（445条2項）。資本金として計上しないとした額は，資本準備金として計上する（445条3項）。

資本に関する原則としては，①資本金と準備金の額に相当する財産が出資者から確実に支払われる「資本充実の原則」，②資本金と準備金の額に相当する財産が維持される「資本維持の原則」，③資本金と準備金の額を会社が自由に減少することができない「資本不変の原則」があるが，会社法のもとでは，財務情報の開示強化と同時に，資本充実に関する原則を緩和した。具体的には，平成17年改正前商法では，株式会社においては，最低資本金制度として1,000万円以上の資本金を必要としていたが，会社法のもとでは，この最低資本金制度を撤廃している。

（2）準　備　金

準備金とは，資本準備金と利益準備金を指す。準備金は，剰余金の配当規制として意味を持つ。すなわち，会社が配当を行う場合，準備金の合計額が資本金の額の4分の1に達するまで，配当により減少する剰余金の額の10分の1を資本準備金又は利益準備金として積み立てなければならないと規定されている（445条4項）。

資本金や準備金は，会社の資産の額から負債の額を控除した純資産の額を構成することから，資本金や準備金の合計額が大きいほど，会社の債権者を保護する度合が大きくなる。したがって，資本金及び準備金の額は，登記と貸借対照表により公示されること（911条3項5号）により，債権者が当該会社との取引等を行う際の判断材料の一つとなっている。

（3）資本金・準備金の減少及び増加

株主有限責任の原則のもとでは，資本金・準備金は債権者保護のために重要な役割を果たしているために，会社法では，資本金・準備金の額の変更については，債権者保護のための手続を規定している。

a．資本金・準備金の減少

資本金・準備金の減少の手続には，株主総会における決議が必要である。すなわち，会社が資本金の額を減少する場合には，株主総会の特別決議によって，①減少する資本金の額，②減少する資本金の額の全部又は一部を準備金とするときは，その旨及び準備金とする額，③資本金の額の減少がその効力を生ずる日，を定めなければならない（447条1項，309条2項9号）。もっとも，上記の①ないし③と，定時株主総会の日において，減少する資本の額が，分配可能額がマイナス状況である欠損の額を超えない場合には，普通決議でよい（309条2項9号括弧書）。この場合の資本金の額の減少は，欠損のてん補目的であり，新たな分配可能額を生じさせないからである。また，資本金の減少と同時に資本金の額以上の新株発行を行う場合に，取締役（会）決議によって資本金の額を減少することが可能である（477条3項）。資本金の額の減少の効力発生日は，原則は，株主総会が定めた日である（449条6項1号）。債権者異議手続（**本章1．（3）b参照**）が終了していないときは，その終了時点である（449条6項）。

また，準備金の減少の場合も，資本金の額の減少の場合と同様に，株主総会の決議によって，①減少する準備金の額，②減少する準備金の額の全部又は一

部を資本金とするときは，その旨及び資本金とする額，③準備金の額の減少が
その効力を生ずる日，を定める必要がある（448条1項）。資本金の額の減少と
異なり，株主総会の普通決議である。準備金の額の減少の方が資本金の額の減
少よりも全て普通決議で済むことから，実務上は，欠損てん補を行う場合には，
準備金の減少を優先させるのが通例である。また，準備金の減少と同時に準備
金の額以上の新株を発行する場合に，取締役（会）決議によって準備金の額を
減少することが可能（448条3項）である点は，資本金の額の減少の場合と同様
である。

b．債権者異議手続

　資本金又は準備金が減少する場合には，会社債権者はそれらの減少について，
異議を述べることが可能である（449条本文）。もっとも，資本金のみの減少で，
定時株主総会で決議し，かつ減少額がマイナスの分配可能額を超えない場合は
異議を述べることはできない（449条1項）。

　債権者が異議を述べることができる場合には，会社は，資本金の額の減少の
内容，債権者が1ヶ月以上の一定の期間内に異議を述べることができる旨等，
一定事項を公告する必要がある（449条2項）。また，上記期間内に債権者が異
議を述べなかったときは，資本金等の額の減少について承認をしたものとみな
される（449条4項）。

　他方，債権者が異議を述べたときは，会社は，当該債権者に対して弁済し，
若しくは相当の担保を提供し，又は当該債権者に弁済を受けさせることを目的
として信託会社等に相当の財産を信託しなければならない（449条5項）。

　なお，減少する準備金の額の全部を資本金とする場合，減少する準備金の額
が法務省令（会計規151条）で定められた欠損の額を超えないときに株主総会で
行われた場合（449条1項括弧書），欠損てん補目的の準備金の減少の場合（459
条1項2号）は，債権者異議手続は不要である。

c．資本金の額の減少無効の訴え

　資本金の額の減少の手続に瑕疵がある場合には，株主，取締役，清算人，監
査役，執行役，破産管財人，資本金の額の減少を承認しなかった債権者は，資
本金減少の効力発生日から6ヶ月以内に，会社に対して資本金減少無効の訴え
を提起できる（828条1項5号・2項5号）。無効判決には，対世効がある（838
条）一方で，遡及効は認められていない（839条）。

d．資本金・準備金の額の増加

　資本金・準備金の額の増加の場合には，株主総会決議が必要である。資本金・剰余金の額を増加させると，株主への配当額が減少するからである。すなわち，会社が剰余金の額を減少して，資本金の額を増加する場合には，①減少する剰余金の額，②資本金の額の増加がその効力を生ずる日，を株主総会で決議（普通決議でよい）しなければならない（450条1項）。

　また，同様に，剰余金の額が減少して，準備金の額を増加するときも，①減少する剰余金の額，②準備金の額の増加がその効力を生ずる日，を株主総会で普通決議をする必要がある（451条1項）。

　なお，株主総会決議により，剰余金の額が減少し，資本金・準備金に組み入れることは可能であるが（450条1項・2項，451条1項・2項），準備金がマイナスとなることはできない（450条3項，451条3項）。

（4）剰　余　金

　剰余金とは，分配可能額を算出するための基準となるものであり，債権者から株主に払い戻すことの承諾を得ている「その他資本剰余金」と会社の利益の額による「その他利益剰余金」とによって構成される。剰余金は，株主に配当（剰余金の配当）する以外にも，自己株式の買受け等による株主への払い戻しを資本金や準備金に振り替えることも可能である。これらを，剰余金の処分という。

【3-3．図表1】　剰余金の算定

- 剰余金＝（①＋②＋③＋④）－（⑤＋⑥＋⑦）
- ①（最終基準年度末日の資産の額＋自己株式帳簿価額）－（負債額＋資本金＋準備金＋各勘定科目の合計額）
- ②最終事業年度末日後に自己株式を処分した場合の自己株式対価－帳簿価額
- ③最終事業年度末日後に資本金額を減少した場合のその額
- ④最終事業年度末日後に準備金を減少した場合のその額
- ⑤最終事業年度末日後に自己株式を処分した場合の帳簿価額
- ⑥最終事業年度末日後に剰余金の配当をした場合の合計額
- ⑦法務省令で定める各勘定科目に計上した額の合計額

　剰余金は，事業年度末日における資産の額や負債・資本等の加重・控除した

ものに，事業年度末日後に自己株式の処分や資本金額の減少等を，同様に加重したり控除することによって算定する（【3-3．図表1】　剰余金の算定参照）。

2．剰余金の分配

（1）意　　義

　剰余金の処分として株主に配当することは，会社財産の流出を意味する。したがって，株主有限責任である株主への過剰な分配によって，債権者に対する債務の弁済が滞るようなこととなれば，債権者にとって不利益となる。このために，剰余金の分配に対する配当規制を定めることは，会社債権者と株主の利害調整としての役割を担っている。具体的には，分配可能額の上限を決める規制や取締役等の期末欠損補てん義務規定がある。

（2）剰余金の配当

　剰余金の配当の手続は，原則として，株主総会決議（現物配当の場合を除いて普通決議）で行う。株主総会決議の内容は，①配当財産の種類及び帳簿価額の総額，②株主に対する配当財産の割当てに関する事項，③剰余金の配当の効力発生日である（454条1項）。株主に事前に通知される株主総会招集通知に記載されている「期末の剰余金配当の件」の議案では，例えば①配当財産の種類は，金銭，②配当財産の割当については，普通株式1株につき10円，総額200億円，③剰余金の配当が効力を生ずる日は，平成27年6月20日，などとされる。

　実務的に実施されることは少ないが，現物配当も可能である。現物配当かつ株主に金銭分配請求権を付与しない場合は，現物の価値や損金方法等について，株主の利害に直接的に関係するために，株主総会の特別決議となる（309条2項10号）。

　剰余金の配当は，株主の自益権として重要なものであることから，株主にとって不利益とならないように株主総会で承認・決議を行うことが基本であるが，特例として，取締役会での決議も可能である。

　まず，一事業年度の途中で1回に限り，取締役会決議によって，剰余金の配当（金銭配当に限る）を可能とする旨の定款の定めができる（454条5項）。これを中間配当という。中間配当は，事業年度の中間期に実施することを意味しているわけではないが，多くの会社が中間配当を実施するときは，事業年度の中間期（3月決算会社であれば，9月末日）を基準に配当を行う旨を定款に定めて

いる。

　また，一事業年度に1回で，かつ金銭に限るという制限を除外し，配当に関する会社の自由度を高めたいと考える会社のニーズに応える規定も存在する。すなわち，会社の機関設計が会計監査人設置会社の監査役会設置会社かつ取締役の任期が1年であるか，委員会型の会社（指名委員会設置会社又は監査等委員会設置会社）の場合は，剰余金の分配に関して取締役会の権限である旨を定款に定め，かつ最終事業年度に係る計算書類が財産及び損益の状況を正しく表示していることを要件に，取締役会で剰余金の分配を承認・決議することができる（459条）。

　会社の機関設計を会計監査人設置会社等としたり，取締役任期を1年とするなど，その要件を厳しくしているのは，会社が株主からの要請に応えて，会社の内部機関である取締役会の決議によって，会社の財政状況を顧みずに安易な配当を実施することを避けるためである。

　なお，配当は，①会社の純資産額が300万円以上であること（458条），②分配可能額の限度内であること（461条），③準備金の合計額が資本金の4分の1に達するまで，配当により減少する剰余金の額の10分の1を資本準備金又は利益準備金として積み立てること，の3つの要件もある。会社の純資産額が300万円以上でなければ剰余金の配当が禁じられているのは，会社債権者にとって最低限度の引当財産を確保するためである。

★トピックス　取締役任期1年と配当政策

　取締役にとって，取締役としての地位の安定化のためには，任期は長いほうがよい。監査役設置会社の取締役の任期は2年であるから，少なくとも2年間は途中で取締役解任のための臨時株主総会でも開催しない限り，安泰のはずである。しかし，監査役設置会社の取締役の任期を敢えて1年と定款に定めている会社は極めて多い。取締役任期の短縮化と引き換えに，配当政策の自由度を高めることが可能になる等，会社戦略の柔軟性が期待できるからである。

　会社法は，会社と株主の利害を調整する側面を持っていることから，配当政策の自由度を会社に付与する代替として，会社財産に大きな影響を及ぼす配当について，株主の監視機能を強化するために，取締役の任期を1年とすることを求めているわけである。

（3）剰余金の分配規制

a．剰余金の分配規制の対象

　剰余金の分配は，分配可能額を超えることができない（461条1項）。規制の対象となる剰余金分配としては，①譲渡制限株式の買取り，②子会社からの自己株式の取得，③株主との合意による自己株式の取得，④全部取得条項付株式の取得，⑤相続人等への売渡請求に基づく自己株式の買取り，⑥所在不明株主の株式の買取り，⑦端数処理手続における自己株式の買取り，⑧剰余金の配当がある。

　剰余金の配当規制がもっとも重要であるが，自己株式の取得をはじめ，規制の対象となっている項目は全て会社資金の流出につながるものだからである。

b．分配可能額

　剰余金の分配可能額の算定は，剰余金を計算した上で，自己株式の帳簿価額を減ずる（分配可能額＝剰余金－自己株式帳簿価額。461条2項）。自己株式は資産価値がないからである。

　単純モデル化（最終事業年度末日後の変動を考慮しない）した前提で，分配可能額を計算すると下記の通りとなる（剰余金の算定は，**本章1．（4）**参照）。

【3-3．図表2】　分配可能額の計算

○前提
- 総資産額：1,000億円
- 負債総額：400億円
- 資本金：300億円
- 準備金：200億円
- 自己株式帳簿価額：100億円

○分配可能額
　剰余金＝（1,000＋100）－（400＋300＋200）＝200
　分配可能額＝200－100＝100億円

（4）違法な剰余金分配

　分配可能額がないのに剰余金の分配を行ったり，分配可能額を超えた剰余金の分配については，違法なものとされ，会社は，株主及び業務執行取締役，株主総会・取締役会に剰余金分配議案を提案した取締役，当該議案に関する取締

役会決議に賛成した取締役に対して，交付した金銭等の帳簿価額に相当する金銭の支払い請求を行うことができる（462条1項，会計規159条〜161条）。株主は，会社から請求があった場合には，会社に対して配当の金額を返済しなければならない。その際，株主は，分配可能額を超えた剰余金の分配であったことに対して，善意か悪意であったか（違法分配であったことを知らなかったか知っていたか）に関係なく，返還請求に応じなければならない（不当利得返還）。なお，業務執行取締役らにも，連帯して支払い義務を課しているのは，会社から株主への不当利得返還が困難であることが予想されるからである。もっとも，業務執行取締役らは，その職務を行うにつき注意を怠らなかったことを証明した場合は，支払義務に応じる必要はない（462条2項）。いわゆる，過失責任である。なお，総株主の同意がなければ支払義務の免除はできない（462条3項）。

　他方，債権者も株主に対して，分配可能額を超えた金銭等の帳簿価額の支払請求（債権者が持つ会社に対する債権額を超える場合は，債権額の範囲）を行うことができる（463条2項）。株主有限責任の点から，分配可能額を超えた配当により会社の財産基盤が弱体化し，結果として債務の弁済が滞る事態となれば，債権者が不利益を被ることになる。したがって，債権者も株主に対して債権額に相当する金額を請求できる規定が存在する。

　また，業務執行者らは，分配可能額を超えたことを知って受領した悪意の株主に対して，求償できる（463条1項反対解釈）。会社又は債権者が株主に支払いを求めるときは，分配可能額を超えた配当につき株主の善意・悪意を問わないのとは対照的である。

● 事例問題2

　甲会社は，総額1億円の剰余金の配当議案を第50回定時株主総会で提案し，承認・決議された後，株主に対して支払われた。しかし，配当の効力が生じた日において，甲会社の分配可能額は1,000万円であった。甲会社の株主Aは，事前に甲会社の財務部の友人から，剰余金の配当が分配可能額を超えているらしいことについて内々に情報を得ていながら，800万円の配当を受け取っていた。また，株主Bは，分配可能額を超えていたことについて知らずに100万円の配当を受け取った。

　甲会社の代表取締役Cは，剰余金の配当を維持することを優先したために，粉

飾決算によって剰余金を上乗せし，見かけ上は分配可能額の範囲内の配当として，配当議案を株主総会に提出した。甲会社の営業担当取締役Ｄは，当該配当議案が決議された取締役会で賛成の意思表示をしていたが，分配可能額を超える剰余金の配当であることは知らなかった。その後，甲会社の粉飾決算が明らかとなったことから，甲会社は，ＡないしＤに対して支払請求をすることが可能であるか。

○考える際のポイント
① 剰余金の分配可能額を超えた配当について，悪意の株主と善意の株主について，会社は支払請求をすることが可能か。
② 剰余金の分配可能額を超えた配当議案を提案した取締役と，取締役会で賛成した取締役に対して，会社は支払請求をすることは可能か。

○関連条文
461条，462条，464条

○解答骨子例
　会社は，剰余金の配当を行う場合には，交付を行う日において分配可能額を超えてはならない。分配可能額を超えて剰余金の配当を行った場合は，会社は，株主及び業務執行取締役等に対して，交付した金銭に相当する額の支払いを請求することができる。

　本件において，株主Ａ及びＢは，甲会社から財源規制に違反した金銭の交付を受けていることから，交付を受けた全額，すなわちＡは800万円，Ｂは100万円を甲会社に対して支払わなければならない。

　他方，会社に対して株主が交付を受けた金銭に相当する額を支払う義務を負う業務執行者とは，業務執行取締役，株主総会に配当議案を提出した取締役，株主総会に提出議案を取締役会で承認した取締役が該当することから，本件では，配当議案を提出したＣ及び配当議案の提出を取締役会で承認したＤは，分配可能額を超えたことを知っていたか否かにかかわらず，他の業務執行取締役と連帯して1億円を支払義務がある。もっとも，株主が支払義務を履行していれば，会社に対する支払義務の範囲は縮小する。

　なお，Ａは，剰余金の分配可能額を超えていたことに対して悪意のために，ＣやＤ等の甲会社の業務執行取締役から，Ａに対する800万円の求償の請求に応じなければならない。

（5）分配可能額を超える自己株式の買取り

　株主は，会社が自己株式を株主から取得する際に金銭を受領することができる。自己株式を取得する際に会社が株主に支払う金銭は，会社にとって資金流出を意味することから，会社による自己株式取得の際にも，分配可能額を超える自己株式の取得に対する財源規制の必要が生じてくる（461条1項1号～7号）。そして，会社に対する株主の株式買取請求に対して，株主に支払った額が分配可能額を超える場合には，株式の取得に関する業務執行者は，会社に対して連帯して超過額を支払う義務がある（464条1項）。分配可能額を超えた配当の場合と同様に，その者が注意を怠らなかったことを証明した場合には支払義務を負わないという過失責任である（464条1項）。また，総株主の同意がなければ免除が不可である点も同じである（464条2項）。

　なお，単元未満株式を保有している株主保護の観点から，当該株主から単元未満株式の買取請求があった場合には，会社は分配可能額を超えた取得が可能である。

（6）期末の欠損補てん責任

　事業年度の期末に分配可能額がマイナスとなる欠損が生じた場合，業務執行者は会社に対して，連帯してその欠損額を支払う義務があり，過失責任である（465条1項）。総株主の同意がなければ免除が不可である点は，違法配当の場合と同じである（465条2項）。

　なお，定時株主総会で決議された剰余金の配当については，業務執行者の支払い義務は生じない（465条1項10号イ）。

●重要関連裁判例
- 公正な会計慣行と取締役等の責任（最判平成20年7月18日判時2019号10頁）……百選76事件
- 帳簿閲覧請求の対象となる会計帳簿・資料の意義（横浜地判平成3年4月19日判時1397号114頁）……百選78事件（第2版）
- 帳簿閲覧請求の要件（最判平成16年7月1日民集58巻5号1214頁）……百選77事件

第4編　資金調達

第1章◆新株発行

●本章の目的

① 新株発行と社債の差異を理解した上で，株式の発行の手続の概要を理解できる。

② 新株発行の方法について，株主割当て・公募・第三者割当てがあることを理解し，その概要を説明することができる。

③ 新株の発行について，差止請求・無効の訴え・不存在確認の訴えの制度が用意されていることについて，その要件について説明することができる。

●キーワード

授権株式制度，株主割当て，第三者割当て，有利発行，新株発行の瑕疵

1．各種の資金調達手段

　会社が新たな設備投資を計画したり，海外展開をするとき，事業年度で得た利益では賄いきれない事態が生じる。このような事態に備えて，予め企業活動によって得た利益を内部留保という形で積立てを行っていれば，内部留保を取り崩して新たな資金需要に対応することが可能である。しかし，内部留保で賄いきれない場合や，内部留保による資金を取り崩すことは経営基盤を弱体化するものと考えれば，外部資金の利用が必要となる。

　外部資金の利用の典型的なものとして，銀行等の金融機関からの借入れや企業間信用を利用した取引先企業等からの借入れを行う間接金融がある。これに

【4-1．図表1】　資金調達の方法

内部資金活用：内部留保

外部資金活用：直接金融 ── 新株発行（募集株式発行）／社債発行

間接金融 ── 金融機関等からの借入れ

対して，広く一般の投資家から資金を調達する直接金融の利用方法として，株式発行と社債発行の2つの手段が存在する。そこで，本章では，株式発行による資金調達手段を解説する。

2．株式発行による資金調達

（1）募集の方法

新株発行（募集株式の発行ともいうが，以下「新株発行」と称する）は定款で定められた発行可能株式総数の範囲内で発行することができ（37条），その方法として，株主割当て，第三者割当て，公募の3種類がある。

株主割当ては，既存の株主に対して，その持株比率に応じて新株を割り当てるために，既存株主の出資比率が変わることがない。しかし，無償割当てとは異なり，会社として資金調達が目的であるために，既存株主に経済的負担を要請することになる。このため，特に，株主の数が多い場合では，株主割当てによる新株の引受けに応じることができない株主も出てくる。したがって，どちらかというと，株主割当ての方法は，既存株主の数が多くない閉鎖会社で有効な方法である。

他方，予め特定の第三者に新株を引き受けてもらう第三者割当ての方法もある。第三者割当先は，既存株主の場合も新規の株主の場合もある。いずれにしても，第三者割当ての場合は，会社が発行する新株を特定の第三者が一手に引き受けることとなるために，当該第三者以外の既存株主の出資比率は一律に低下する。また，第三者にとっても，経済的負担が大きくなるために，新株の発行価格を本来あるべき価格より安くしたりすると，株主平等原則の問題になり得る。さらに，他の会社から買収を仕掛けられ株式の買増しが行われていることに対抗して，取引先など自社に関係の深い第三者に新株引受けを要請する際には，本来は資金調達の目的であるべき新株発行が，買収防衛が目的となるために，新株発行に際して安価でも引き受けてもらいたいという経営者の経営維持の手段として使われる可能性も否定できない。本来あるべき価格より著しく安価な新株発行を行うと，「有利発行」として扱われ，取締役は株主総会で有利発行とする理由を説明しなければならない（199条3項）。

既存株主や特定の第三者に限定せずに，不特定多数の広く一般から新株引受けを募る公募による方法もある。公募の場合は，既存株主のみならず投資家も広く応募できることから，最もオープンな方法である。もっとも，会社として

の事務作業は多くなること，新株発行価格については，高額過ぎては引受者が少なくなるリスクがあり，一方で安価過ぎては必要な資金調達を確保するためには多くの新株を発行する必要が生じ，株式市場の需給関係に影響を及ぼすことのデメリットもある。通常，公募の場合は，時価発行として，証券市場での売買価格近辺（若干下回る価格が通例）で発行する。

（2）株式発行規制の必要性

　新株発行について，一定の法規制が必要な理由としては，債権者との関係では，出資された金銭等が確実に会社の財産となるようにするためであり，新旧の株主間では，株主平等原則の観点から問題がないようにする必要がある。

　他方，会社にとっては機動的な資金調達の必要性もあるから，取締役会への授権とあわせて債権者や株主にも配慮した規定がある。

（3）授権株式制度

　授権株式制度とは，会社が定款で定めた発行可能株式総数の範囲内で，公開会社かつ取締役会設置会社が取締役会決議によって，適宜株式を発行することを認める制度であり，授権資本制度ともいう。授権株式制度は，業務執行行為として株式市場の状況等に応じた機動的な株式発行を通じて資金調達を行うことである。その際に，新株発行により既存株主が被る持株比率の一定以上の希釈化を防止することが考慮される。

　まず，会社設立時には，定款に会社が発行できる発行可能株式総数を定めた上で，授権株式数の少なくとも4分の1は株式を発行する必要がある（37条3項）。会社設立後は，発行可能株式総数から発行済株式数を減じた範囲内で，会社は新株発行を行うことができる。仮に定款の変更による既存の授権株式数を増加させる場合には，発行済株式総数の4倍が限度とされる（113条3項）。以上を数字で示せば，会社設立時に定款で定めた発行可能株式総数が2,000株とすれば，少なくとも500株以上を設立時に発行する必要がある。すると，会社設立後は，取締役会で1,500株（2,000株－500株）を限度に新株を発行することができる。また，発行可能株式総数を増加させたいときには，700株が発行済株式数であれば，2,800株を限度とする定款変更ということとなる。このように発行可能株式総数と発行済株式数に制限を設けているのは，公開会社では新株発行の決定が取締役会に授権されているために，株主の不利益について，

198

株主の監視が及ばないからである。

　他方，譲渡制限株式会社では，新株発行の決定が株主総会の特別決議であることから，発行可能株式総数に関して，発行済株式数の4倍が限度という上記のような制限はない（37条3項但書，113条3項但書）。

3．通常の新株発行

（1）募集事項の決定と公示

　会社が新株を発行する際には，募集事項の決定をしなければならない。手続としては，株主総会の特別決議が原則である（199条2項，309条2項5号）。公開会社の場合は，取締役会決議によって募集事項の決定が可能である（201条1項）。もっとも，譲渡制限会社においても，株主総会の特別決議により，募集株式の上限と払込金額の下限を定めていれば，募集事項の決定を取締役（会）に委任することは可能である（200条1項，309条2項5号）。その際，募集決定の取締役（会）への委任（授権）決議の有効期間は1年間と定められている（200条3項）。

　募集事項の内容としては，①募集株式の数（199条1項1号），②募集株式の払込金額又は算定方法（同2号），③現物出資の場合はその旨並びに出資する財産の内容・価額（同3号），④募集株式と引換えにする金銭の払込み又は財産の給付の期日又はその期間（同4号），⑤増加する資本金及び資本準備金に関する事項（同5号）である。

　払込金額の公正性を確保し既存株主の利益を害しないために，決定する払込金額は公正である必要がある（201条2項）。したがって，株式に株式市場での時価が存在する場合は，その市場価格の近辺が算定の有力根拠となる。

　以上に加えて，公開会社の特則として募集事項の公示がある。すなわち，会社は，払込期日又は払込期間初日の2週間前までに募集事項を株主に通知しなければならない（201条3項）。募集事項の通知・公告は，株主に対して，新株発行の差止請求（210条）の機会を保障するためである。株主数が多い会社もあるので，個別通知に代替して，会社HP，日刊新聞紙，官報のどれかによる公告でも可能である（201条4項）。譲渡制限会社の場合は，株主総会の決議事項であるため，株主総会の招集通知に一定事項が開示されているし，株主総会で質問をする機会が保障されていることから株主に対する通知・公告は必要ない（202条5項）。

　株主に株式割当ての権利を与える場合は，公開会社は取締役会決議，譲渡制限会社では，株主総会決議が原則である。もっとも，株主割当ての場合は株主平等原則が保たれるために，譲渡制限会社でも，募集事項や株主割当てに関する事項を定款で取締役（会）と定めることも可能である（202条3項）。

（2）募集株式の申込みと割当て

　募集株式の引受けの申込みをしようとする者に対して，①会社の商号，②募集事項，③金銭の申込みをすべきときは払込取扱場所，④発行可能株式総数，種類株式の内容，単元株式数などを通知しなければならない（203条1項，会施規41条）。

　他方，募集株式の引受けの申込みをする者は，①申込みをする者の氏名・名称及び住所，②引き受けようとする募集株式の数を記載した書面，を会社に交付しなければならない（203条2項）。

　募集株式の申込者の中から，会社は募集株式の割当てを受ける者を定めた上で，割り当てる募集株式の数を定めなければならない（204条1項）。募集株式の割当ての方法が予め定められていればその方法で，定められていなければ申込者の中から，会社が自由に決定する。会社は，申込者を自由に決定するだけではなく，申込者から申し込まれた株数より，当該申込者に割り当てる株式数を減少することもできる。

　会社は，申込者と割当数を決定した後，申込者（引受人）に対して割当数を通知しなければならない（204条3項）。

（3）有利発行

　本来は，会社が新株を発行するためには，株主平等原則の観点から，合理性のある発行価額でなければならない。他方，有利発行とは，株主割当て以外で新株発行の際に，株式を引き受ける者に特に有利な払込金額で発行する場合を指す。例えば，公開会社において，市場価格が1株当たり1,000円で売買されているのに対して，600円で発行するなど，新株引受者が著しく有利な価格となるような設定をすることである。600円であったとしても，株主割当ての方法であれば，既存株主に一律適用となることから，株主平等原則から問題ない。しかし，株主割当て以外である第三者割当てや公募の場合には問題となる。とりわけ，有利発行が問題となるのは第三者割当ての場合である。

　第三者割当ての場合は，資金調達の目的ではなく経営支配権維持のために発行する可能性があること，まとまった新株の引受けを依頼するために，第三者にとって有利な価格となることが否定できないからである。もっとも，どの程度であれば有利発行となるか，具体的な基準があるわけではない。最高裁判所は「公正発行価額は，発行価額決定前の当該会社の株式価格，右株価の騰落習性，売買出来高の実績，会社の資産状態，収益状況，配当状況，発行済株式数，新たに発行される株式数，株式市況の動向，これらから予測される新株の消化可能性等の諸事情を総合し，旧株主の利益と会社が有利な資本調達を実現するという利益との調和の中に求められるべきである」と判示しているが（最判昭和50年4月8日民集29巻4号350頁），一般的な規範にとどまっている（近時，有利発行か否かで争われた事例として，最判平成27年2月19日民集69巻1号51頁）。一つの指標としては，日本証券業協会が定めている「新株発行に係る取締役会決議の直前日（直近日）の市場価格の90％以上」とした上で，「直近日までの価額又は売買高の状況などを勘案し，当該決議の日から払込金額を決定するために適当な期間（最長6ヶ月）を遡った日から当該決議の直前日までの間の平均の価格の90％以上の価額とすることができる」とした自主ルールがある。実務的には，公正な価格となるための下限につき，日本証券業協会の自主ルールを基本に，直前日の範囲につき，異常値の有無などの個別事情によって，3ヶ月間，6ヶ月間などの平均値の市場価格に90％を乗じているケースが多い。

　有利発行の場合は，株主平等原則の観点から株主総会の特別決議が必要であり，公開会社で株式の発行を取締役会に授権した場合も，取締役は有利発行を行う理由を説明した上で，株主総会の特別決議が必要となる（199条3項，200条2項，309条2項5号）。株主は，単に取締役が自己の経営支配権の維持のために有利発行を行っているのか，別の合理的な目的があったのかを見極めたうえで，株主として有利発行の賛否の議決権を行使することになる。

（4）出資の履行及び新株発行の効力

　募集株式引受人は，払込期日又は払込期間内に，払込金額の全額の払込をしなければならない（208条1項）。出資の履行を行わなければ，引受人は法律上失権する（208条5項）。また，募集株式引受人が現物出資の場合は，引受人は払込金額に相当する現物出資財産を給付しなければならない（208条2項）。一方，現物出資に適正な評価が保障されないと，金銭出資の株主との間で不平等

が生じることから，会社は，募集事項の決定後遅滞なく，現物出資財産の価額調査のために検査役の選任を裁判所に申し立てる必要がある（207条1項）。もっとも，現物出資の価額が500万円を超えない場合など，検査役の調査が不要の場合もある（207条9項）。

　新株発行は，払込期日までに払込みがあった場合は払込期日に，払込期間を定めた場合には，払込日にその効力が発生するために，効力発生日に当該会社の株主となる。更に，会社の発行済株式総数に変更が生じ資本金が増加するため，変更登記が必要となる（911条3項5号・9号，915条1項・2項）。

（5）支配株主の異動を伴う募集株式の発行

　会社が新株を発行した際に，当該会社の支配株主が変更する可能性がある。例えば，公開会社である甲会社の発行済株式総数が1,000株であり，特に親子関係にある会社は存在しなかったとする。ところが，甲会社が第三者割当増資によって，乙会社に1,500株式を引き受けてもらったとしたら，乙会社は甲会社の発行済株式総数の60％を保有することになることから，甲会社と乙会社とは親子会社関係となり，乙会社は甲会社の新たな支配株主との位置づけとなる。公開会社における新株の発行は，取締役会で決議できることから，甲会社の株主にとっては，自分の意思決定が反映されない状況下で支配株主が出現することを意味する。

　会社にとって誰が支配権を持つかは会社運営にも大きくかかわることであり，本来は株主が意思決定に参画すべきものである。そこで，平成26年会社法では，公開会社が，募集株式の引受人が総株主の議決権の2分の1を超える数を有することとなる新株発行を行う場合には，金銭払込みの期日等の2週間前までに，株主に対して，当該引受人（特定引受人）の氏名・名称や住所など一定の事項を通知又は公告をする必要があるとした（206条の2第1項・2項）。また，総株主の議決権の10の1以上の議決権を有する株主が特定引受人の引受けに反対の通知を会社に対して行ったときには，会社は株主総会の決議（普通決議）の承認が必要となる（206条の2第4項）。もっとも，会社の財産の状況が著しく悪化している場合において，事業の継続のため緊急の必要があるときは，上記の株主総会での承認は必要ないとしている（206条の2第4項但書）。

４．新株発行の瑕疵

（１）設立時及び設立後の新株発行

　設立時においては，株式発行の問題ではなく設立無効の問題として処理される。一方，設立後の新株発行においては，新株発行の効力が発生する前は，手続又は内容に瑕疵がある新株発行として，株主による差止請求の制度があり，新株発行の効力発生以後は，新株発行無効の訴え又は不存在確認の訴えによって処理される。

（２）新株発行の差止め

　会社が新株を発行したり自己株式の処分（以下，まとめて「新株発行」として扱う）をする際に，株主が不利益を受けるおそれがあるときは，会社に対して新株発行をやめることを請求する訴えを提起できる。株主としての新株発行差止請求の権利行使である（210条）。

　株主が不利益を受けるおそれがあるときとは，例えば，新株発行により持株比率が希釈化されたために，会計帳簿閲覧・謄写請求などの少数株主権を行使できたところができなくなってしまった場合や，新株発行によって株価下落などの経済的損失が大きいときなどが考えられる。その上で，①株式の発行が法令・定款に違反する場合（１号），②会社が著しく不公正な方法で募集株式を発行する場合（２号）のどちらかの要件に該当すると考えれば，株主は新株発行の差止めの請求が可能である。

　①の法令・定款違反とは，株式の発行に際して，募集事項の決定の手続に違反があったり，定款で定めた発行済株式総数を上回る新株発行を行おうとした場合等である。また，②の著しく不公正な方法とは，資金調達が必要ないのに会社経営の支配争奪を巡る争いがあるときに，経営支配権の維持のために，現在の経営陣又は経営陣を支持する第三者に割当てを行うような場合である。本来の新株発行の目的とは乖離し，かつ株主共同の利益にも反すると考えられる不当な目的が考えられる。実務の場面では，閉鎖会社における親族関係者の争いでは特定の取締役やその親族関係者に対して，一方，公開会社では，親会社や取引先である第三者に対する割当ての方法で新株発行が行われることが多い。第三者割当てによる新株発行は，発行済株式総数が増加することによって，株主総会での議決権の算定根拠となる分母が増加するために，既存株主の支配関係に影響を及ぼすことになる。

　裁判所は新株発行の差止請求に該当するか否かを判断する際，その新株発行が「資金調達」なのか「経営支配権維持」のどちらが主要目的か（「主要目的ルール」）で判断している。例えば，東京地裁は「株式会社においてその支配権につき争いがある場合に，従来の株主の持株比率に重大な影響を及ぼすような数の新株が発行され，それが第三者に割り当てられる場合，その新株発行が特定の株主の持株比率を低下させ現経営者の支配権を維持することを主要な目的としてされたものであるときは，その新株発行は不公正発行にあたるというべき」とした（東京地決平成元年7月25日判時1317号28頁）。もっとも，会社の活動において，活動資金は常に必要なことから，実質的には経営支配権の維持であったとしても，名目的には資金調達とすることも考えられなくもないことから，当該会社の財務状況のみならず，新株発行以外の資金調達の方策があり得ない状況なのか，新株発行の背景などについて個別の判断が必要となる（例えば，東京高決平成16年8月4日金判1201号4頁，さいたま地決平成19年6月22日判タ1253号107頁，東京地決平成20年6月23日金判1296号10頁，東京高決平成21年3月30日金判1338号50頁，大阪地決平成29年1月6日金判1516号51頁等）。

　株主が新株発行差止請求の訴えを提起し（通常は，裁判所に対して発行差止めの仮処分の申請を行う。民保23条2項），その請求が認められれば，会社は新株発行を中止せざるを得ない。差止請求の訴えは，新株発行に関して，効力発生前における株主による事前の権利行使としての手段である。

　なお，株主は，取締役の行為差止請求の権利（360条）もあるが，取締役の行為差止請求の要件は会社に損害が発生するおそれがある場合に適用となるのに対して，新株発行の差止請求では，会社の利益保護ではなく，株主自身の利益保護である点が異なる。

●事例問題1

　甲会社は，ゲームソフトの開発会社であり，株式を公開している取締役会設置会社である。甲会社の株主には，乙会社が存在し，甲会社の総議決権の45％を保有している大株主である。乙会社は，以前より甲社の経営戦略に不満を表明し，自ら推薦する者を取締役にするように求めていた。しかし，甲会社は，乙会社の要求を事実上無視をしていた。

　甲会社は，新たな事業戦略のために資金が必要となったため，社内で内々の検

討を重ねた結果，甲会社とも取引がある丙会社に対して，10億円規模の第三者割当増資を行うことを甲会社取締役会で決定した。

　これに対して，乙会社は，新たな事業戦略に反対を表明するとともに，第三者割当増資は，乙会社の出資比率を20％に希釈化するものとして，株式発行の差止請求を検討している。乙会社の差止請求は認められると思うか。仮に，丙会社への第三者割当増資の価額が，募集株式発行の時点の甲会社の株価の時価の半額であった場合はどうであろうか。

○考える際のポイント

①　甲会社の丙会社への第三者割当増資は乙会社に不利益となるか。

②　丙会社の第三者割当増資の目的は何か。

③　時価の半額の場合の第三者割当増資の手続はどうなるか。

○関連条文

199条3項，201条1項，202条3項3号，210条2号

○解答骨子

　乙会社が甲会社の丙会社に対する10億円の第三者割当増資の新株発行の差止請求が認容されるためには，①乙会社として不利益を被ることとなること，②新株発行が法令・定款違反であること，又は③著しく不公正な方法であること，が要件となる。

　乙会社は，甲会社の株式の45％を保有していたが，甲会社の丙会社に対する10億円の第三者割当増資によって，持株比率が20％に希釈化されることから不利益を受ける（①充足）。他方，甲会社は公開会社であることから，新株発行について取締役会で募集事項と株式発行を決議することができる。したがって，丙会社への10億円の第三者割当増資による新株発行手続に瑕疵はなく，法令・定款違反はない（②不充足）。すると，第三者割当増資が著しく不公正な方法であるかが論点となる。

　確かに，甲会社と乙会社は事業戦略をめぐって対立していた事実は存在する。しかし，今回の10億円の丙社に対する割当増資は新たな事業戦略による資金の必要性から行ったものであり，経営支配権の維持を目的としていることはうかがわれない。このため，著しく不公正な新株発行とも言えない（③不充足）。したがって，乙会社による差止請求は認容されない。

　それでは，仮に丙会社への新株発行価格が時価の半額であったらどうであろうか。公開会社の株価は，その時々の需給関係等で変動し得るものの，時価の半額での発

行は，丙会社にとって著しく有利な価格といえる。著しく有利な発行の場合は，公開会社においても，株主総会の特別決議が必要である。甲会社は株主総会の承認決議を行っていないことから法令違反となり（②充足），乙会社の差止請求は認容される。

（3）新株発行無効の訴え

　新株発行の差止請求が株主としての事前行為なのに対して，新株発行の効力発生日から株主権の行使の手段として，新株発行無効の訴えがある（828条 1 項 2 号）。効力発生日とは，①出資の履行期日を定めた場合にはその期日，②出資の履行期間を定めた場合には，出資を履行した日，である（209条 1 項）。

　新株発行無効の訴えは，株主以外にも取締役・執行役や監査役も原告適格者であり（828条 2 項 2 号），被告は会社である。原告は，会社の本店所在地を管轄する地方裁判所に対して訴えを提起する（834条 2 号，835条 1 項）。提訴期間は，効力発生日から 6 ヶ月間（非公開会社では 1 年間）に限られる（828条 1 項 2 号）。新株発行の効力が発生した後も，いつまでも無効の訴えが可能となると，新株発行によって新たに株主となった人も含めて影響が及ぶこととなり，法的安定性や取引の安全を害することとなるからである。

　新株発行について無効が認められた場合，訴えを提起した株主の株式に限らず，発行した新株の発行全てが無効となる（838条）。なお，無効の訴えの認容については，将来に向かってその効力を失う（839条）。したがって，当該株式に基づいて剰余金の配当や議決権の行使を行ったことについては，遡及して無効となることはない。

　無効の訴えについては，会社法の条文にその要件が規定されていないために，解釈に委ねられる。その解釈の基本的な考え方としては，無効の訴えは事後措置となるので，重大な法令・定款違反の場合に限るなど狭く解されている。裁判例では下記のような事例がある。

【裁判例 1 】
　取締役会の決議を経ないでなされた新株発行や株主総会の特別決議を経ないでなされた新株の有利発行も無効事由とならない（最判昭和36年 3 月31日民集15巻 3 号645頁，最判昭和46年 7 月16日判時641号97頁）。

【裁判例2】

　代表取締役が新株を発行した以上，閉鎖会社であったり，発行された新株を取締役が引き受けて保有し続けていることは，無効事由とならない（最判平成6年7月14日判時1512号178頁）。

【裁判例3】

　定款による株式譲渡制限会社において，株主が有する新株引受権を無視して発行された新株発行の際に，その通知を欠いた場合は，無効事由になる（東京高判平成12年8月7日判タ1042号234頁）。

【裁判例4】

差止事由が存在するにもかかわらず，新株発行事項の通知・公告を欠いた場合は無効事由となる（最判平成9年1月28日民集51巻1号71頁）。

【裁判例5】

　新株発行差止めの仮処分に違反して新株発行が強行された場合は，当該発行は無効事由となる（最判平成5年12月16日民集47巻10号5423頁）。

（4）新株発行の無効事由の近時の傾向

　上記裁判例1のように，本来は取締役会や株主総会の決議が必要である新株発行について承認・決議を経なかったとしても，授権株式制度のもとでは，新株発行は業務執行として捉えて，（代表）取締役の裁量の範囲として考えられたこと，法的安定性や取引の安全を考慮したことから無効とはせずに，狭く解することが判例の基本的な考え方であった。しかし，これらの裁判例はいずれも旧商法時代の判断であり，会社法下では公開会社と非公開会社（譲渡制限会社）との間で，新株発行無効の訴えの提訴期間（公開会社は6ヶ月に対して非公開会社は1年間）や既存株主への通知・公告の有無（公開会社は公示義務があるのに対して，非公開会社はなし）などが明確に区別されている。更に，非公開会社では，既存株主が投下資本の回収が自由にできないばかりか，有利発行や不公正発行の場合に対する経済的損失も図ることが困難なことであることから，新株発行無効の訴え事由を狭く解する必要はないという学説が主流となってきた。

　裁判所も，従来の判断を変更し，「非公開会社については，その性質上，会社の支配権に関わる持株比率の維持に係る既存株主の利益の保護を重視し，その意思に反する株式の発行は株式発行無効の訴えにより救済するというのが会社法の趣旨と解される」として，株主総会の特別決議を欠いた新株発行は，そ

の手続に重大な法令違反があるとして，無効事由に該当すると判示した（最判平成24年4月24日民集66巻6号2908頁）。その後の下級審でも，この判断を踏襲しているものがある（大阪高判平成25年4月12日金判1454号47頁）。

　なお，新株発行の無効の訴えが裁判所で認容され確定したときには，判決の確定時における株主に対して，払込みを受けた金額に相当する金銭を支払う必要がある（840条1項）。

（5）新株発行不存在確認の訴え

　新株発行について，株主は無効の訴えとは別に，新株発行不存在確認の訴えも提起できる（829条1号）。

　具体的な事例として考えられる点は，新株発行の払込みの事実がないのにもかかわらず，登記のみ行っている場合である。実際に新株を発行していないことから新株は不存在であるのもかかわらず，登記によって，さも新株を発行しているように見せかけているケースである。

　新株発行無効の訴えと異なる点は，第一に，提訴期間や原告適格の制限がないこと，第二に，訴え以外にも主張可能である確認訴訟であること，第三に第三者にも判決の効力が及ぶことである。新株発行が不存在であるという重い事実から考えて，無効の訴えのような提訴期間を設けておらず，原告も株主や会社役員に限定していない。

（6）取締役・株主引受人等の差額支払義務

　新株発行に際して金銭出資が行われた場合，取締役と通謀して，著しく不公正な払込金額で新株を引き受けた者は，会社に対して，公正な発行価額との差額を支払う義務がある（212条1項1号）。仮に，会社が新株引受者に対して，差額の支払請求をしなければ，株主が会社に代わって当該引受者に請求をすることができる株主代表訴訟の対象にもなる（847条1項）。「著しく不公正な払込金額」とは，有利発行の場合である。

　現物出資の場合は，その出資の財産価額が募集事項で定められた価額に著しく不足する場合に，金銭出資の場合と同様に，現物出資者は差額相当分を会社に支払わなければならない。

208

●事例問題 2

> 公開会社である甲会社は，募集株式を発行するための必要事項の決定を平成22
> 年 5 月20日の取締役会で決議したが，発行可能株式総数を超えた第三者割当方式
> の乙会社への新株の発行となっていた。甲会社は，募集事項等を公示することな
> く募集事項に基づいた新株発行を行った結果，払込期日である同年 7 月 5 日が到
> 来し，乙会社から払込みが行われた。これに対し，甲会社の株主であるXは，甲
> 会社に対して何らかの対応をとりたいと考えている。いかなる方法があるか。な
> お，現在は，平成22年11月25日である。

○考える際のポイント

① Xの法的手段は，事前の株主権の行使か事後の株主権の行使か。

② 新株発行における法的手段は，何が法定化されているか。

○関連条文

201条 3 項，828条 1 項 2 号

○参考裁判例

最判平成 9 年 1 月28日民集51巻 1 号71頁

最判平成10年 7 月17日判時1653号143頁

○解答骨子

甲会社における本件新株発行について，払込期日である平成22年 7 月 5 日以後に
おけるXの権利行使としては，新株発行無効の訴えがある。現在は，平成22年11月
25日であり，新株発行の効力発生日から 6 ヶ月未満であることから，出訴期間内で
ある。それでは，Xの新株発行の無効の訴えは認容されるか。

無効の訴えについては，その要件が条文上，明示的に示されていないため解釈に
よる。無効の訴えは，事後による措置であることから，法的安定性と取引の安全の
観点から，重大な手続上の瑕疵に限定すべきであると考える。

本件においては，公開会社である甲会社は本件募集株式発行に際して，募集事項
を決定した後，払込期日又は払込期間の 2 週間前までに，既存の株主に対して，募
集株式の募集事項を公示しなければならない。この立法趣旨は，株主に募集株式発
行の差止請求の機会を与えるためである。本件では，甲会社は発行可能株式総数を
超えた法令違反の第三者割当方式の新株発行であることから，甲会社の株主にとっ
ては，募集事項が開示となっていれば，本件新株発行の差止請求が可能であった。
しかし，甲会社は，本件募集事項の公示を行っていないことから，株主に差止請求

の権利行使の機会を与えない重大な手続瑕疵に相当する。したがって，Xは，甲会社に対して，本件募集株式の無効の訴えの提起が考えられる。

●重要関連裁判例

- 第三者に対する新株の有利発行と株主総会決議の欠缺（最判昭和46年 7 月16日判時641号97頁）……百選24事件
- 募集事項の公示の欠缺（最判平成 9 年 1 月28日民集51巻 1 号71頁）……百選27事件
- 上場会社における募集株式の有利発行（東京地決平成16年 6 月 1 日判時1873号159頁）……百選22事件
- 著しく不公正な方法による第三者割当増資（東京地決平成元年 7 月25日判時1317号28頁）……百選31事件（初版）
- 発効差止仮処分違反の新株発行の効力（最判平成 5 年12月16日民集47巻10号5423頁）……百選101事件
- 著しく不公正発行と新株発行無効事由（最判平成 6 年 7 月14日判時1512号178頁）……百選102事件

第2章◆新株予約権

●本章の目的

① 新株予約権とはどういうものか，またその仕組みについて説明することができる。

② 新株発行との相違点について理解する。

●キーワード

新株予約権，ストックオプション，無償割当て

1. 新株予約権と発行手続

（1）新株予約権の目的

　新株予約権とは，新株予約権者が会社に対して株式購入の権利を行使すると　きに，会社から株式の交付を受ける権利のことである（2条21号）。新株予約権者からみれば，株式を買う権利ともいえる。あくまで権利が付与されたのであるから，新株予約権者は，その権利を行使してもしなくてもよい。会社にとっては，新株予約権者がその権利を行使すれば，新株予約権者に対して新株を発行し又は会社の有する自己株式を交付する義務を負うこととなる。言い換えれば，新株予約権者は，新株の割当てを受ける手続を経ることをしないで，新株予約権の行使をすれば自動的に株主となる。新株予約権の行使は，予め定めた一定期間（行使期間）内に一定の金額（行使価額）の払込みをすることによって行う。

　例えば，甲会社は，新株予約権1個に対して，平成28年9月1日から平成29年3月31日までの間に，甲会社株式を1株当たり5万円で1,000株の新株予約権を発行したとする。この新株予約権に対して，投資家Aが50株を取得した場合，Aは権利行使期間である平成28年12月1日に甲会社の株価が1株6万円になった時点で権利を行使して，甲会社に250万円（5万円×50株）を支払う代わりに甲社株式の交付を受けて，それを証券市場で売却すれば，1株当たり1万円（6万円−5万円）に50株を乗じた50万円の利益を得ることができる。仮に，甲会社の株価が権利行使期間内に5万円を超えなければ，Aは権利を行使しなければよい。

　新株予約権を発行する目的としては，取締役や従業員へのインセンティブ報酬，株主優待，買収防衛策，資金調達の4つがある。取締役や従業員への報酬として利用する意味は，会社の役職員が職務に精励することによって会社業績

が向上し，結果として株価が上昇すれば，新株予約権を行使するときに経済的なメリットがあるためのインセンティブ報酬としての役割がある。株主優待としての利用は，安定株主対策の一環としての政策的な利用である。実務上，新株予約権の目的としての利用が散見されるのが買収防衛策としての利用である。例えば，予め新株予約権を自社と関係の深い会社に付与しておけば，買収を仕掛けられた局面において，新株発行の権利行使をしてもらえれば，発行済株式総数が増加することによって，買収を仕掛けた株式の持株比率を相対的に希釈化させることが可能となる。もっとも，新株発行の有利発行と同様に，経営の維持・経営者の保身のためであるとすれば，新株予約権発行の差止請求の対象となる（247条）。新株予約権を発行する際には，引受者からすぐに資金を振り込んでもらう必要がないことから，新株発行と比較して引受者の経済的負担が軽いために利用されやすい制度ではある。しかし，会社が新株予約権を発行した時点で資金調達ができないということは，新株発行の場合と異なり，資金調達の緊急性は低いといえる。

（2）新株予約権の内容と手続

　新株予約権を発行する際には，株式の数又は算定方法等を決めた上で（236条1項），新株予約権の引受けの申込みを行った者に割り当てられる新株予約権の内容及び数，金銭の払込みを要しない場合にはその旨，金銭の払込みの場合は，新株予約権1個と引換えに払い込む金額又はその算定方法，割当日，新株予約権と引替えにする金銭の払込みの期日を定めるときはその期日などの募集事項を決定しなければならない（238条1項）。その際，新株発行に準じて，取締役会等で募集事項を定める（238条～240条）。その他，2週間前までの募集事項の公告，株主総会における特別決議が必要であることの手続も新株発行の場合と同様である（240条～245条）。

　他方，新株発行の場合との相違点としては，会社は新株予約権の行使期間を設定する必要があり（236条1項4号），新株予約権の割当日（238条1項4号）に新株予約権者となる（245条1項）。すなわち，割当日とは，新株予約権の申込者が新株予約権者となる日として機能している。そして，新株予約権者は，その対価を払込期日までに全額を払い込むことが原則（246条1項）であるが，払込みがなくても新株予約権は取得可能である（245条）。もっとも，新株予約権を行使するためには，会社に払い込むことが前提となる（246条3項）。払込

期日は，権利行使期間の初日の前日又は新株予約権と引換えに金銭を払い込む期日が定められた場合には，その期日となる。

会社は，株主に対して無償で新株予約権の割当てを行うことができる（277条）。新株予約権無償割当てを受けた株主は，この権利を譲渡することも可能となる。実務では，新株予約権無償割当ては，買収を仕掛けられたときの対抗手段として利用される。

なお，新株予約権無償割当てに関しては，定款に別段の定めがある場合を除き，取締役会設置会社では取締役会の決議事項である（278条3項）。

（3）有利発行

新株発行の場合と同様に有利発行の定めがあるが，新株予約権における有利発行は，①無償の発行が，新株予約権を引き受ける者に特に有利な条件である場合，②払込金額が新株予約権を引き受ける者に特に有利な金額である場合の2つのタイプがある。有利な条件とは，金銭のみならず支払方法や時期などの優遇を行った場合を含むということである。

有利発行の場合の手続としては，株主総会の特別決議が必要なこと，株主総会で取締役は理由を説明するなど新株発行の場合と同様である（238条3項，239条2項・3項）。

なお，会社が取締役等に，将来の一定期間中に，予め定められた価格（権利行使価格）で，自社の株式を購入できる権利を無償で与えるストックオプションがある。言い換えれば，ストックオプションとは，新株予約権を無償で与えることであり，実務でも役員への報酬の一つと位置づけて利用しているケースがある。取締役等へのインセンティブ報酬として付与されるストックオプションは，原則として有利発行とはならない。無償で与えるということは，会社にとって資金調達の意味はないということになる。

（4）新株予約権発行の差止め

株主は，新株発行の場合と同様に，事前の措置として，新株予約権発行の差止請求を行うことができる。行使要件は，新株発行の場合と同じである（247条）。

もっとも，新株予約権の場合は，新株発行の場合と比較して，資金調達の緊急性や必要性が小さいために，経営支配権の維持目的とみなされる要因が高ま

りやすいことに注意が必要である。裁判例として，ライブドアが経営権獲得の
ために，ニッポン放送の株式の公開買付けを開始したところ，ニッポン放送は
同じ企業グループに属しているフジテレビに大量の新株予約権を発行した事案
がある。ライブドアは東京地裁に新株予約権発行の差止めを求める仮処分の申
請を行ったところ認められ，最終的に本訴においても仮処分決定が確定した
（「ライブドア事件」東京高決平成17年3月23日判時1899号56頁）。東京高裁は，ニッ
ポン放送による新株予約権の発行は，取締役会に授権された権限を濫用したも
のであり，著しく不公正な発行であると判示した。

　一方で，買収を企図している者が経営支配権を取得することによって，会社
の存立や発展が阻害されるおそれが生じるなど，会社の企業価値が毀損され，
会社の利益ひいては株主共同の利益が害されることになるような場合には，当
該株主を差別的に扱ったとしても株主平等原則の趣旨に反することはなく，新
株予約権の発行は主要目的ルールの例外とする最高裁の決定がある（「ブルドッ
クソース事件」最決平成19年8月7日民集61巻5号2215頁）。

　なお，「ブルドックソース事件」では，新株予約権の発行について，取締役
会ではなくて株主総会で承認・決議されており，株主の判断が反映されている
点も判旨に影響しているものと考えられる。

●事例問題3

　　甲会社は，乙会社の株式を50.3％保有している親会社である。甲会社は東京証
　券取引所一部に，乙会社はジャスダックに上場している。甲会社の業績が不振で
　あるのと比較して，乙会社はIT関連で着実の業績を伸ばしていたことから，次
　第に乙会社経営陣は，甲会社のグループ経営の方針に実質的に従わなくなってき
　た。そこで，甲会社は，現在，非常勤兼務取締役一人のみ乙会社に送り込んでい
　る方針を見直し，乙会社取締役の過半数を甲会社から派遣する意向を固め，乙会
　社の経営に関与する度合を強めてグループとしての一体化を図りたいと考えた。
　この方針を聞かされた乙会社の取締役会は，友好関係にある取引先である丙会社
　に無償の新株予約権を割り当てることを決議した。なお，本件発行に際して法
　令・定款違反もなかった。これに対して，甲会社は，乙会社の丙会社に対する無
　償の新株予約権の発行を差し止めることができるであろうか。丙会社が権利行使
　をすることになれば，甲会社の持株比率は30.5％に低下する。

214

○考える際のポイント

① 無償新株予約権の第三者割当てを行うに至った背景は何か。

② 無償新株予約権の第三者割当てにおいても，主要目的ルールの適用があるか。

○関連条文

240条，247条

○解答骨子例

　新株予約権の発行に対して，募集株式と同様に一定の要件に該当すれば，株主は差止請求をすることが可能である。その際の要件としては，株主が不利益を被ることを前提に，新株予約権の発行が①法令又は定款に違反すること，②著しく不公正な方法により行われることのどちらかに該当することである。

　乙会社の無償の新株予約権を発行（本件発行）した結果，丙会社が権利行使を行い，乙会社株式を取得すれば，甲会社の乙会社の持株比率は50.3％から30.5％に著しく低下し，乙会社は甲会社の子会社でなくなる。したがって，甲会社としては，グループ経営に支障をきたす不利益を被る。それでは，本件無償新株予約権の発行は差止事由に該当するか。公開会社である乙会社が取締役会で発行の決議をすることは可能であり，法令・定款違反はないようである。すると，本件発行が著しく不公正な方法により行われたか否かが争点となる。

　本件発行の背景にあるのは，グループ経営の強化を企図している甲会社と，経営の独立性を高めたい乙会社の経営方針をめぐる対立である。乙会社が本件発行を決議した目的は甲会社からのグループ離脱であり，そのこと自体は経営の裁量の一つである。もっとも，新株予約権の場合にも主要目的ルールが適用となる考え方が判例の一般規範となっていることからすると，新株発行の場合と異なり，資金調達の目的は緩和して考えてよいものの，敵対的買収を仕掛けられたり，会社資産を売り尽くし短期の収益を上げた後に高値で売り抜けるなど会社価値を毀損するような特段の事情がないかぎり，新株予約権の発行は経営支配権の維持目的であり，著しく不公正な発行に該当すると解される。

　本件では，甲会社では乙会社の親会社であることから，既に一定の支配権を持っており，今回の取締役派遣増員はその範囲内での経営判断である。他方，乙会社は，親会社からの支配関係から解放され経営支配権を確立するための本件発行であることがうかがわれる。本件においては，甲会社が乙会社に回復し難い損害をもたらす事情や，乙会社の企業価値が毀損され，乙会社ひいては乙会社の株主の共同利益に反するという特段の事情までは認められない。したがって，甲会社による本件発行

の差止請求は認められる。

（5）新株予約権発行無効の訴え・不存在確認の訴え

　事後の権利行使として，新株予約権発行無効の訴え（828条 1 項 4 号）と新株予約権発行不存在確認の訴え（829条 3 号）があるのも，新株発行の場合と同様である。無効判決を受けた場合は，会社は新株予約権者に対して，払込みを受けた金額又は給付を支払わなければならない（842条 1 項）。

●重要関連裁判例
- 第三者割当による新株予約権発行の差止め（東京高決平成17年 3 月23日判時1899号56頁）……百選99事件
- 差別的行使条件付新株予約権の無償割当て（最決平成19年 8 月 7 日民集61巻 5 号2215頁）……百選100事件

第3章◆社　　債

●本章の目的
① 社債の特徴について，株式との相違を意識しながら理解できる。
② 社外原簿，社債管理者，社債管理補助者，社債権者集会など，社債特有の制度について説明できる。

●キーワード
社債権者，社債管理者，社債管理補助者，社債権者集会

1. 総　　説
（1）社債の意義

　会社が資金を必要とするときに，内部留保の取崩しや金融機関からの借入れではなく，社債を発行することによって資金を調達する方法がある。新株を発行する場合と同様に，広く一般に資金調達ができることから，通常は，特定の金融機関よりも，多額の資金を調達することが可能となる（**本編第1章**参照）。

　社債の場合には，新株発行と異なり，社債を引き受けてくれた人（社債権者という）に対して，元本に利息を付けて返済しなければならない点では，金融機関からの買入れと同様，会社にとっては負債となる。すなわち，社債の法的性質は金銭債権であり，相殺の対象となり得る（東京高判平成13年12月11日判時1774号145頁）。

（2）株式と比較した社債の特徴

　社債権者は，償還期限がくれば償還を受けると当時に（676条4号），分配可能額の有無にかかわらず確定した利息の支払いを受けることができる（676条3号・5号）。また，残余財産の分配の点でも，株主に先立ち，会社債権者と同順位で元本と利息の合計額について弁済を受ける。そこで，元利金の確実な支払確保のため，社債管理者制度や社債権者集会制度がある。他方，株主のように，会社の経営に関与する権利はない。

（3）種　　類

　社債には，記名社債と無記名社債がある。
　記名社債とは，文字通り社債原簿に社債権者の氏名・名称及び住所が記載さ

れる社債のことである（681条４号）。社債券（有価証券）は発行しなくてもよい。一方，無記名社債は，無記名式の社債券が発行される社債のことである。実務上は，無記名式の社債券の発行が通例である。

　更に，普通社債と新株予約権付社債の分類もある。普通社債は，新株予約権が付されていない社債であるのに対して，新株予約権付社債は，新株予約権が付された社債のことである（２条22号）。新株予約権付社債の場合は，新株予約権部分と社債部分は一体として取り扱われる。すなわち，新株予約権の申込みは当該社債の申込みとみなされ（242条６項），新株予約権の権利者となる日に社債権者となる（245条２項）。したがって，譲渡の際にも，新株予約権部分と社債部分を切り離すことは，社債又は新株予約権が消滅した場合を除いて不可能である（254条２項・３項）。

　新株予約権付社債は，株価が上昇した場合には，新株予約権を行使して株式を取得した上で，市場において売却することにより売却益を得るようにし，株価が上昇せずに新株予約権を行使しないほうがよい場合には，社債としての利息を得るという利点を投資家に付与できる。会社にとっても，投資家のメリットと引換えに，普通社債よりも利率を低く設定できる。

　なお，新株予約権付社債の発行手続は，新株予約権の発行手続に準ずる（238条１項６号・７号）ために，募集社債の発行手続の規定の適用はない。

２．社債の発行

（１）募集社債に関する事項の決定

　社債の発行に際して，募集社債の総額，各社債の金額，利率，償還の方法・期限，利息の支払いの方法・期限，払込期日等を決定しなければならない（676条）。社債の発行における決定機関は，原則的には株主総会の普通決議となる（295条１項，309条１項）が，取締役会設置会社では，取締役会の決定に委ねることが可能である（362条４項５号）。指名委員会等設置会社においては，取締役会決議により執行役に委任することが可能である（416条４項）。

（２）募集社債の申込みと割当て

　会社が募集した社債（以下「募集社債」という）の申込みは，会社が，決定事項等の一定事項を通知した上で（677条１項），募集社債引受けの申込みをする者は，金額等を記載した書面を会社に交付する（677条２項）。その上で，会社

は，申込者の中から，募集社債の割当てを受ける者及び金額等を定め，払込期日の前日までに申込者に通知することとなる（678条1項・2項）。

通常は，募集社債に対して，広く一般に募集を募ることとなるが，社債の全部を引き受ける旨の契約の締結も可能である。この場合は，募集社債の申込みや割当てに係る規定は適用しない（679条）。

（3）募集社債の成立と違法な社債発行に対する措置

会社が割り当てたり，社債の総額を引き受けた者が社債権者となる。新株発行の場合と異なり，社債に対する払込みがなくても募集社債の引受けは成立することとなる。

なお，社債発行手続や内容に違法があった場合，会社法上は，新株発行や新株予約権における無効の訴えや不存在確認の訴えという規定は特段用意されていないために，民法の一般原則（不法行為や債務不履行）に従って対処される。

3．社債権者の管理
（1）社債原簿と社債管理者

会社が社債を発行した場合には，中長期にわたり，会社は社債権者に対して負債を負うこととなるため，社債権者としては，確実な元本の償還と利息が付与される必要がある。このために，会社は，社債発行日以後遅滞なく，社債の種類ごとに，社債権者や特定事項を記載した社債原簿を作成する義務がある（681条）。社債原簿の制度は，株主名簿（122条，123条，125条，126条参照）に準ずる。

他方，社債を発行した場合，会社は社債権者保護のため，社債管理者を定めなければならない（702条）。もっとも，各社債の金額が1億円以上，又はある種類の社債の総額を当該社債の金額の最低額で除した数が50を下回る場合（社債権者の数が50人未満の場合）は，保護されるべき零細な社債権者が存在する可能性が低いため，社債管理の管理コストとのバランスを考慮して，社債管理者の設置の必要はない（702条但書，会施規169条）。社債管理者は，銀行，信託会社等の金融機関のみに資格がある（703条，会施規170条）。

社債管理者は，社債権者のために，公平かつ誠実に社債の管理を行う義務があり（704条1項），弁済の受領，債権の保全，その他社債の管理の委託の業務を行う（702条）。そして，社債管理者は，社債権者のために，社債に係る債権

の弁済を受ける権限があり（705条1項），社債権者は，社債管理者が弁済を受けた場合には，社債の償還額及び利息の支払いを請求できる（705条2項）。また，社債管理者は，社債に係る債権保全に必要な一切の裁判上・裁判外の行為の権限があり（705条1項・2項），必要に応じて，裁判所の許可を得て社債発行会社の業務及び財産の状況を調査することも可能である（同条4項）。

　また，社債に係る全額の支払猶予，社債の債務不履行に係る責任免除又は和解，訴訟行為・倒産手続に属する行為は，社債権者集会の決議が必要である（706条）。社債権者集会に社債管理者も出席して，意思決定に参画することも可能である。

　社債管理者は，上記のように社債権者を保護するための義務と権限があるが，他方において，会社法又は社債権者集会決議に違反したときは，社債権者に対して，連携して損害賠償責任を負う（710条1項）。例えば，社債発行会社が社債の償還・利息の支払いを怠り，又は支払いの停止があった後又はその前3ヶ月以内に，社債管理者が社債発行会社に対して有する債権について，担保の供与や弁済を受けたり，利益相反行為があった場合には，社債管理者は社債権者に対して損害賠償責任を負う（710条2項）。この場合の利益相反行為とは，社債管理者が社債権者を犠牲にして，会社の利益を優先させることであり，社債管理者の金融機関が会社に多額の融資をしている場合に会社の利益を優先させるようなことがないように，社債権者に直接の損害賠償責任を規定している。また，この損害賠償責任は過失責任であるため，社債管理者は帰責事由がないことを主張・立証できれば免責される（名古屋高判平成21年5月28日判時2073号42頁）。

（2）社債管理補助者

　令和元年会社法において，社債発行の際に，社債管理者よりも権限や義務の内容が制限された社債管理補助者を社債管理者の代わりに設けることができる制度が創設された（714条の2）。社債管理者を設置するコスト負担やその責任の重さなどの理由から，社債管理者を設置していないで社債を発行する会社が破産や会社更生等に陥った場合に，社債権者が不利益を被ることに対する保護が目的である。社債管理補助者は社債管理者の代替としての位置づけであることから，社債管理補助者と社債管理者が併設されて，社債管理補助者が社債管理者の業務を実務的に補助するわけではない。

　社債管理補助者は，社債が債務不履行（デフォルト）となった場合に，社債

権者のために倒産手続や更生手続・再生手続に参加をすること，強制執行又は担保権実行における配当を請求すること，清算手続において清算会社に対して債権の申し出をすること，その他委託契約に定める範囲において社債に係る債権の弁済を受けることなど，社債権者に代わって行うことができる権限が定められている（714条の4第1項・2項）。例えば，破産手続等は，その手続を失念すると，社債権者としての権利を失効することから，一切の弁済を受けられなくなるので，社債権者にとって債権管理補助者の役割は大きい。

　他方，債権者補助者も債権管理者と同様に，社債権者に対して公平誠実義務や善管注意義務がある（714条の7・704条）。したがって，社債管理補助者が会社法や社債権者集会の決議の決議に違反すれば，社債権者に対して，連帯して損害賠償責任を負う。もっとも，社債発行会社が社債の償還や利息の支払を怠る場合等に社債管理者が負う特別の法定責任（710条2項）が課されることはない。また，社債管理補助者は，社債管理者と同様に，社債総額の10パーセント以上にあたる社債権者による請求があった場合，社債権者集会の招集を請求することができる（717条3項1号）。

　社債管理補助者の設置は，社債管理者の設置を義務づけられていない社債発行会社にとっては任意の規定であるが，社債権者の保護の立法趣旨から考えると，実務的には，一定程度の設置が行われるものと想定される。なお，社債管理補助者は，社債管理者となる資格を有する者（703条各号）に加えて，その業務の性格から弁護士・弁護士法人等が考えられる。

（3）社債の償還

　社債は，約定の方法及び期限に応じて償還される。利息の支払いも，社債原簿に記載された社債権者に対して支払われる。社債の償還請求権は10年間，社債の利息の支払請求権は5年間行使されないとき，時効により消滅する（701条1項・2項）。

　社債の償還は，定時償還と任意繰上償還がある。なお，社債の額面金額未満で発行し，償還時に社債金額を支払う「割引債」もある。この場合，発行金額と償還金額との差額が利息相当額となっている。

（4）社債権者集会

　社債権者集会とは，社債の種類ごとに組織される社債権者の臨時的な合議体

のことである（715条）。社債権者集会では，会社法に規定されており，社債権者の利益保護を目的とするため，債権者の利害に関する事項を決議する（716条）。社債権者集会に要する費用は会社が負担する（742条1項）。

　社債権者集会は，必要に応じて招集されるが，招集権者は，社債発行会社又は社債管理者である（717条）。社債権者集会での議決権は，社債権者が保有する社債の額の当該種類に係る金額の合計額に対する割合に応じて社債権者に付与される（723条1項）。なお，無記名社債権者は，社債権者集会の日の1週間前までに社債券を招集権者に提示する必要がある（723条3項）。

　議決権の代理行使，書面行使等は株主総会と同様である（725条～728条）。社債発行会社や社債管理者も社債権者集会の決議の利害関係者であることから，その代表者や代理人を社債権者集会に出席させたり，書面による意見を述べることができるし，社債権者集会や招集者からも，社債発行会社やその代理人の出席を求めることができる（729条）。決議は，原則として出席した社債権者の議決権の総額の過半数の同意によって成立する（724条1項）。特則として，①社債全部についてなす支払猶予を社債管理者がなすことに対する同意，②代表社債権者・決議執行者の選任・解任，などの場合は，議決権者の議決権の総額5分の1以上，かつ出席した議決権者の議決権の3分の2以上の同意が必要である（724条2項）。

　種類社債の総額の1,000分の1以上に当たる社債を有する社債権者の中から代表債権者を選任した場合は，この者に社債権者の決議事項の決定の委任が可能である（736条1項）。社債権者集会の決議は，裁判所の許可により効力が発生する（734条1項）。したがって，招集者は，社債権者集会の決議があった日から1週間以内に，裁判所に対して当該決議の認可の申立てを行う必要がある（732条，733条，868条～876条）。この点は，株主総会との違いである。決議の執行は，社債管理者が設置されている場合は，社債管理者が行う。他方，社債管理者が不設置の場合は，代表社債権者が行う（737条1項）。なお，特例として，社債権者集会の決議により執行者を定めた場合は，その者が行うこととなる。

　令和元年会社法では，社債権者集会の特別決議によって，社債の元利金の減免ができること（706条1項1号），社債権者全員が書面による同意をした場合には，社債権者集会の決議を省略できること（735条の2第1項）が規定された。

　さらに，社債権者集会の決議は，原則として裁判所の認可を受けなければ，その効力を生じない（734条1項）が，社債権者集会の決議の省略の場合，裁判

所の認可がなくても，社債権者集会の決議の効力が発生する（735条の2第4項）。

●**重要関連裁判例**
- 社債権者の単独償還請求（大判昭和3年11月28日民集7巻1008頁）
  ……百選84事件
- 社債管理者の責任（名古屋高判平成21年5月28日判時2073号42頁）
  ……百選83事件

第5編　組織再編

第1章◆組織再編の概観

●本章の目的

① 他の会社から事業を取得する方法としてどのようなものがあるか挙げることができる。

② 組織再編の手法のメリットとデメリットについて説明することができる。

●キーワード

承継型組織再編，新設型組織再編

1．組織再編の意義

　会社が新規事業展開を図る場合などで，新たな工場の建設や設備の増強，人材の採用を行うと，新規事業の立ち上がりまでに時間がかかり，変化の激しい市場において新規参入に遅れをとるかもしれない。そもそも，新規参入に耐えうるだけの設備や人材の手当てができるかも不明である。そこで，例えば既存の会社の事業を譲り受けたり，吸収合併をすることにより，参入のための多くの時間や多額のコストをかけることなく円滑な事業展開を図ることが可能となる。

　組織再編行為とは，狭義の意味では，合併・分割・株式交換・株式移転を指すが，広義には，事業譲渡を含む場合もある。事業譲渡も，企業戦略の一つとして事業の多角化や，事業の選択と集中を行うときに検討する有力な方策だからである（そこで，事業譲渡も本編第2章で解説している）。

　株式交換・株式移転は，一見すると具体的な手法を示しているように思われるが，株式交換とは，会社がその発行済株式の全部を他の会社に取得させること（2条31号），株式移転とは，発行済株式の全部を新たに設立する会社に取得させること（2条32号）との定義から，いずれも完全親子会社形態となることを意味している。

2．組織再編の分類

　組織再編の分類として，承継型組織再編と新設型組織再編の分け方がある。

　承継型組織再編とは，既存の会社が残る形で行われる組織再編のことであり，吸収合併，吸収分割，株式交換がある。他方，新設型組織再編とは，組織再編によって新たな会社が設立されることで，新設合併，新設分割，株式移転がある。

3．組織再編の手段

　組織再編は，会社そのものの売却又は買収，あるいは一部事業の譲渡によって，自社事業を再編したり，他社と提携するために法的に認められた行為である。一方で，組織再編は，会社の基礎的変更を伴うものであり，会社ひいては株主への影響が大きいことから，原則として株主総会の特別決議で承認される。もっとも，組織再編に反対する株主にとっては，法的には株主総会の特別決議の結果に従わざるを得ないことから，反対株主には，一定の手続の下で会社に対して株式買取請求権を認めている。会社に対する株式買取請求が認められると，当該株主は株主から離脱することとなる。したがって，組織再編には反対だが株主の地位を維持することを希望する株主には，組織再編の差止請求権の行使が認められており，この差止請求制度は，平成26年会社法によって導入された。

第2章◆事業譲渡

●本章の目的
　①　事業譲渡の手続や内容について説明することができる。
　②　事業譲渡に反対する株主の権利として何があるか理解している。

●キーワード
　事業譲渡会社，事業譲受会社，株主総会特別決議，株式買取請求権

1．事業譲渡
（1）事業譲渡とは

　事業譲渡は，会社が取引行為として，自社の事業を他人（他社）に譲渡することである。その際，会社が事業の全部を譲渡する場合（全部事業譲渡）と重要な一部を譲渡（一部事業譲渡）する場合がある。

　事業譲渡の場合には，権利義務が個別的に承継される。すなわち，事業を行う会社（以下「事業譲渡会社」という）の債権者が，事業譲渡先会社（以下「事業譲受会社」という）への債権譲渡を個別に承認しなければ，当該債権を承継することができない。また，事業譲渡による債務承継によって，事業譲渡会社が一切の債務を負担しないようにする免責的債務引受けを行わせるようにするときも，債権者の個別の同意が必要である。債権者が同意しなければ，当該債務については，事業譲渡会社と事業譲受会社がともに債務を負うことになる。

（2）事業譲渡・譲受けの手続

　事業譲渡を行う場合，事業譲渡会社と事業譲受会社との間で事業譲渡契約を締結するとともに，各々において必要な手続を行う。

　事業譲渡会社では，事業の全部の譲渡のみならず，事業の重要な一部の譲渡の場合でも，株主総会の特別決議が必要である（467条1項1号・2号，309条2項11号）。事業譲渡会社にとっては，事業の譲渡は会社資産の流出につながること，会社組織の縮小という大きな経営判断であり株主の利害に関係してくることから，株主総会普通決議よりハードルを上げて特別決議としている。

　他方，譲渡する資産の規模が小さい「簡易事業譲渡」の場合は，当該会社における株主総会の決議は不要である（467条1項2号括弧書）。譲渡する資産規模が小さければ，会社全体としての影響は大きくないと考えられるために，都

度，株主総会の特別決議を必要とするハードルを設けないで，会社が機動的に事業譲渡を行えるようにしてバランスを取っている。なお，譲渡する資産規模が小さいとする具体的な基準は，譲渡する資産の簿価が，事業譲渡会社の総資産額の5分の1以下の場合のことを指しており，5分の1を下回る割合を，定款で定めることもできる。

事業譲受会社では，事業の全部を譲り受ける場合には，株主総会の特別決議を必要とし（467条1項3号・2号，309条2項11号），取締役会設置会社では，重要財産の一部を譲り受ける場合は取締役会決議で足りる。条文上は，重要な財産の譲受けとなっている（362条4項1号）。事業譲渡会社と異なり，事業譲受会社では，会社の資産が増加するメリットはあるものの，他社の全ての事業の譲渡を受けることとなると，資産の中には不良資産も含まれている可能性がある。場合によっては，事業譲渡を受けることによって，一次的に債務超過に陥ることがあるかもしれない。このように，事業の全部を譲り受けることとなると，会社に新たなリスクも持ち込むこともあり得ることから，株主総会で取締役から説明を受けた上で株主として賛否の判断をする必要があると考えている。他方，一部の重要な譲受けであれば，不良資産を伴う事業は事業譲受会社の取締役が事業内容を精査することで対処が可能となることから，取締役会での決議で足りる。

事業譲渡の場合と同様に，事業譲受けの場合も，株主総会決議不要の例外が存在する。一つは，簡易事業譲受けの場合であり，事業を譲り受けた会社の純資産規模から考えて譲受資産が小さい場合には，株主総会決議は不要である（468条2項）。その基準は事業譲渡の場合と同様の考え方であり，譲受資産の簿価が事業譲受会社の純資産額の5分の1以下の場合である。なお，5分の1を下回る割合を定款で定めることができることも，事業譲渡会社の場合と同様である。

また，会社の発行済株式総数の議決権の10分の9以上を有する親会社（会社法上は「特別支配会社」という。468条1項）が存在する場合，事業を譲り受ける子会社の株主総会では，事業譲受議案の特別決議での承認は，特別支配会社である親会社が議決権を行使することで当該子会社の株主総会での承認・決議が確実であるために，簡易事業譲渡の場合と同様に株主総会は不要である。このようなケースを「略式事業譲受け」という。

なお，株主総会の特別決議を経なかった事業譲渡・譲受けは無効というのが

通説である。

（3）株主の株式買取請求権

　会社が事業譲渡・事業譲受け（以下まとめて「事業譲渡等」という）をするときは，反対株主は会社に対して，自己が有している株式を会社に公正な価格で買い取ってもらう株式買取請求権を行使することができる（469条）。この場合の反対株主は，行動に示す必要があり，具体的には，株主総会に先立って事業譲渡等に反対する旨を会社に通知し，かつ株主総会において当該事業譲渡等に反対の議決権を行使することである（469条2項1号）。なお，株主の中には，単元未満株主のように株主権を行使できない株主も存在するが，このような株主も株式買取請求は可能である（469条2項2号）。

　株式買取請求権は，効力発生日の20日前の日から効力発生日の前日までの間に，対象となる株式数を明らかにした上で行使しなければならない（469条5項）。反対株主がひとたび買取請求権を行使した場合には，会社の承諾を得た場合に限ってその買取請求権を撤回することができる（469条7項）。株式買取請求を会社に申し出た後に，事業譲渡に関係して株価上昇した場合に買取請求を撤回することが認められるならば，株主による安易な株式買取請求権の行使を助長することになり，会社の実務に影響があるからである。

　なお，簡易事業譲渡等の会社の株主は，株式買取請求権はない（469条1項2号括弧書）。また，事業の全部譲渡において，譲渡の承認決議と同時に会社の解散を決議した場合（471条3号）は，譲渡会社の反対株主には株式買取請求権は付与されない（469条1項1号）。会社が解散決議をし清算を行う場合には，株主は残余財産の分配の形で金銭の交付を受けられる可能性があるからである。

（4）事業譲渡の内容

　事業譲渡といっても，休止設備が含まれるのか，事業で働く従業員も含むのか色々な解釈があり得る。事業譲渡は，株主にも影響が大きいため，一部重要な事業を譲り受ける場合以外は，株主総会の特別決議を必要とした手続が法的に要請されている。したがって，事業譲渡の解釈いかんでは，会社の手続の方法にも影響を与える。

　最高裁判所は，事業譲渡とは，①一定の営業目的のために組織化され，有機的一体として機能する財産の全部又は重要な一部を譲渡すること，②譲渡会社

がその財産によって営んでいた事業活動を譲受人に承継させること，③譲渡会社がその譲渡の限度に応じて競業避止義務を負うことと判示した（最判昭和40年9月22日民集19巻6号1600頁）。

①の「一定の営業目的のために組織化され，有機的一体として機能する」とは，設備・人・知的財産も含んだ有形・無形の資産を全て含むものであり，②については，事業活動を譲受人に承継させることから，長期の休止設備等の遊休資産は含まれないと解されている。また，③の競業避止義務とは，事業譲受会社にとっては，事業譲渡会社から事業を譲り受けた後に，譲渡会社が再度同業の事業を行うのであれば，事業譲受けを行った意義が縮減されることから，譲渡会社に競業避止義務を負わせたものである。もっとも，学説では，①のみで足りるとする有力説がある。

事業譲渡において，譲渡会社の債務を譲受会社が承継することができれば，譲渡会社は債務を負担する必要は無くなる。この場合，債権者が個別に債務承継に同意しなければ，譲渡会社と譲受会社の双方が債務を負うことになる。したがって，狭義の組織再編行為である合併・分割・株式交換・株式移転が包括的に債務を承継するのと比較して，事業譲渡の場合は，個別に債権者の同意を得る必要があり，それだけ手間がかかるということになる。

●事例問題1

> 　X会社は，建設機械部品の製造販売と自動車用部品の製造販売を業とする株式会社であるが，建設機械部品は累積赤字が大きく，建設機械事業部は3年前から事業活動を停止していた。X会社の代表取締役Aは，取締役会や株主総会の承認を得ないままに，Aの独断により，建設機械部品を生産する土地・建物・機材などの一切をY会社に譲渡した。X会社では，後に代表取締役となったBが，株主総会や取締役会の承認・決議を得ていない当該譲渡は無効であると主張し，X会社として譲渡財産の返還をY会社に請求した。Xの主張は認められると思うか。

○考える際のポイント
① 　事業活動を休止している事業部門は事業譲渡に該当するか。
② 　事業譲渡に該当するか否かと，取締役会や株主総会の手続に関係があるか。

○関連条文
　467条1項，362条4項1号

○参考裁判例

　　最判昭和40年9月22日民集19巻6号1600頁

　　最判昭和36年3月31日民集15巻3号645頁

○解答骨子例

　　判例では，事業譲渡とは，一定の営業目的のために組織化され，有機的一体として機能する財産の全部又は重要な一部であり，譲渡会社がその財産によって営んでいた事業活動を譲受人に承継させることと解している。Ｘ会社がＹ会社に譲渡とした建設機械部品事業部は，生産する土地・建物・機材などの一切をＹ会社に譲渡しているため，有機的一体として機能する財産の全部の譲渡であるように見える。しかし，建設機械事業部は，累積赤字のために既に休止状態にあることから，有機的一体として機能しているわけではなく，土地・建物・機材などは個別の資産として存在するのみである。また，Ｘ会社の建設機械事業部は事業活動を営んでいるものはないことから，Ｙ会社は，Ｘ会社から事業活動を承継したとは言えないと解せられる。したがって，本件譲渡は事業譲渡ではないことから，Ｘ会社における株主総会決議の承認・決議を受ける必要はない。

　　しかし，Ｘ会社にとっては，二つの事業部門の一つである建設機械事業部の資産を譲渡することは，重要財産の処分に該当することから，Ｘ会社の取締役会での決議は必要であった。ところが，代表取締役Ａは，独断でＹ会社への譲渡を行っている。もっとも，Ｙ会社がＸ会社の取締役会の決議を行っていないことに悪意又は過失がある場合を除き，取引の安全を保護する観点から，取引を有効とするのが判例の考え方である。本件では，Ｙ会社が本件資産譲渡についてＸ会社の取締役会決議を欠いていることに悪意又は過失があるとの特段の事情はないことから，Ｘの主張は認められない。

2．重要な子会社の株式譲渡

　　平成26年会社法において，親会社が子会社の株式又は持分の全部若しくは一部を譲渡する場合には，株主総会の特別決議が必要とする規定が明定された（467条1項2号の2）。もっとも，①譲渡する株式又は持分の帳簿価額が会社の総資産の5分の1を超えないとき，②当該譲渡後の子会社の議決権の過半数を有するときのいずれかに該当するときには，特別決議は必要ない。要するに，①や②に該当しない子会社株式等の譲渡は，子会社が営んでいる事業の重要な一部の譲渡と実質的には異ならないとの認識のもと，事業譲渡と同様の手続を

230

要求したものと考えられる。

3．事業賃貸

　会社が，事業全部の賃貸，経営の委任，他人と事業上の損益全部を共通にする契約その他これに準ずる契約をするときは，原則として株主総会の特別決議を要するとしている（467条1項4号，309条2項11号）。事業全部の賃貸も，株主の利益に多大な影響を与えるからである。

4．事後設立

　事後設立とは，会社の設立手続によって成立した会社が，成立後2年以内に，成立前から存在する財産で会社の事業のために継続して使用する工場などを取得することである。この場合も，株主総会の特別決議を必要とする（467条1項5号，309条2項11号）。定款の記載のない財産引受は無効であるからである（会社設立関係は，**第6編第1章**参照）。ただし，対価として交付する財産の帳簿価額が会社の純資産額の5分の1以下の場合は，特別決議は不要であり，また，反対株主に買収請求権が無いことも事業譲渡の場合と同様である。

●重要関連裁判例
- 重要財産の譲渡と特別決議（最判昭和40年9月22日民集19巻6号1656頁）
……百選64事件

【5-2．図表1】　事業譲渡の手続項目

(1)　秘密保持契約の締結，デュー・ディリジェンスの実施
(2)　基本合意書の締結等
(3)　取締役会決議（298条，362条）
(4)　適時開示等（上場規程402条）
(5)　基準日の公告等（124条）
(6)　譲渡契約の締結
(7)　臨時報告書の提出（金商24条の5，企業開示府令19条）
(8)　株主総会招集通知等（298条，299条，会社規63条）
(9)　反対株主の通知受付（469条）※反対株主が存在した場合

⑽　株主総会の開催，承認決議（467条，309条）

⑾　公正取引委員会への届出（独禁10条，16条，独禁手続規206条， 6 条）

⑿　公正取引委員会から届出受理書の交付等（独禁手続規 7 条）

⒀　事業譲渡等をする旨の通知又は公告（469条）

⒁　反対株主による買取請求（469条）※反対株主の請求があった場合

⒂　譲渡の効力発生日

⒃　公正取引委員会への完了報告（独禁手続規 7 条）

⒄　反対株主への金銭支払期限（470条）※反対株主が存在した場合

注 1 ．手続の詳細ですので，あくまで実務で実際に直面したときの参考としてください。

注 2 ．各項目の解説は，橋本副孝＝吾妻望＝日野義英＝菊池祐司＝笠浩久＝高橋均編『新版・会社法実務スケジュール』新日本法規出版（2016年）466〜473頁参照

第3章◆合　　併

●本章の目的

① 合併の仕組みと手続について理解する。

② 吸収合併及び新設合併とはどのようなものか，説明することができる。

③ 合併においては，事業譲渡とは異なり，消滅会社の権利義務の全部が当然に存続会社又は設立会社の承継されることを理解する。

④ 合併に反対する株主の権利行為の手段について説明することができる。

●キーワード

吸収合併，新設合併，差止請求，無効の訴え，三角合併，合併対価の柔軟化，債権者異議手続

１．合併の意義

（１）合併の意味

　合併とは，2つ以上の会社が契約によって1つの会社になることであり，吸収合併（2条27号）と新設合併（2条28号）がある。合併による消滅会社の全ての権利義務は，存続会社又は新設会社に包括的に承継される。

（２）事業譲渡との差異

　甲会社が乙会社を合併する吸収合併を考えてみよう。この場合，甲会社が乙会社から事業譲渡を受けることと何か異なるのであろうか。第一に，合併の場合には，会社そのものの承継であることから，消滅会社の権利義務が包括的に移転されることとなる。したがって，甲会社は乙会社を取り込むこととなり，結果として乙会社の権利義務の全てを取得することとなる。事業譲渡の場合は，あくまでも会社の一部門である事業の全部又は一部そのものの移動であり，権利義務の承継も個別に行われる。第二に，吸収される会社には，財産が無くなることから，法律上当然に解散・消滅することとなる。例外的に吸収される会社を存続会社とすることも可能ではあるが，実務上は合併するほうの会社が存続し，合併される会社は事実上解散し抹消登記をすることとなる。甲会社が乙会社を吸収合併する例では，乙会社は甲会社に吸収合併されることによって消滅する。第三に，消滅会社の債務は当然に存続会社又は新設会社に引き継がれる。合併の場合には，包括的な移転であることから，資産とあわせて債務も当

【5-3．図表1】　吸収合併と新設合併

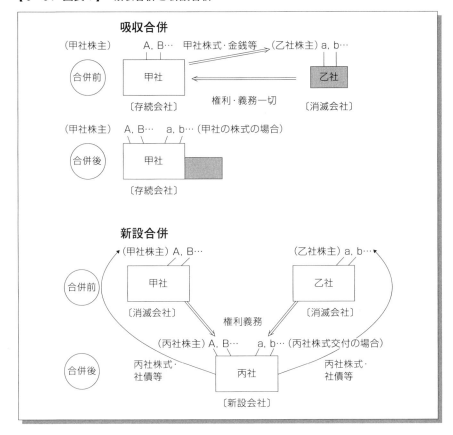

然に引き継ぐ。乙会社が対外的に負債を抱えていれば，合併後はそのまま甲会
社の負債となる。第四に，合併は包括移転のため，債権者にとって債務者が変
更することとなる。事業譲渡のように，債権者と個別交渉をする機会がないた
め，新しい債務者が債権を弁済してくれる保障を確認できない。したがって，
合併の場合は，原則的に債権者異議手続が存在する。第五に，株主は合併効力
発生前の差止請求，効力発生以後に合併無効の訴えの主張が可能である。

（3）合併の法律効果

　消滅会社の株主は，持株数に応じて存続会社の株式等又は新設会社の株式等
の交付を受け，存続会社又は新設会社の株主となることが基本である。した

がって，予め当事者間で合併比率を定めて，消滅会社の株主に存続会社又は新設会社の株式を交付することとなる。吸収合併では，存続会社の株式ではなく，金銭や存続会社の親会社の株式等の交付を行うことも認められている（749条1項2号，750条3項）。特に親会社の株式を交付することによって合併をすることを「三角合併」ともいう。実務的には，親会社が外国にある場合，日本国内の子会社を通じて吸収合併を行おうとする場合等での利用が考えられる。

　このように株式以外を交付することを，会社法では「合併対価の柔軟化」と呼ぶ。もっとも，新設合併の対価は，新設された会社発行の株式の他は，設立会社が発行する社債及び新株予約権に限られる（753条1項6号〜9号，754条2項・3項）。新設会社の場合の金銭の流出は，債権者にとって望ましくないことを考慮したためである。消滅会社の権利義務は，存続会社又は新設会社が包括的に承継することになる（750条1項，752条1項，754条1項，756条1項）。

　なお，合併の効力発生日は，吸収合併の場合には合併契約で定めた日（750条1項）であり，新設合併の場合は，新設会社の成立の日である（754条1項）。新設合併の場合には，会社設立の場合と異なり，登記時ではないことに注意が必要である。

★トピックス　外国会社による三角合併

　海外の会社が日本企業を支配しようとするとき，日本国内に外国会社の子会社が存在するときは，この子会社が日本企業に買収を仕掛ける際に，外国の親会社株式を買収のターゲットとする会社の株主に交付する三角合併を利用することが可能である。

　合併等対価の柔軟化が平成17年会社法で規定される際，経済界が外国会社の三角合併の手法により敵対的買収が仕掛けられることを強く懸念したことから，三角合併は，会社法の施行時期である平成18年5月1日から1年遅れて解禁された。もっとも，外国会社が日本企業を買収しようとするときは，公開買付等により市場から株式を直接買い増す手法を取っていることから，当初懸念した状況となっているわけではない。

2．合併の手続

（1）事前手続

　合併に限ったことではないが，組織再編を行うときは，株主・債権者・従業員等多くの利害関係者（ステークホルダー）に影響を及ぼすこととなるために，

社内でも一部の関係者のみが関与して，相手会社と守秘義務協定（秘密保持契約）を締結した上で，デュー・ディリジェンス（相手会社の事前調査）を実施するなど慎重に交渉を進めることとなる。大枠としての合意ができた段階で基本合意書を締結する。合併によって一定の取引分野における競争を実質的に制限する場合には合併ができないために，合併契約を公正取引委員会に届け出なければならない（独禁15条）。

（2）合併契約の締結と事前開示

　最初の会社法上の合併の手続としては，当事会社間で，合併契約の締結が出発点である（吸収合併は748条，749条，新設合併は748条，753条）。合併契約の承認は，取締役会設置会社では取締役会，非取締役会設置会社では，定款に別段の定めがある場合を除いて，取締役の過半数で行われる（362条4項1号，348条2項）。合併契約の内容は，存続会社及び消滅会社の商号・住所，消滅会社の株主に対する交付する内容，効力発生日などである（吸収合併は749条1項，新設合併は753条1項）。

　その次の手続は，各当事会社において，合併契約の内容・合併対価の内容などを記載した書面を作成し，株主及び会社債権者の閲覧に供することである（吸収合併の消滅会社は782条，存続会社は794条，新設合併の消滅会社は803条）。備置期間は，備置開始日から効力発生日6ヶ月を経過する日まで本店に備え置かなければならない（合併消滅会社は，効力発生日に消滅するので，その日まで）。事前開示書類に記載する内容は，合併契約の内容，合併対価の相当性に関する事項，相手方会社の計算書類等の内容，合併効力発生日以後における存続会社の債務の履行の見込みに関する事項などである（会施規182条）。この開示制度は，合併に関して株主総会で株主として承認するか否か，株式買取請求権を行使するか否か，債権者として異議を述べるか否かの判断材料となる大事な手続である。

（3）株主総会での承認・決議

　開示が行われた以降，合併契約で定めた効力発生日の前日までに，各当事会社において，合併について株主総会の特別決議による承認を得なければならない（吸収合併の消滅会社は783条，784条，存続会社は795条，796条，新設合併の消滅会社は804条）。書面投票，電子投票を行う会社では，株主総会参考書類にお

いて，組織再編を行う理由や内容の概要，事前開示事項の内容の概要を開示する（301条，302条）。

吸収合併消滅会社の場合には，消滅会社が公開会社でありながら，存続会社が非公開会社の場合で，消滅会社の株主が新たに受ける対価が譲渡制限株式の場合には，特殊決議でなければならない（783条3項，309条3項2号）。消滅会社の株主にとって，それまで公開会社の株主であったために投下資本の回収が自由にできたところが，譲渡制限会社の株式が交付されることによって，その自由が制限されるから著しく不利益を被ることとなる。したがって，特別決議と比較してさらに決議のハードルを上げて承認を得るように規定している。また，持分会社に吸収合併された場合は，株主としては無限責任となる可能性もあるので，さらにハードルを上げて，総株主の同意を必要としている（783条2項，804条2項）。

他方で，略式合併（存続会社が特別支配会社）の場合は，株主総会の特別決議が不要であることは，事業譲渡の場合と同様である。

吸収合併の存続会社に合併差損が生じる場合，及び消滅会社が存続会社の株式を有する場合（要するに，吸収合併会社にとって，自己株式を取得することになること）には，取締役は株主総会で説明しなければならない（795条2項・3項）。例えば，合併によって存続会社が一時的に合併差損を生じたとしても，中長期的には合併によるシナジー効果（相乗効果）が期待できることを株主に説明して理解を求めることとなる。なお，吸収合併存続会社の場合も，事業譲渡の場合と同様に，存続会社の純資産の5分の1以下の場合（簡易合併）には，株主総会の決議は不要である。

（4）反対株主の株式買取請求

合併のような組織再編では株主への影響も大きいことから，会社法では株主総会の特別決議を要請している。しかし，最終的には，多数決によって決せられるから，合併に反対した株主を保護する必要もある。すなわち，株式買取請求制度は，合併は株主総会で承認・決議した結果，実施されることとなるため，合併に反対の株主に投下資本の回収の機会を付与することを考慮している。株式買取請求権は，組織再編（事業譲渡も含む）に広く認められている制度である（事業譲渡の場合の株式買取請求は，**本編第2章1.（3）**参照）。

合併に反対する株主は，会社に対して，株主総会に先立って，合併に反対す

る旨を通知し，かつ株主総会において合併反対の議決権行使を行ったことを要
件として（785条2項1号イ，797条2項1号イ，806条2項1号），株式買取請求
制度が用意されている。単元未満株式保有株主など，株主総会で議決権を行使
できない株主，株主総会決議が必要とされない場合の株主も含む。具体的には，
反対株主は，合併効力発生日の20日前から前日までの間に株式の種類と数を明
らかにした上で，公正な価格で株式を買い取ることを会社に請求することが可
能である（吸収合併の消滅会社は785条〜787条，存続会社は797条，798条，新設合
併の消滅会社は806条，807条）。会社の株式買取価格としての公正な価格（785条
1項，797条1項）とは，合併効果（シナジー効果）も勘案した価格（最判平成23
年4月26日判時2120号126頁）であり，当事者間の協議で決定される（786条1項，
798条1項）。協議が整えば，会社は，合併効力が発生した日から60日以内に反
対株主に対して支払いを行う。もっとも，効力発生日から30日以内に協議が調
わない場合は，株主及び会社は，その後30日以内に裁判所に価格の決定の申込
みが可能（例えば，東京地決平成21年3月31日判時2040号135頁，最決平成23年4月
19日民集65巻3号1311頁，最判平成24年2月29日民集66巻3号1784頁等）である
（786条2項，798条2項）。反対株主が株式買取請求権を行使すると，会社の承
諾がなければ撤回はできない（785条7項，797条7項，806条7項）。株式買取の
効力は，合併効力発生日に発生する（786条5項）。

　なお，消滅会社の新株予約権の代わりに存続会社や新設会社から新株予約権
を受けない新株予約権者も，消滅会社に対して，新株予約権買取請求権が付与
されている（788条，808条）。合併消滅会社が発行している新株予約権は，合併
に伴って消滅してしまうからである。

（5）反対株主の差止請求

　合併が法令又は定款に違反する場合に，株主が不利益を受けるおそれがある
ときには，株主は会社に対し，合併をやめることを請求することができる（784
条の2第1号，796条の2第1号，805条の2）。反対株主による株式買取請求では，
合併に反対ではあるけれども，株主の地位は確保したいという株主を救済する
ことができないため，平成26年会社法で新たに法制化された。もっとも合併対
価が著しく不当な場合であっても，略式合併（特別支配会社による合併）以外は
差止請求の要件には該当しない。略式合併の場合には，合併の条件が当事会社
の財産状況その他の事情に照らして，著しく不当な場合には差止請求を行うこ

238

とができる。略式合併の場合には，吸収合併される会社では株主総会決議が省略
されることから，当該会社の株主の差止請求の要件を緩和しているわけである。
　なお，特別利害関係を有する親会社が，特別支配関係を利用した議決権を行
使することによって，子会社の株主総会で子会社に著しく不当な決議が行われ
たと子会社株主が考えた場合には，子会社における株主総会決議取消訴訟の対
象（831条1項3号）としての法令違反に該当することから，差止請求の要件に
当たると考えることが自然である。

（6）債権者異議手続

　債権者は合併について，当事会社に対して異議を申し立てることができる
（吸収合併の消滅会社は789条1項1号，存続会社は799条1項1号，新設合併の消滅
会社は810条1項1号）。合併による包括的承継により，合併の一方当事会社の
財務状態が悪い場合，他方当事会社の債権者の債務回収可能性が低下すること
による債権者保護が主な制度趣旨である。異議手続申述期間は，1ヶ月以上か
つ合併効力発生日の前日までである（789条2項，799条2項，810条2項）。
　債権者に対して会社は，吸収合併効力前日の1ヶ月以上前までに合併を行う
旨を官報に公告し，かつ会社が知れている債権者には個別通知による催告をす
る必要がある（789条2項，799条2項，810条2項）。「知れている債権者」とは，
債権者が誰か，またどのような原因に基づく債権者かの大体が会社に知られて
いる債権者のことである（大判昭和7年4月30日民集11巻706頁）。官報のみなら
ず，時事に関する事項を掲載する日刊新聞紙や電子公告によって行った場合は，
個別株主に対する催告は不要である（789条3項，799条3項，810条3項）。また，
会社は，債権者が異議手続を行うか否かを検討するために，合併契約の内容や
対価の相当性に関する事項，会社の債務の履行の見込みに関する事項等が記載
された書面を本店に備え置かなければならない（782条1項，794条1項，803条
1項，会施規182条，191条，204条）。そして，債権者が異議申述期間内に異議を
述べた場合には，吸収合併を行ってもその債権者を害するおそれがないときを
除き，異議の申立てを受けた会社は，当該債権者に対して弁済し，若しくは相
当の担保を提供し，又はその債権者に弁済を受けさせることを目的として信託
会社等に相当の財産を信託する必要がある（789条5項，799条5項，810条5項）。
もっとも，合併を行っても債権者を害するおそれがないときは，弁済や担保提
供などを行わなくてもよい（789条5項但書，799条5項但書，810条5項但書）。

債権者は，所定の期間内に異議を述べなければ，合併に承認したものとみなされる（789条 4 項，799条 4 項，810条 4 項）。

（7）登記と事後開示

　合併の効力発生日以後に，登記を行う（吸収合併は921条，新設合併は922条）。新設合併の場合は，通常の設立手続の規定の登記の適用はなく（814条 1 項），新設会社の定款は，消滅会社が作成する（814条 2 項）。また，吸収合併による消滅会社の解散は，吸収合併の登記の後でなければ第三者に対抗できない（750条 2 項）。

　また，会社は合併の効力発生後遅滞なく，合併により承継する権利義務の関係，合併効力発生日，反対株主の株式買取請求の手続の経過等一定の事項を，事後開示しなければならない（801条 1 項，会施規200条）。開示書面は，合併効力発生日から 6 ヶ月間，本店に備置しなければならない（801条 3 項）。会社債権者や株主等は，事後的に合併無効の訴えを提起するか否か判断するために，この開示書面の閲覧・謄写を請求することができる（801条 4 項）。

3．合併無効の訴え

　合併の効力発生日以後に，株主は合併無効の訴えを提起できる（828条 1 項 7 号・ 8 号）。原告適格者は，株主以外には，取締役，監査役，執行役，清算人，破産管財人，合併を承認しなかった債権者であり（828条 2 項 7 号・ 8 号），被告は存続会社又は新設会社である（834条 7 号・ 8 号）。提訴期間は，合併効力発生日から 6 ヶ月である（828条 1 項 7 号・ 8 号）。

　合併を含めた組織再編無効の訴えの要件は，新株発行の無効の訴えと同様に，会社法上，明記されていないが，法的安定性と取引の安全を考えて，解釈論としては，事前の措置である差止請求と比較して狭く解されており，例えば重大な手続上の瑕疵が存在する場合である。時間をかけて，合併に向けた話し合いを続けてきた両当事会社に対して，事後的な無効の訴えは重い意味を持つこと，差止請求である事前の法的措置を極力利用するインセンティブを確保することがその理由である。

　具体的には，合併契約書が未作成又は必要的記載事項の欠缺，合併承認決議が無効又は株主総会取消事由に該当，合併に関する開示事項の欠缺，債権者異議手続を無視等が考えられる。もっとも，合併比率が不公正であることは，無

240

効原因に当たらないとの解釈が通説である（裁判例としては，東京高判平成2年1月31日資料版商事法務77号193頁）。合併比率に不満である株主は反対株主の買取請求権を行使する機会を利用すべきと考えられるからである。

無効判決の効果は，第三者にも及ぶ対世効であり（838条），合併は将来に向かって効力を失う将来効である（839条）。合併無効の訴えが認められれば，合併によって消滅した会社は復活する。新設合併の場合は，新設会社は消滅した上で発行した株式は無効となり，新設会社の財産が，元の会社に復帰することとなる。合併後に取得した対外的な財産のうち，債務は当事会社の連帯，プラスの財産は当事会社の共有持分を各会社の協議で定める（843条3項）。協議が調わなければ，各会社の申立てにより裁判所が定める（843条4項）。

なお，合併の事後的な法的措置として，新株発行の場合の不存在確認の訴え（829条）に相当する規定はない。

● 事例問題2

乙会社の発行済株式総数の70%を有する甲会社は，乙会社を吸収合併し，合併対価として，乙会社の株式1株につき，従前の乙会社の株式1株の時価の半額にあたる金銭を交付することを計画した。そして，乙会社の他の株主の反対にもかかわらず，乙会社の株主総会の承認を得て実行した。乙会社の他の株主は，本件の吸収合併の無効を主張できるであろうか。

○ 考える際のポイント

①合併対価の柔軟化として，甲会社は乙会社株主に妥当な金銭を交付したこととなるか。

②合併対価の不公正を要件として，合併無効の訴えを主張できるか。

○ 関連条文

828条1項7号，831条1項3号

○ 参考裁判例

東京高判平成2年1月31日資料版商事法務77号193頁

東京地判平成元年8月24日判時1331号136頁

○ 解答骨子例

甲会社と乙会社は親子会社関係にある。甲会社が乙会社を吸収合併するにあたって，乙会社株主に合併対価として金銭を交付するにあたり，乙会社の本来の株価よ

りも半額の価額での提供が乙会社の株主総会で承認・決議されている。

　半額の価額は著しく不公正であり，不当な決議であるが，吸収合併無効の訴えは，合併比率の不公正は株式買取請求で対応すべきであり，また合併の差止請求の訴えも提起できることから，事後的措置である合併無効は法的安定性や取引の安全を考えて，その事由は狭くすべきと解されている。したがって，合併比率そのものの不公正は合併無効事由に該当しないと解すべきである。

　もっとも，特別利害関係人による著しく不当な株主総会決議が行われたときは，株主総会決議の取消事由に該当する。したがって，甲会社の行為は法令違反に該当することから，乙会社の一般株主は，乙会社の合併の効力が生じた日から6ヶ月以内に，吸収合併無効の訴えを提起することができる。

●重要関連裁判例
- 合併発表後に取得した株式の買取価格（東京地決昭和58年10月11日下民34巻9号=12号968頁）……百選93事件（初版）
- 合併比率の不公正と合併無効事由（東京高判平成2年1月31日資料版商事法務77号193頁）……百選91事件

【5-3．図表2】　吸収合併の手続項目

(1)　公正取引委員会への合併届出等（独禁15条，独禁令18条，独禁手続7条）
(2)　適時開示等（上場規程402条）
(3)　臨時報告書（金商24条の5，企業開示府令19条）
(4)　合併契約承認取締役会（362条，399条の13，416条，348条）
(5)　合併契約の締結（748条，749条）
(6)　有価証券届出書・有価証券通知書（金商2の2条，4条，5条，金商令2条の2～2の7条，企業開示府令4条，8条）
(7)　事前開示（782条，会社規182条，191条）
(8)　合併契約承認株主総会（783条，795条）
(9)　種類株主総会（783条，795条，322条，323条）※種類株式発行の場合
(10)　債権者異議手続（789条，799条）※債権者異議申立てがあった場合
(11)　株券提出手続・新株予約権証券提出手続（219条，293条）※株券等発行会社
(12)　反対株主の株式買取請求（785条，786条，797条，798条，振替155条）
(13)　新株予約権買取請求（787条，788条）※新株予約権発行会社の場合

(14) 登録株式質権者・登録新株予約権質権者に対する通知・公告（783条）

(15) 振替機関への通知（振替138条）

(16) 合併期日（749条，750条，790条）

(17) 合併対価の交付（749条）

(18) 事後開示（801条，会施規200条）

(19) 登記（921条）

(20) 合併無効の訴え（828条）※該当した場合

注1．手続の詳細ですので，あくまで実務で実際に直面したときの参考としてください。

注2．各項目の解説は，橋本副孝＝吾妻望＝日野義英＝菊池祐司＝笠浩久＝高橋均編『新版・会社法実務スケジュール』新日本法規出版（2016年）284〜299頁参照

第4章◆会社分割・株式交換・株式移転・株式交付

●**本章の目的**

① 会社分割・株式交換・株式移転・株式交付の内容と目的を理解する。

② 分割会社の債権者の中で，債権者異議手続が必要な債権者とは，どのような債権者かを理解する。

③ 組織再編として，手続上の相違を把握する。

④ どのような事由が株式交換・株式移転・株式交付の無効事由になるかについて説明できる。

●**キーワード**

分割会社，承継会社，完全親子会社形態，子会社化

1. 会社分割

(1) 意　義

　会社分割とは，ある会社が持つ事業に関して有する権利義務の全部又は一部を他の会社に承継させることであり，吸収分割と新設分割がある。吸収分割とは，既存の当事会社（承継分割会社）が，分割会社（分割される会社）の権利義務の全部又は一部を承継するものである（2条29号）。他方，新設分割とは，新たに設立する会社（設立会社）が，分割会社の権利義務の全部又は一部を承継するものである（2条30号）。会社が一部の事業部門を子会社化する場合などで利用される。

　会社分割は合併の場合と同様に，権利義務の個別の移転手続を不要としているが，会社分割では，既存の権利義務の全てを承継させるわけではなく，また既存の会社が消滅するわけではない点は合併の場合とは異なる。

(2) 手　続

　吸収分割の場合は，当事会社（分割会社と承継会社）の間で承継の対象となる権利義務等を定めた吸収分割契約を締結する（757条，758条）。吸収分割契約の内容は，当事会社の商号・住所，承継する資産・債務等権利義務に関する事項，分割会社に対して金銭等を交付するときはその内容，効力発生日などであ

244

【5-4. 図表1】 吸収分割と新設分割

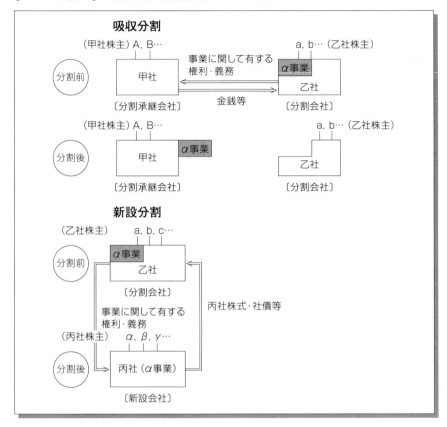

る（758条1項）。会社分割の場合も分割会社の権利義務は承継会社に包括的に承継されるために、債権者や債務者と個別の同意の手続を要しない点について、合併の場合と同様である。また、原則として、分割にあたって、当事会社の株主総会の特別決議による承認が必要となる。

　他方、新設分割の場合は、新設分割計画を作成し、原則として、当該会社の株主総会の特別決議承認を行う。吸収分割の場合は、既存の両当事会社が存在するために契約書の締結が可能であるが、新設分割の場合には、新設分割の方針を固めた時点では、新設会社は存在していないため、方針を決めた会社が計画を策定することになる。新設分割計画の内容は、新設会社の目的、商号、本店の所在地及び発行可能株式総数、定款事項、分割会社から承継される資産・

債務・雇用契約その他の権利義務に関する事項等である（763条1項）。

　その他の手続等（事前開示，総会特別決議，買取請求権，差止請求権，債権者異議手続，登記及び事後開示）は，合併の場合と同様の内容である。

（3）会社分割の法律効果

　分割効力の発生日に，承継会社又は設立会社は分割会社の権利義務を承継する（759条1項，764条1項）。分割効力の発生日とは，吸収分割の場合は，吸収分割契約で定めた効力発生日であり，新設分割の場合は，設立会社の設立登記による成立の日となる。

　分割承継会社は，分割会社の債務を包括的に承継することから，事業譲渡の場合と異なり当該債務の債権者の個別の承諾は不要である。したがって，譲渡会社が債務を負担しないような免責的債務引受けには，債権者の承諾を要するという民法の一般原則の修正としての意味合いがある。会社法では，組織再編を円滑に進めることを優先しているから，債権者の個別の承諾は不要としたのである。

　分割会社に対する対価については，承継会社又は設立会社は，分割会社に対して，権利義務を承継する代わりに対価を交付する。吸収分割の対価の種類は，吸収合併の場合と同様に，吸収分割契約で自由に決定可能である（758条4号，759条4項）。他方，新設分割の対価は，設立会社の発行する株式や社債などに限定している（763条6号～9号，764条4項・5項）。

　登記の効力については，例えば，分割会社の代表取締役が，効力発生日後で吸収分割の登記前に不動産を第三者に処分した場合，不動産をめぐる第三者と承継会社との間の関係は，二重譲渡類似の状況と考えられ，第三者の悪意・善意にかかわらず，不動産の移転登記の先後に関係し，分割の登記の有無は関係ない。

　なお，事業譲渡の場合は「事業の全部又は重要な一部の譲渡」という文言から，前述したように，休止した設備等は事業譲渡の対象とならないと解されている（**本編第2章1.（4）**参照）のに対して，会社分割の場合は「事業に関して有する権利義務の全部又は一部の承継」となっている。この文言から，会社分割の対象となる事業は，必ずしも事業の実質を有する必要がないとの立案担当者の解説（相澤哲編著『立案担当者による新・会社法の解説』別冊商事法務295号（2006年）181～182頁）からすると，事業譲渡の場合と異なり，休止設備等の場

合も会社分割の対象となるものと考えられる。

（4）債権者異議手続（合併の場合と異なる点）

　債権者異議手続は，基本的に合併の場合と同様であるが，合併の場合と異なる点は下記の通りである。

　第一は，異議を述べることができる債権者は，①分割会社の債権者のうち，会社分割後に分割会社に債務の履行を請求できなくなる者（789条1項2号，810条1項2号），②分割会社が，分割対価である承継会社・設立会社の株式を株主に分配する場合における分割会社の債権者（789条1項2号，810条1項2号），③承継会社の債権者（799条1項2号）である。したがって，分割後も分割会社に債務の履行を請求できる債権者は，異議手続の適用はないということとなる。

　第二は，吸収分割をする場合に，不法行為によって生じた吸収分割会社の債権者に対しては，催告の省略はできない（789条3項，799条3項，810条3項）。

（5）会社分割の事後開示・会社分割の無効の訴え

　会社分割に関する一定事項を効力発生の日から開示することも（791条2項，801条3項，811条2項），会社分割無効の訴え（828条1項9号・10号）も合併の場合と同様である。

2．株式交換と株式移転
（1）意　　義

　株式交換と株式移転は，100％の持株比率となる完全親子会社形態とするための手法である。

　株式交換とは，ある会社（株式交換完全子会社となる会社）が，その発行済株式の全部を他の会社（株式交換完全親会社となる会社）に取得させることである（2条31号）。株式交換の目的は，完全親子会社関係を創出することである。したがって，会社間で単に株式を交換する行為を示しているわけではない。

　他方，株式移転とは，1又は2以上の株式会社（株式移転完全子会社となる会社）が，その発行済株式の全部を新たに設立する株式会社（株式移転設立完全親会社となる会社）に取得させることである（2条32号）。株式移転は，主に，持株会社（Holding Company）を設立し，その傘下に事業会社（Operating Company）を置く会社形態とする場合に用いる手段である。

（2）手　続

　株式交換を行うためには，会社間で株式交換契約を締結した上で（767条，768条），各当事会社の株主総会の特別決議による承認を得る。株式交換契約の内容は，当事会社の商号・住所，交付する金銭等の場合は，それに関する事項，株式交換の効力発生日等である。株主総会で承認・決議されれば，完全子会社化される会社議案に反対した当該株主の保有株式を含めて，完全子会社化しようとした会社は，全ての株式を取得できる。略式株式交換，簡易株式交換の場合は株主総会の決議は不要である。

【5-4.図表2】　株式交換と株式移転

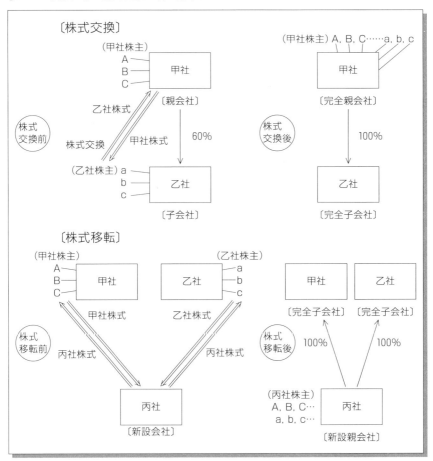

248

他方，株式移転を行うためには，株式移転計画を作成した上で（772条，773条），完全子会社となる会社の株主総会の特別決議による承認を得る。株式交換の場合と同様に，略式株式交換，簡易株式交換の場合には株主総会決議は不要である。

その他の手続等（事前開示，総会特別決議，買取請求権，差止請求権，債権者異議手続，登記及び事後開示）は，合併や会社分割の場合と同様内容である。

（3）株式交換と株式移転の法律効果

株式交換の法律効果は，株式交換契約に定めた効力発生日（768条1項6号）に効力が生じ，株式交換完全親会社は，株式交換完全子会社の発行済株式全部を取得する（769条1項・2項）。そして，株式交換完全子会社の株主は，株式交換の対価として株式交換契約に定められた株式や金銭等の交付を受ける（769条3項）。

他方，株式移転の場合は，株式移転設立完全親会社の設立登記（925条）による成立の日に効力が生じ，株式移転設立完全親会社は，株式移転完全子会社の発行済株式の全部を取得する（49条，774条1項）。株式移転完全子会社の株主は，株式移転計画の定めに従って，株式移転設立完全親会社から株式や社債等の発行を受ける（773条1項5号〜8号，774条2項・3項）。株式移転設立完全子会社の株主は，株式移転設立完全親会社から金銭の交付を受けられないことは，新設合併の場合と同様である。

なお，登記の有無については，株式交換・株式移転では，完全子会社の財産は変動せず株主構成が変動するだけなので，第三者との対抗問題は発生しない。

（4）債権者異議手続

完全子会社となる会社は，株主が全て親会社となるだけで財産状態に変動はなく，また完全親会社は，自社株を対価に完全子会社の株式を取得する場合には，債務は増えずに資産が増加する。このために，株式交換・株式移転の場合は，債権者の利益を害することは限定的である。したがって，株式交換の対価として金銭等のように，完全親会社の株式以外のものが交付される場合には，親会社の資産が減少するために，親会社の債権者が異議を述べることができる（799条1項3号）。例えば，株式交換による金銭対価が多額になると，完全親会社の財産状況が悪化する可能性があるからである。

　また，株式交換契約の定めにより，完全子会社が発行している新株予約権付社債を完全親会社が承継する場合（799条1項3号）は，当該新株予約権付社債は，完全親会社が免責的に引き受けることになり，完全親会社が債務を履行するか保証されるわけではないので，当該新株予約権付社債の社債権者が，完全子会社となる会社に対して異議を述べることができる（789条1項3号，810条1項3号）。

（5）株式交換と株式移転の無効の訴え

　いずれも，合併や分割の場合と同様に，株主等は一定の要件のもとで無効の訴えを提起できる（828条1項11号・12号）。無効判決が確定した場合は，完全親会社は，株式交換・移転で取得した株式を完全子会社となった株主に返還しなければならない（844条）。

★トピックス　特別支配株主による株式売渡請求（完全親子会社形態移行への別の方策）

　会社の総株主の議決権の9割以上を有する特別支配株主は，残り1割を有する株主に対して，保有している株式を売り渡すことを請求する制度が平成26年会社法で創設された（179条以下）。完全子会社化を行おうとすると，従前は，株主総会の特別決議の承認を得て，株式交換の手法，株式併合の手法，全部取得条項付種類株式の取得の方法が採用された。

　これに対して，特別支配株主による株式売渡請求制度は，株主総会の決議を行わないで完全子会社化できるため，株主総会決議不要のキャッシュ・アウト制度とも呼ばれる。議決権の9割を保有しているということは，株主総会の決議の結果は明らかで，株主総会の議題とする意味がないからである。

　もっとも，取締役会設置会社では，株主への株式売渡請求が株主の利益となるかを慎重に判断した上で，取締役会で承認・決議を得なければならない。その上で，売渡株主に対して，売渡請求に関する所定事項を取得日の20日前までに通知したり，閲覧・謄写請求に供する情報開示をしなければならない。また，売渡株主は，裁判所に対して，売渡株式の売買価格決定の申立てをすることが可能などの株主保護の規定が用意されている。もっとも，売渡株主への通知又は公告の後に売渡株式を譲り受けた者は，売買価格の決定の申立てはできないとするのが判例の立場である（最決平成29

年 8 月30日民集71巻 6 号1000頁）。

●事例問題 3

> 甲会社は60％の株式を所有する乙会社を子会社として傘下に収めていた。乙会社の取締役Ａは，甲会社の営業部門からの一方的かつ非通例的な取引を継続的に引き受けたことによって乙会社は固定的に損害を及ぼしたとして，乙会社の株主Ｂから，株主代表訴訟の提起を受け，審理が係属していた。その後，甲会社経営陣は，株式交換の手法を利用して，乙会社の完全子会社化を図り，甲会社及び乙会社の株主総会では，いずれも賛成多数で承認・決議された。この場合，ＢによるＡに対する株主代表訴訟は，そのまま係属できるのであろうか。

○考える際のポイント

 ① 株式交換後は，乙会社の株主Ｂは，どのようになるか。

 ② 組織再編によって，原告適格要件の変更はあるのか。

○関連条文

 847条の 2 第 1 項・ 3 項，851条 2 項

○解答骨子例

 親会社である甲会社が，乙会社の株式と甲会社の株式を交換することにより乙会社を完全子会社化することについて，甲会社，乙会社ともに株主総会で承認・決議された。すると，乙会社の株主Ｂは，自動的に乙会社の株主から甲会社の株主になることによって，もはや乙会社の株主でなくなることから原告適格要件から外れるために，乙会社の取締役に対する株主代表訴訟を係属ができるか問題となる。

 株式交換によって，乙会社が甲会社の完全子会社になる株主総会決議が承認決議されれば，Ｂの意思にかかわらず原告適格要件から外れるのは不当であることから，過去に乙会社の株主でありさえすれば，例外的に原告適格は喪失しないと法定されている。したがって，Ｂの訴えは棄却されることなく引き続き審理を係属できる。

3 ．株式交付

（1）意　義

 株式交付制度とは，株式会社（株式交付親会社）が他の株式会社を新たに子会社化（株式交付子会社）するために，その会社の株式を譲り受け，譲渡人に

対して対価として自社の株式を交付する制度のことであり，令和元年会社法で新たに規定された（2条32号の2）。株式会社は日本法で設立された会社であるために，外国会社（2条2号）は株式交付制度の対象外である。従前は，子会社化との関係における自社株式の交付は，完全子会社化するための株式交換制度を利用する場合に限られていたのに対して，手持ちの現金が十分に準備できていなくても，自社の株式を活用することにより，完全子会社化以外の子会社化による経営支配の手法が採用しやすくなることが特徴である。また，株式交換制度を利用した完全子会社化は，株主総会において承認・決議されれば，完全子会社化される株主は，株式交換の差止請求や無効の訴えの提起，株式買取請求権の行使，株主としての地位の離脱以外に対抗手段がなかったのに対して，株式交付制度の場合は，株式交付親会社の株主となるか否かは，株式交付子会社の株主の個別の意思に委ねられることになり，株式交付子会社の株主にとどまることも可能である。すなわち，ターゲットとなる会社（この場合，株式交付子会社）の株主にとっても，選択肢が広がる利点がある。

　株式交付制度の利用範囲を明確にするために，株式交付制度は議決権株式の50％超を取得する場合に限定される。したがって，既に50％超の議決権株式を保有して子会社化している会社の株式割合を高めたり，議決権株式を40％以上でも子会社化が可能な実質支配基準（会施規3条3項2号）の場合は，株式交付制度の適用外とされた。株式を交付することによる子会社化により，株式交付親会社の株価の価値が上がれば上がるほど，株式交付子会社の株主に交付する株式数が少なくて済むことにもなる。それだけに，企業買収（M＆A）の一環として株式交付制度が活用されるケースが多くなるものと予想されることから，実務的には，会社経営者は，合併等の他の組織再編行為の効果や実務上の負担を比較しつつ実施することになる。

（2）手　　続

　株式交付をする場合，株式交付親会社は，株式交付計画を作成した上（774条の2第1項）で，株式交付子会社の株主に対して計画の内容や自社の商号等を通知し申込みを受ける（774条の4第1項）。株式交付計画に記載する事項は，譲り受ける株式数の下限，申込期日，株式交付の対価，効力発生日等である（774条の3第1項）。この中で譲り受ける株式数の下限の値は，少なくとも50％超を数値とする必要がある（774条の3第2項）。譲り渡しを希望する株式数が

下限以上となった場合は，株式交付親会社は，譲り渡し申込者と株式数を決定する「割当」を行った上で，申込者に通知を行う（774条の5）。下限を下回れば，株式交付は中止となり，株式交付親会社は，申込者に対して，遅滞なく，株式を交付しない旨を通知する（774条の10）。

　株式交付親会社の株式が含まれていれば，一部を金銭や新株予約権等の他の財産でも可能である（774条の3第1項5号）。その上で，株式交付親会社は，効力発生日の前日までに株主総会の特別決議により株式交付計画の承認・決議を受けなければならない（816条の3第1項）。株式交付制度では，有利発行規制（199条3項）の適用はない。なお，株式交付親会社が公開会社で，かつ株式交付により株式親会社の資産状況に大きな影響を与えない簡易要件を満たす場合には，株主総会の決議は不要である（816条の4第1項）。

　株式交付制度は，合併や分割等の組織再編行為の一類型であることから，合併等と同様に，株式交付親会社は，株主からの株式交付の差止請求，反対株主の株式買取請求，債権者異議手続，株式交付計画書や株式交付関係等の書類の一定期間の備置・閲覧の規定の適用となる（816条の5～816条の10）。他方，株式交付子会社では株主総会決議は不要である。なぜならば，株式の譲り渡しの可否の判断は個々の株主であり，株式交付親会社と譲渡株主との間の個別の合意事項のためである。

（3）株式交付の法律効果

　株式交付親会社は，効力発生日に株式交付子会社の株式を譲り受けることになることから，株式交付の法律効果は，株式交付計画で定めた効力発生日に効力が生じ，子会社化が実現する（774条の11）。株式交付親会社が定めた下限値に株式交付子会社株式総数が満たない場合や債権者異議手続が終了していない場合等では，株式交付の効力は発生しない（774条の11第5項）。

（4）株式交付の無効の訴え

　株式交付については，効力発生日において株式交付親会社の株主であったり，現在も株主である者，株式交付子会社で株式を譲り渡した者，株式交付について承認しなかった債権者，破産管財人は，株式交付の協力が生じた日から6ヶ月以内に，無効の訴えを提起できる。無効訴えの制度は，合併等の他の組織再編制度の同じ規定である。

　また，無効判決が確定した場合には，株式交付親会社は，株式交付子会社で
あった株主に，当該子会社の株式を返還するのと引き換えに，自社の株式の返
還を請求できる（844条の2）。

【5-4．図表3】　株式交付

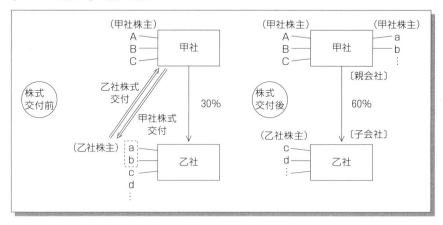

★トピックス　株式交付制度と金商法

　株式交付制度は会社法上の規定であり，M＆Aの活用の幅が拡大するなど実務的
には利便性の高い制度であるが，株式交付親会社が有価証券報告提出会社であれば，
金商法上の開示規制（金商法2条3項・4項等）や公開買付規制（金商法27条の2
第1項1号・2号）の適用も受けることに注意が必要である。例えば，公開買付規
制では，株式交付親会社は，株式交付子会社の株主から，譲り受ける予定株式の上
限を超えた譲り渡す申込みがあれば，申込み株式数を比例按分する方式を採用する
必要がある（金商法27条の2第5項）などの規定にも留意する必要がある。

【5-4．図表4】 組織再編手続の概観

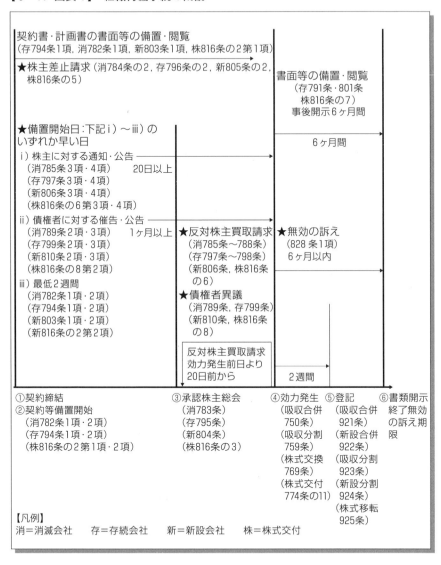

●**重要関連裁判例**

• 債務の履行の見込みと会社分割無効事由（名古屋地判平成16年10月29日判時1881号122頁）……百選95事件（初版）

• 会社分割と詐害行為取消権（最判平成24年10月12日民集66巻10号3311頁）……百選93事件

• 株式買取請求における公正な価格（最判平成23年4月19日民集65巻3号1311頁，最判平成24年2月29日民集66巻3号1784頁）……百選86事件・87事件

256

【5-4．図表5】 組織再編関係の条文整理

	株式会社		持分会社
組織変更	743条	744条 745条	746条 747条
合併	748条		
吸収合併		749条 750条	751条 752条
新設合併		753条 754条	755条 756条
分割			
吸収分割	757条	758条 759条	760条 761条
新設分割	762条	763条 764条	765条 766条
株式交換	767条	768条 769条	770条 771条
株式移転	772条	773条 774条	
株式交付	774条の2	774条の3 774条の4 774条の5 774条の6 774条の7 774条の8 774条の9 774条の10 774条の11	
組織変更手続		775条 776条 777条 778条 779条 780条	781条

	消滅会社・被分割会社	存続会社・承継会社	持分会社
吸収合併等手続	782条 783条 784条 784条の 2 785条 786条 787条 788条 789条 790条 791条 792条	794条 795条 796条 796条の 2 797条 798条 〜 〜 799条 800条 801条 〜	793条 802条
新設合併消滅会社等手続	803条 804条 805条 805条の 2 806条 807条 808条 809条 810条 811条 812条		813条
新設合併設立会社等手続	814条 815条		816条
株式交付会社手続		816条の 2 816条の 3 816条の 4 816条の 5 816条の 6 816条の 7 816条の 8 816条の 9 816条の10	

注.　合併・分割・株式移転・株式交換・株式交付は類似の条文が並列されていて
　　わかりにくいが，上記の通りの条文構造になっていることを理解するとよいで
　　あろう。

第5章◆企業買収

●本章の目的

   ① 企業買収は，組織再編行為の中のどの位置づけのことか理解する。

   ② 企業戦略の一つとしての企業買収とそのための手段を具体的なケースで理解する。

●キーワード

  友好的企業買収，敵対的企業買収

1．企業買収の背景

  日本企業がアメリカの企業を買収したとの報道を見聞きすることがあろう。企業買収とは，文字通り考えれば，企業を「買って収める」ということであり，M＆A（Mergers（合併）＆ Acquisitions（取得））と呼称されることも多い（企業買収という言葉がマスメディア等では定着しているが，本章では，「企業」を「株式会社」に置き換えて構わない）。収めるということは，別の企業を支配下に収めることである。もっとも，支配下に収める際に，相手会社も了知している場合（友好的企業買収）と相手会社が徹底抗戦をする場合（敵対的企業買収）がある。友好的企業買収といっても，企業の経営状況が悪く，不本意ながら企業買収に応じるケースと，戦略的互恵関係を発展させるために，積極的に提携を進める一環として行われるケースがある。

  敵対的買収とは，買収される側が買収を行おうとしている企業に対して「敵対的」と表現しているだけであり，買収しようとする企業の側としては，企業戦略として経済的視点からの当然の行動と認識しているケースも多い。中には，当初は友好的な買収を行おうとして話を持ちかけたものの，相手企業が頑なに拒否するのでやむを得ず，敵対的企業買収の行動に出ざるを得ないというケースもある。

  いずれにしても，買収しようとする企業も，買収されようとする企業も各々の経営陣の企業戦略や企業として置かれた状況，企業文化などの色々な要因によって，行動パターンが異なってくることから，買収する側が「強い」とか買収される側が「敵対的に仕掛けられている」というイメージで見るのではなく，企業価値向上としての視点や，株主・取引先・従業員等の利害関係者にとって有益か否かの視点で見ていくことが重要である。

２．組織再編行為と企業買収の位置づけ

（１）組織再編行為との関係

　企業買収とは，企業戦略の一環とした組織再編行為の一つであるとの理解が大切である。伝統ある食品総合メーカーである甲会社の例で考えてみる。甲会社は，飲料事業部門，乳製品事業部門，人工調味料事業部門，健康食品事業部門等，他方面にわたる事業部門で構成されているとしよう。この中で，健康食品部門は後発であったことから，大幅な赤字が継続していた。甲会社のＡ代表取締役社長は，健康食品部門の取締役であるＢ事業本部長に対して，コスト削減から新規市場の開拓等，あらゆる方策をもって立て直すように指示をした。Ｂ事業本部長も執行役員以下に対して，抜本的な対策をとるとともに，飲料部門等収益をあげている事業部門に対する人事異動や，それに伴うオフィス面積の縮小，賞与カット，あるいは他社からの技術供与などの部分提携などを実施した結果，赤字幅は縮小した。しかし，新興の乙会社をはじめとした健康食品の専業メーカーの牙城は固く，事業部門としての黒字化には至らなかった。このような状況にあるとして，Ａ社長は，もはや健康食品事業部単体での黒字化は困難と考えた。しかし，Ａ社長としては，健康食品事業は，日本の高齢化の進展と健康ブームを考えると，必ず甲会社の成長事業に育つ可能性があるとの思いもあった。それでは，Ａ社長として，次なる戦略として何が考えられるであろうか。

（２）事業譲渡

　第一は，健康食品事業部を，乙会社に事業譲渡することが考えられる。甲会社としては，事業の選択と集中を高めることによって，会社としての収益基盤を盤石なものにしようと考えたとき，もはや自助努力では黒字化が困難な健康食品事業部を事業譲渡によって売却するわけである。乙会社は，健康食品の専業メーカーとして，販売や製造のノウハウが蓄積されており，甲会社の健康食品事業部が持つ工場の設備改造や営業マンの再教育等によって，再生可能と判断すれば，乙会社は甲会社の事業譲渡申し入れを受け入れるであろう。もちろん，甲会社が健康食品事業部を売却したがっているとの情報を入手した場合，乙会社から甲会社に申し入れる場合もある。

　但し，甲会社の健康食品事業部を乙会社が事業譲渡の形で購入することであるから，乙会社としては，甲会社の健康食品事業部を精査して，従業員や設備

を全て譲り受けるとは限らない。例えば、甲会社の健康食品部門の設備の一部
をリースしていたとすると、乙会社は、そのリース契約を引き継がない可能性
もある。このように、事業譲渡の場合は、両社の債権者との関係も含めて個別
の同意が前提となることから、甲会社の健康食品事業は包括的に全て乙会社に
移るわけではなく、事業譲渡される実際の資産価値に応じて、売却価額が決定
される。

　なお、全部事業譲渡の場合は、甲会社としては、健康食品事業から事実上撤
退ということになる。

（3）会社分割

　第二は、健康食品事業部門を分社化することが考えられる。会社法上は、会
社分割である。その際、分社した会社を、例えば丙会社として単独の会社とす
るか、既存の健康食品メーカーである乙会社に承継させる方法がある。

　まず丙会社として分社する方法であると、法的には法人格が別になり、基本
的には日々の意思決定は丙会社単独で行うことになる。このため、意思決定の
迅速化を図ることができるだけではなく、コスト的には甲会社とは別の健康食
品の販売活動に相応しい地域に本社機能を移すことも可能であるし、場合に
よっては、現場との一体感を持たせるために、工場がある場所の事務所に本社
機能を持たせることもできる。更に、人材の採用においても、首都圏での採用
よりも地方で採用したほうが給与その他でコストセーブとなる可能性もある。

　分社化する際に、親会社である甲会社が丙会社のどの程度の持株比率を持つ
かによって、丙会社との関係の度合いを測ることができる。甲会社が丙会社の
発行済株式の全てを持てば、完全親子会社関係になり、実質的には丙会社の意
思決定に甲会社が強く関与することになる。次の節目として、甲会社が丙会社
の株式の３分の１以上を所有することになると、甲会社が反対すれば丙会社の
株主総会では、定款変更や合併・分割等の会社の基礎的変更を行う際の特別決
議事項を承認・決議することはできなくなる。更に、丙会社株式の過半数を所
有しているか、40％以上の株式所有かつ過半数の取締役を送り込んでいるなど
実質的支配をしている関係にあれば、甲会社と丙会社は会社法上の親子会社関
係にあることから、丙会社は甲会社の企業集団に属するということになる。し
たがって、健康食品事業については、丙会社は甲会社グループの一員として、
必要に応じて甲会社をはじめ、他の子会社の協力も仰ぎながら事業を進めてい

くことになる。

　一方，健康食品事業部を会社分割により乙会社に承継させることとなると，健康食品事業は包括的に乙会社に移ることとなる。この場合も，事業譲渡の場合と同じように，乙会社から甲会社に申し入れて実現する場合もある。

　なお，事業譲渡の場合と異なり，乙会社は甲会社の健康食品事業部門を承継した際に，甲会社に対しては，自社の株式，社債及び金銭等を交付することも可能である。

（4）合　　併

　第三は，甲会社と乙会社との合併である。その際，甲会社（又は乙会社）が乙会社（又は甲会社）を吸収した形をとる吸収合併と，甲会社と乙会社が新設会社を設立する新設合併がある。甲会社が乙会社に合併を打診し乙会社がその申し出を受け入れれば，吸収合併か新設合併かは，両社の取引先等の債権者・役職員の感情等も総合的に検討して，合併効果を最大限に引き出すためには，どちらが良いか決定される。

　この設例の場合には，甲会社が総合食品メーカーであることから，甲会社が乙会社を吸収合併するパターンが考えられる。甲会社全体の業績が悪ければ，乙会社が甲会社を吸収合併をする可能性も無くはないが，規模的にも大きい甲会社を吸収合併することは，リスクが高く，乙会社の株主の賛同は得られないであろう。また，甲会社と乙会社が規模的にも業績的にもほぼ対等である場合には，新たなスタートを切る意味でも新設合併も考えられる。本ケースでは，甲会社と乙会社の規模の差からは考えにくい。

　甲会社が乙会社に内々に合併を申し入れたときに，乙会社の経営陣がその申し出を受け入れれば友好的買収となり，両社が守秘義務協定を締結し，合併基本契約締結に向けて両社で必要に応じて協議をしつつ準備が進められる。他方，乙会社の経営陣が拒否すれば，甲会社は，乙会社買収に向けた方針を決定しその準備が開始される。その場合は，乙社株式が公開会社で，株式が市場で売買されているならば，次に解説する乙会社の株式を株式市場で取得する方法となる。

（5）株式取得による子会社化

　第四は，乙会社の株式取得による子会社化である。具体的には，乙会社の発

行済株式総数の過半数を獲得することによって，乙会社の株主総会での決議を通じて乙会社を実質的に支配することである。乙会社の発行済株式総数の過半数（又は議決権行使可能株式総数の過半数）を取得できれば，甲会社との経営統合に賛同する取締役を乙会社に送り込むことができる。欧米では，ターゲットとする会社を支配下に収めようとした場合に，短期間に市場から相手会社の株式を取得することが通例であるが，日本の場合には，相手会社に子会社化を打診して協議が不調となったときに，株式を取得に動く場合も多い。

設例では，甲会社から乙会社に甲会社の子会社化を打診した際に，乙会社としては，甲会社のブランドや知名度に魅力を感じて甲会社グループの子会社となる選択肢もあるが，乙会社が独自路線で健全な経営を継続している限り，甲会社の支配下に入ることは乙会社の従業員を含めた利害関係者の理解を得ることは困難であろう。すると，甲会社としては，乙会社の株式取得に舵を切るわけであるが，その際，乙会社が上場会社か閉鎖会社かによって，甲会社の対応が異なる。

乙会社株式が上場されていれば，株式市場において乙社株式の買増しをすることになる（市場買付け）。もっとも，市場買付けの場合は，株式市場での需給バランスが崩れて，乙会社株式の価格は急騰するであろうから，甲会社としては多額の資金を必要とする。そもそも，どの程度の資金を準備しておいたら，乙会社株式の過半数を獲得できるか保証できないことから，甲会社としてのリスクは大きくなる。

このリスクを避けるためには，甲会社は公開買付の手法（Take Over Bid.略して「TOB」という）を利用する。公開買付とは，株式市場での売買とは別に，買収者の提示価格に応募するように株主に請求することである。公開買付に応じてもらうためには，株式市場での市場価格にプレミアムを付けて，乙会社の既存株主が経済的メリットにより応募しやすいようにする。設例では，仮に乙会社株式が東京証券取引所一部上場企業であり，1株当たり1,000円で売買されているならば，例えば1,200円で甲会社として買い取る旨を公表することになる。公開買付を行う場合には，買取価格のみならず，申込時期や金銭の振込時期などの情報を事前に開示しなければならない（金商27条の2〜27条の22）。公開買付は，既存の株主に経済的メリットを与えるものであるから，株主に公平に情報提供をする必要がある。過半数の応募がなければ，乙会社の買収は失敗したこととなるが，甲会社は応募してきた株式を買い取る必要はない。

　他方，乙会社が閉鎖会社の場合は，乙会社の株式に譲渡制限が設けられているために，乙会社の株主が甲会社に株式を譲渡しようとしても，乙会社の事前承認を得なければならない。乙会社が甲会社の支配下に入ることを拒否しているわけであるから，当然のことながら，乙会社としては，甲会社への株式譲渡を承認しないであろう。このために，同族会社では，株式を非公開にして譲渡制限を設けている会社が多く見られる。

　株式の売買を通じて子会社化する際には，買収を行おうとする会社は，多額の資金を必要とする可能性が高い。既に合併や分割の組織再編行為を見据えて，自社株式を取得している場合に，自社株式を消却するのではなく，金庫株として保有しておけば，株式交付制度を利用し，子会社化しようとする相手会社の株主から自社株式と引換えに株式を取得することによって子会社化することも可能である。

　さらに，甲会社が乙会社を子会社化すれば，その後のステップとして，株式交換方式によって完全子会社化したり，株式移転方式による持株会社形態にすることによって，甲会社の飲料等の事業部を各々完全子会社とすることも可能となる。

　以上のように，企業買収は，企業戦略の一つとして位置づけた理解をした上で，具体的にどのような方策を取ることがメリットがあるか検討することが，企業実務の要諦となるし，その後の企業競争力の帰趨に大きな影響を与える。

●事例問題4

　甲会社は，昭和の初期に設立された名門の飲料メーカーであり，東京証券取引所一部に上場している。名門企業であることから，昭和初期から取得した莫大な土地を首都圏に所有し，工場の閉鎖や地方の移転により，遊休地化したり，商業施設を誘致したりしていた。甲会社としては，遊休地の有効活用のために，新たなイベント施設や社会貢献の一環とする環境をメインテーマにした展示室をオープンさせるなどを新たに企画していた。

　米国の投資会社である乙会社は，甲会社の莫大な含み資産に眼をつけて，甲会社を買収した上で，土地等の資産を売却することによって短期の利益をあげた後，甲会社を手放そうと考えていた。乙会社は，他国でもこの手法で多くの利益をあげてきており，いわゆるグリーンメーラー（短期の利益をあげて，株価が上昇し

た後に当該会社の売却することによって巨額の利益を得る投資家）と恐れられていた。

　乙会社は，予定通り，甲会社の買収を目指して甲会社の株式の買増しを行い，30％程度にまでなった。そこで，甲会社は臨時取締役会を開催して，甲会社と取引関係のある丙会社に新株予約権の発行を決議した上で，株主総会で諮ったところ，株主からは70％の賛成を得て，承認・決議された。なお，新株予約権が行使されれば，丙会社は，甲会社の議決権株式総数の45％を保有することになり，乙会社が現実的に甲会社を買収することは不可能となる。

　これに対して，乙会社は新株予約権発行の差止請求を東京地方裁判所に提起した。乙会社の主張は認められるか。

○考える際のポイント
　①　甲会社が丙会社に発行する新株予約権の発行は，著しく不公正な方法によって行われるという，いわゆる主要目的ルールが争点とならないか。
　②　グリーンメーラーと言われる乙会社による買収によって，甲会社の株主をはじめとした利害関係者は，利益となるのか。

○関連条文
　247条2号

○参考裁判例
　最決平成19年8月7日民集61巻5号2215頁

○解答骨子例
　　乙会社は，甲会社の含み資産に着目して，甲会社の株式を市場から買い増して支配下に収めた後に，株式を売却して利益を得ようとしている。これに対して，甲会社は，取引先である丙会社に新株予約権を発行することを株主総会で決議した。

　　甲会社の新株予約権の発行は，乙会社による買収への対抗手段であることから，経営支配権の争いが発生している場面であり，甲会社の現経営陣の経営支配権の維持・確保を目的とした新株予約権の発行ということができる。

　　他方，乙社の買収目的は，甲会社の中長期の発展ではなく，含み資産の売却によって短期で利益をあげて株価を吊り上げた上で，市場で売却して利益を得るということであるから，甲会社が，今後，遊休地を含めた土地活用等によって利益をあげたり社会貢献を行っていくという株主の共同の利益に反することは明らかである。しかも，甲会社の株主も，株主総会において，甲会社の新株予約権の発行による買

収防衛策を 7 割の株主が支持している（乙会社は，甲会社の株式を 3 割保有していることから，乙会社以外のほぼ全ての株主が，乙会社による買収に反対していることを意味している）。

　以上より，甲会社の新株予約権は，経営権の維持・確保を目的としたものであるが，乙会社の買収は，甲会社発展の合理的な目的ではなく株主共同の利益に反することから，例外的に，新株予約権の発行は妥当であり，乙会社の差止請求は認められないと解せられる。

●重要関連裁判例
- 著しく不公正な方法による第三者割当増資（東京高決平成16年 8 月 4 日金判1201号 4 頁）……百選98事件
- 第三者割当による新株予約権発行の差止め（東京高決平成17年 3 月23日判時1899号56頁）……百選99事件

第6編　会社設立と解散

第1章◆会社設立

●本章の目的

① 会社設立の意義と手続を理解する。

② 発起人とはどういうものか，説明することができる。

③ 定款の絶対的記載事項，相対的記載事項，任意的記載事項について理解し，具体的記載事項例を挙げることができる。

●キーワード

発起人，定款，発起設立，募集設立，登記，仮装払込み

1．会社設立の概要
（1）会社設立の意義

　株式会社の設立（「成立」ともいうが，以下「設立」に原則統一する）とは，株式会社という団体を形成し，株式会社が法人格を取得した上で法律上の法人になることである。

　会社設立の大きな流れは，定款の作成→株式発行事項の確定→株式の引受け→出資の履行→設立時役員等の選任→設立経過の調査→登記となる。

（2）発起人と発起設立・募集設立

　会社を設立するときには，会社を設立しようと企図した発起人の存在が欠かせない。発起人は，一般的には何か物事を始めようとする場合に発案し，中心となって活動する人をいうが，会社設立における発起人は，会社設立を企画し設立事務を行うとともに，会社を設立の際に発行する株式を引き受けて出資を行い，会社設立時に株主となる者のことである。すなわち，会社を設立しようと計画し準備をするだけでなく，会社設立後は自ら株主となる。

　会社を設立する際には，発起設立と，募集設立がある。発起設立は，会社設立時に発行される株式の全部を発起人が引き受ける方法（25条1項1号）であるのに対して，募集設立は，発起人は会社設立時に発行される株式の一部のみ

引き受け，残りについては発起人以外に株式引受人を募集する方法である（25条1項2号）。募集設立は，発起人以外にも出資が及ぶために，投資家の保護の観点から，手続や発起人の責任が発起設立の場合より厳格化されている。したがって，一般的には発起設立の場合が多い。

2. 設立の手続

（1）定款の作成

定款は，会社の組織・運営に関する根本規則であり，会社の事業目的や組織・運営について記載する。したがって，会社を設立するには，発起人が定款を作成し，全員が定款に署名若しくは記名押印をしなければならない（26条1項）。現在は，電子署名の方法もある（26条2項）。

定款は，将来，会社運営等による利害関係人の紛争を防止するために，公証人の認証を受けなければ，その効力は生じない（30条1項）。公証人の認証を受けた定款は，会社の機関・株主等に対する拘束力を有することから，法令の解釈と同一法理が及ぶ。会社法の条文中に，「法令及び定款違反」とセットとして記載されているのは，このためである。

（2）定款の記載事項と変態設立事項

定款には，記載がなければ定款そのものが無効となる絶対的記載事項と，記載がなくても定款は無効とはならないものの，記載がなければ当該事項の効力が生じない相対的記載事項，記載がなくても定款そのものは無効となることはないものの，該当事項を社内外に明確化するために記載する任意的記載事項がある（具体的な記載事項については，【6-1. 図表1】 定款の記載事項参照）。

なお，例外的に変態設立事項がある。変態設立事項とは，特別に検査役の調査を必要とするなど，通常とは異なる厳格な手続を必要とする設立事項という意味であり，現物出資，財産引受け，発起人の報酬その他の特別利益，設立費用の項目，が該当する。現物出資（動産，不動産，債権，有価証券，知的財産権等）を変態設立事項ということは，会社設立は原則的には金銭の出資を考えていることであり，財産引受けなどの項目も，設立時に特有の例外的な事象と捉えている。

変態設立事項が定款に記載されるときには，発起人は原則として，公証人の認証後，遅滞なく裁判所に検査役の選任を申し立てなければならない（33条1

【6-1. 図表1】　定款の記載事項

種類	絶対的記載事項 （27条等）	相対的記載事項 （28条等）	任意的記載事項
特色	1項目でも記載がないと，定款そのものが無効	定款に記載しなければ，効力無し	定款以外に規定しても効力を持つ
具体的事項	①事業目的 ②商号 ③本店の所在地 ④設立に際して出資される財産の価額又はその最低額 ⑤発起人の氏名又は名称及び住所 ⑥発行可能株式総数	①現物出資 ②財産引受 ③公告の方法 ④機関の設計 ⑤取締役会の書面決議 ⑥取締役の責任免除 ⑦株式の譲渡制限 ⑧種類株式　　　等	①定時株主総会招集関係 ②取締役の員数 ③補欠取締役・補欠監査役 ④株主総会議長 ⑤事業年度 　　　　　　等

項）。例えば，発起人が金銭の代わりに現物出資をする場合等である。現物出資の価値を明確にしておかなければ，後日に株主に配当を行う場合に，金銭出資をした株主との間で受取金額をめぐってトラブルとなるかもしれないからである。検査役は，現物出資の価値を発起人が決めた価値と相違ないか調査するなど，変態設立事項である現物出資に関して確認する。そして，検査役は，調査の結果を裁判所に報告するとともに発起人に知らせる（33条2項・4項・6項）。定款変更の決定に不服がある発起人は，決定の確定後1週間以内に限り，株式引受の意思表示を取り消すことが可能である（33条8項）。

　現物出資の場合，その目的物の価額が，定款記載の価額に著しく不足する際には，発起人及び設立取締役は，会社に対して連帯して不足額を会社に支払う義務を負う（52条1項）。もっとも，検査役の調査を経たときは，問題ないと判断された結果であるから，免責される（52条2項）。なお，検査役調査が不要の例外として，①現物出資及び財産引受けの目的財産の定款記載の価額の総額が500万円以下，②定款記載の価額が市場価格を超えない有価証券，③現物出資の相当性が，弁護士・公認会計士・税理士等の証明を受けた場合がある

(33条10項各号)。

　定款を作成し，公証人の認証を受けた後は，定款は本店及び支店に備え置か
され，株主及び債権者は，営業時間内に定款の閲覧・謄写請求が可能である。
また，裁判所の許可を前提として，親会社の株主は，子会社の定款の閲覧・謄
写もできる（31条）。親会社の株主にとっては，子会社の組織や運営状況によっ
ては，子会社の不祥事ひいては親会社にも影響を及ぼす可能性もあるからであ
る。

【6-1．図表2】　定款記載例

定　款

第1章　総　則

（商　号）
第1条　当会社は，○○株式会社と称する。
　　　　　英文では，×××○○ Corporation と表示する。
（目　的）
第2条　当会社は，次の事業を営むことおよびこれに相当する事業を営む会社の株式を所
　　　　有することにより，当該会社の事業活動を支配・管理することを目的とする。
　　　　　1　飲食店業および遊技場の経営
　　　　　2　不動産業務
　　　　　3　―――――
　　　　　4　―――――
　　　　　5　―――――
　　　　　6　前各号およびこれに付帯または関連する一切の業務
（本店の所在地）
第3条　当会社の本社は，東京都△△△区に置く。
（公告方法）
第4条　当会社の公告は，電子公告により行う。但し，電子公告によることができない事
　　　　故，その他やむを得ない事由が生じたときは日本経済新聞に掲載して行う。
（機関の設置）
第5条　当会社は，株主総会及び取締役のほか，次の機関を置く。
　　　　　(1)　取締役会
　　　　　(2)　監査役
　　　　　(3)　監査役会

⑷　会計監査人

第2章　株　　式

（単元株式数）

第6条　当会社の単元株式数は，100株とする。

（発行可能株式総数）

第7条　当会社の発行可能株式総数は，8,000,000株とする。

（単元未満株主の権利）

第8条　当会社の株主は，その有する単元未満株式について，以下に掲げる権利以外の権利を行使することができない。

　　⑴　会社法第189条第2項各号に掲げる権利

　　⑵　会社法第166条第1項の規定による請求をする権利

　　⑶　株主の有する株式数に応じて募集株式又は募集新株予約権の割当を受ける権利

（株式取扱規程）

第9条　当会社の株主権行使の手続，その他株式に関する取扱い及び手数料は，法令又は本定款のほか，取締役会の定める株式取扱規程による。

（株主名簿管理人）

第10条　当会社は，株主名簿管理人を置く。

　　②　株主名簿管理人及びその事務取扱場所は，取締役会の決議により選定する。

　　③　当会社の株主名簿及び新株予約権原簿の作成，備置きその他の株主名簿及び新株予約権原簿に関する事務は，これを株主名簿管理人に取扱わせ，当会社においてはこれを取扱わない。

（基準日）

第11条　当会社は，毎年3月31日の最終の株主名簿に記載又は記録された議決権を有する株主をもって，その事業年度の定時株主総会において権利を行使すべき株主とする。

第3章　株　主　総　会

（招集の時期）

第12条　当会社の定時株主総会は，毎年6月に招集する。

（招集権者及び議長）

第13条　株主総会は，法令に別段の定めある場合を除き，取締役会の決議により代表取締役社長が招集し，その議長となる。

　　②　代表取締役社長に事故あるときは，取締役会においてあらかじめ定めた順序に従い，他の代表取締役がこれに代わる。

（株主総会の決議）

第14条　株主総会の決議は，法令又は本定款に別段の定めある場合を除き，出席した議

決権を行使することができる株主の議決権の過半数をもって行う。

（議決権の代理行使）

第15条　株主は，当会社の議決権を有する他の株主を代理人として，株主総会における議決権を行使することができる。

②　株主又は前項の代理人は，株主総会毎に代理権を証明する書面を当会社に提出しなければならない。

（議事録）

第16条　株主総会における議事の経過の要領及びその結果並びにその他法令に定める事項は，これを議事録に記録又は記載する。

第4章　取締役及び取締役会

（員　数）

第17条　当会社の取締役は，5名以内とする。

（選任方法）

第18条　取締役は，株主総会の決議によって選任する。

②　取締役の選任決議は，累積投票によらないものとする。

（任　期）

第19条　取締役の任期は，選任後2年以内に終了する事業年度のうち最終のものに関する定時株主総会終結のときまでとする。

②　補欠又は増員として選任された取締役の任期は，他の在任取締役の任期の満了すべきときまでとする。

（代表取締役及び役付取締役）

第20条　取締役会の決議をもって，取締役の中から取締役社長1名を選出する。その他必要に応じ，最高経営責任者（CEO），最高執行責任者（COO），会長，副会長，副社長，専務，常務を各取締役から選定することができる。

②　取締役会の決議により，当会社を代表する取締役を選定することができる。

（取締役会の招集権者及び議長）

第21条　取締役会は，法令に別段の定めがある場合を除き，会長が招集し，その議長となる。

②　会長に事故あるときは，取締役会においてあらかじめ定めた順序に従い，他の取締役がこれに代わる。

（取締役会の招集通知）

第22条　取締役会の招集通知は，会日の3日前までに各取締役及び各監査役に対して発する。但し，緊急の必要あるときは，この期間を短縮することができる。

②　取締役及び監査役の全員の同意あるときは，招集の手続を経ないで取締役会を開くことができる。

（取締役会の決議方法）

第23条　取締役会の決議は，取締役の過半数が出席し，出席した取締役の過半数で行う。

（取締役会の議事録）

第24条　取締役会における議事の経過の要領及びその結果並びにその他法令に定める事
　　　　項は，これを議事録に記載し，出席した取締役及び監査役がこれに記名押印する。

（取締役会規程）

第25条　取締役会に関する事項は，法令又は本定款の他，取締役会において定める取締
　　　　役会規程による。

（報酬等）

第26条　取締役の報酬等は，株主総会の決議によって定める。

（取締役の責任免除）

第27条　当会社は，会社法426条の規定により，取締役会の決議をもって，同法第423条
　　　　の行為に関する取締役（取締役であったものを含む。）の責任を法令の限度にお
　　　　いて免除することができる。

第 5 章　監査役及び監査役会

（員　数）

第28条　当会社の監査役は，3名以上とする。

（選任方法）

第29条　監査役は，株主総会の決議によって選任する。

（任　期）

第30条　監査役の任期は，選任後4年以内に終了する事業年度のうち最終のものに関す
　　　　る定時株主総会終結のときまでとする。

　②　任期満了前に退任した監査役の補欠として選任された監査役の任期は，退任し
　　　た監査役の任期の満了すべきときまでとする。

（常勤監査役）

第31条　監査役会は，その決議により監査役の中から常勤の監査役を選定する。

（監査役会の招集）

第32条　監査役会は，各監査役が招集する。

　②　監査役会の招集通知は，会日の3日前までに各監査役に対して発する。但し，
　　　緊急の必要があるときは，この期間を短縮することができる。

　③　監査役の全員の同意があるときは，招集の手続を経ないで監査役会を開催する
　　　ことができる。

（監査役会の決議の方法）

第33条　監査役会の決議は，法令に特段の定めがある場合を除き，監査役の過半数を
　　　　もって行う。

（監査役会の議事録）

第34条　監査役会における議事の経過の要領及びその結果並びにその他法令に定める事
　　　　項は，これを議事録に記載し，出席した監査役がこれに記名押印する。

（監査役会規程）

第35条　監査役会に関する事項は，法令又は本定款の他，監査役会において定める監査
　　　　役会規程による。

（報酬等）

第36条　監査役の報酬等は，株主総会の決議によって定める。

（監査役の責任免除）

第37条　当会社は，会社法第426条の規定により，取締役会の決議をもって，同法第423
　　　　条の行為に関する監査役（監査役であった者を含む。）の責任を法令の限度にお
　　　　いて免除することができる。

第6章　会計監査人

（会計監査人の設置）

第38条　当会社は，会計監査人を置く。

（選任方法）

第39条　会計監査人は，株主総会の決議によって選任する。

（任　期）

第40条　会計監査人の任期は，選任後1年以内に終了する事業年度のうち最終のものに
　　　　関する定時株主総会の終結の時までとする。

　　②　会計監査人は，前項の定時株主総会において別段の決議がされなかったときは，
　　　　当該定時株主総会において再任されたものとみなす。

（報酬等）

第41条　会計監査人の報酬等は，代表取締役が監査役会の同意を得て定める。

（会計監査人の責任免除）

第42条　当会社は，会社法第426条第1項の規定により，取締役会の決議をもって，同
　　　　法第423条第1項の会計監査人（会計監査人であった者を含む。）の損害賠償責任
　　　　を法令の限度において免除することができる。

第7章　計　　　算

（事業年度）

第43条　当会社の事業年度は，毎年4月1日から翌年3月31日までとする。

（期末配当金）

第44条　当会社は，株主総会の決議によって毎年3月31日の最終の株主名簿に記載又は
　　　　記録された株主又は登録株式質権者に対し金銭による剰余金の配当（以下「期末
　　　　配当金」という。）を支払う。

（中間配当金）

第45条　当会社は，取締役会の決議によって，毎年3月31日の最終の株主名簿に記載又
　　　　は記録された株主又は登録株式質権者に対し，会社法第454条第5項に定める剰
　　　　余金の配当（以下「中間配当金」という。）をすることができる。

（自己の株式の取得）

第46条　当会社は，取締役会決議によって市場取引等により自己の株式を取得することができる。

（期末配当金等の除斥期間）

第47条　期末配当金及び中間配当金が，支払開始の日から満3年を経過してもなお受領されないときは，当会社はその支払いの義務を免れる。

　②　未払いの期末配当金及び中間配当金には，利息をつけない。

　以上，○○株式会社設立のため，この定款を作成し，発行人が次に記名押印する。

　令和2年3月10日

東京都○○区○○町○丁目○番○号

発起人　△　△　△　△　㊞

埼玉県○○市○○町○丁目○番地

発起人　△　△　△　△　㊞

（3）株式発行事項の決定と株式の引受け

　次は，株式発行事項を決定する。株式事項として，定款で定めなければならないものには，設立に際して出資される財産の価額並びにその最低額，及び発行可能株式総数がある。出資の財産価額は，会社設立後の原資となるものであり，発行可能株式総数の上限の設定は，会社としての一定の規律を示すことになる重要事項であるから，予め定款に定めておくわけである。また，株式発行事項の内で，発起人が割当てを受ける株式の数，株式と引換えに発起人が払い込む金額，設立後の会社の資本金・資本準備金の額は，発起人全員の同意が必要である。なお，ここでの会社の資本金・資本準備金の額は，株式と引換えに払い込まれた金額の全てが会社の資本金として計上されることが原則であるが，その2分の1を超えない金額は資本金として計上しないで，資本準備金として計上することが可能である（445条1項～3項）。他方，発起人が出資を履行すべき日と払込取扱機関については，発起人の多数決によって決める。

（4）出資履行による会社財産形成と株主の確定

　発起人は引受後遅滞なく，募集設立の場合の引受人は，発起人が定めた払込期日（若しくは期間中）に，金銭による払込み又は現物出資の場合の給付を行

わなければならない（34条1項）。

　金銭の払込みは，発起人が定めた払込取扱機関（銀行等の金融機関）に対して払込みを行う（34条2項，63条1項）。その際，発起設立の場合の払込みの証明は，口座の残高証明でよいのに対して，募集設立では，払込取扱金融機関が払込金の保管証明を行う義務がある（64条）。募集設立の場合は，一般公衆が出資しているため，その財産の保管状況の保護が必要であるためである。

　また，設立登記の申請時には，払込みがあったことを証明する書面（払込みが行われた預金通帳等）が必要となり，期日までに出資を行わない発起人がいる場合は，当該発起人は，会社設立時に株主となる権利を喪失する（36条）。

　なお，定款で定めた財産の最低額を満たさない場合には，設立無効となる。

（5）設立時取締役・監査役・会計参与・会計監査人の選任

　出資の履行の完了等，株式関係の手続の後は，設立時取締役らの選任である。設立時取締役の選任は必須であるが，監査役等の選任の有無は会社設立後の機関設計の形態による。発起設立の場合は，出資の履行が完了した後，遅滞なく，設立時取締役を選任する（38条1項）。発起設立の場合は，発起人のみが出資を履行しているために，発起人が1株につき1議決権を有し，総議決権の過半数で設立時取締役等を選任することになる（40条1項・2項）。

　一方，募集設立の場合は，設立時株主（出資を履行した発起人，払込みを行った公衆引受人）による創立総会を開催し，その場で設立時取締役・監査役等を選任する（88条）。創立総会の決議方法は，創立総会において議決権を行使することができる設立時株主の議決権の過半数であって，出席した当該設立時株主の議決権の3分の2にあたる多数決によって行う（73条1項）。あわせて，創立総会では，発起人が設立の経過を報告することになっている（87条）。

　設立時取締役・監査役の役割は，設立事項の調査である（49条1項，93条1項）。調査の結果，法令又は定款違反があったときには，発起人に通知しなければならない（46条2項）。募集設立では，設立時取締役は，調査の結果を創立総会に報告する必要がある（93条2項）。実務的には，設立時取締役の選任予定者が，予め調査を行っておくことになる。

3．設立の登記
（1）登記の手続
　会社は，本店の所在地において設立の登記をすることによって成立する（49条）。設立の登記は，代表取締役が所定の期間内に申請する。

（2）登記事項
　登記事項としては，会社の資本金の額，発行済株式の種類と数，取締役の氏名，機関設計等である（911条3項）。登記の意義は，これから当該会社と取引をしようとする者の情報収集ができることにあり，登記の効果としては，設立中の会社が法人格を取得し事業活動を開始することと，設立登記によって，設立中の会社に生じた法律関係が，設立した会社に帰属することである。

4．仮装払込み
　仮装払込みとは，実質的には払込みではなく，払込みの概観を作出する行為のことを意味する。例えば発起人が銀行等から借入れをし，それを預金に振り替えて払込みに充てる際，借入れを返済するまで預金を引き出さないことを約束する預合い行為が該当する。預合いを防止するために，重い罰則規定（5年以下の懲役・500万円以下の罰金）がある（965条）。

　他方，発起人が払込取扱機関以外の者から借り入れて株式の払込みに充てるものの，設立登記後間もない時期に会社の預金を引き出して，借入先の返済を行う「見せ金」もある。見せ金は，預合いと異なり，直接の罰則規定は存在しないものの，出資の履行を仮装した場合として，その当事者である発起人（関与した発起人も含む）や設立時取締役等は，会社に対して払込みを仮装した出資に係る金銭の全額の支払義務がある（52条の2第1項・2項，102条の2第1項）。

●事例問題1

　甲会社の発起人Aは，会社を設立するための当面の資金が不足していたために，丙銀行から5,000万円を借り入れ，この5,000万円を甲会社の株式の払込金として，乙銀行に払い込んだ。Aは，設立登記をした翌日に，乙銀行から5,000万円を引き出し，丙銀行に返済した。この場合，Aの払込みは有効であるか。

○考える際のポイント

　①預合いと異なり，資金の移動が行われてさえいれば，有効な払込みとなるか。

　②会社設立後，会社活動のために活用できる資金であるか。

○関連条文

　53条

○解答骨子例

　　A発起人は，丙銀行から5,000万円を借り入れた後，乙銀行に払込みを行っていることから，Aとしては発起人として甲会社に出資をしている。しかし，Aは出資の翌日に引き出して，丙銀行に返済していることから，5,000万円に出資について，甲会社としては，設立後の会社財産としての確保できておらず，実質的に会社活動に利用できない。いわゆる，出資のための払込みを仮装した「見せ金」である。

　　見せ金については，預合いと異なり，その有効性について明文規定がないために解釈論となる。

　　見せ金の有効性については，借入金返済までの期間がある程度存在し，会社として活用することができること，出資金が会社設立後に活用された実態があること，設立後の資産の中で借入金の返済額の割合が小さいことの要件を満たせば有効と解される。

　　本件では，設立登記の翌日に乙銀行から全額を引き出しており，甲社が活用することは不可能であったことから，Aの甲会社に対する払込みは無効である。

【6-1. 図表3】　預合いと見せ金

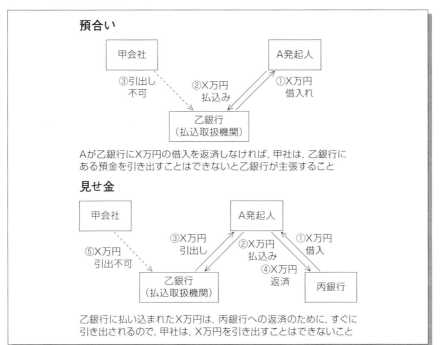

預合い

甲会社　　　　　　　　　　A発起人

③引出し　　②X万円　　①X万円
不可　　　　払込み　　　借入れ

乙銀行
（払込取扱機関）

Aが乙銀行にX万円の借入を返済しなければ, 甲社は, 乙銀行に
ある預金を引き出すことはできないと乙銀行が主張すること

見せ金

甲会社　　　　　　　　　A発起人

⑤X万円　　③X万円　②X万円　　①X万円
引出不可　　引出し　　払込み　　　借入
　　　　　　　　　　④X万円
　　　　　　　　　　返済

乙銀行　　　　　　　　　　丙銀行
（払込取扱機関）

乙銀行に払い込まれたX万円は, 丙銀行への返済のために, すぐに
引き出されるので, 甲社は, X万円を引き出すことはできないこと

第2章◆発起人の権限・設立無効

●本章の目的
① 設立中の会社における発起人の権限が及ぶ範囲について理解する。
② 会社設立無効の訴えの制度，無効原因，無効判決について説明することができる。

●キーワード
設立費用，財産引受け，開業準備行為，事業行為，設立無効

1．設立中の法律関係
（1）設立中の会社と発起人

　会社の設立は，登記をもって法律上は正式に設立されたことになることから，設立登記前の会社は，会社としての権利能力を有することはない。すると，会社設立の過程で，土地を購入したり事務所を賃借するのに要した支払義務は，設立前段階では会社に帰属することはできない。このために，いったんは発起人に帰属させ，会社設立後は，当該会社に帰属させる。すなわち，発起人が設立後の会社に代わって，権利・義務を行使することとなる。

（2）発起人の権限

　会社設立までの準備と発起人の権限との関係が問題となる。発起人の権限が及ぶか否かを判断する際の行為の類型として，①設立を直接の目的とする行為，②設立のために必要な行為，③財産を引き受けたり，開業を準備する行為，④定款目的記載の事業を行う事業行為，がある。

a．設立の直接目的行為

　第一の設立を直接の目的とする行為とは，例えば，定款の作成（26条），株式引受け・払込みに関する行為（36条），創立総会の招集行為（65条1項），登記行為である。いずれも，会社設立のために行わなければならない行為であり，発起人の権限が及ぶことに学説上も異論はない。

b．設立に必要な行為

　第二の設立のために必要な行為とは，例えば，定款認証手数料・印紙税の支払い，払込取扱機関に支払う手数料の支払いや，設立事務を行うための事務所の賃貸借等（「設立費用」）である。定款の認証手数料，払込取扱金融機関に支払う報酬，登録免許税等は，金額に客観性があるので定款記載は不要である。

他方，設立事務を行うための事務所の賃貸借料等は，定款にその額の記載が必要な行為（28条4号）である。

　設立のために必要な行為とは，定款の作成等の会社設立に直接の目的とする行為ではないものの，会社設立に付随する行為であり発起人の権限は及ぶとされている。一方，設立費用の場合は，会社設立のために間接的に必要とされる経費ではあるものの，定款認証手数料や印税と異なり，発起人の恣意性も考えられるために，発起人が定款で定められた範囲内で行った取引の効果は，設立後の会社に帰属するとの考え方が判例（大判昭和2年7月4日民集6巻428頁）である。

c．財産引受け

　第三の財産引受けは，開業準備行為と同様に設立後の会社活動を見据えて行う行為である。財産引受けとは，会社の設立を条件として，発起人が会社設立後に会社に特定の財産を譲り渡すことを前提に，発起人名義で第三者と契約を締結することである。言い換えると，発起人が設立後の会社に代わって，将来の会社の財産を第三者から引き受けることである。

　財産引受けが行われた場合には，定款に譲り受けることを約した財産とその価額，譲渡人の氏名又は名称を定款に記載しなければならない（28条2号）。譲渡人と発起人が共謀して，安価な動産や不動産等を不当に高い価額で設立後の会社に購入させると，会社にとって不利益となるからである。したがって，定款に記載のない財産引受けは無効となり，設立中に発起人が勝手に行っても，定款に記載がなかったり，検査役の調査がない財産引受けは，設立後の会社にはその効果は帰属しないことになる。

　それでは，定款に記載がなくても，設立後の会社が追認した場合は有効となるであろうか。会社が追認するということは，少なくとも，発起人からの財産引受けはその価額を含めて会社の利益を害さないと判断したことになるから，会社の追認は問題なく，定款に記載のない財産引受けも有効であると解する考え方もある。しかし，判例は，定款に記載のない財産引受けは常に無効であり，追認を認めない立場をとっている（最判昭和28年12月3日民集7巻12号1299頁，最判昭和42年9月28日民集21巻7号1970頁）。設立後の会社は，企業統治の観点から必ずしも十分な体制となっていない上に，財産引受けについての設立後間もない会社の追認の判断そのものの妥当性が保障されない中で，財産引受けの一定事項を定款に定めることとした立法趣旨を尊重すべきと考えられることから，

282

判例の考え方が支持されるべきであろう。

d．開業準備行為

　開業準備行為とは，会社が設立後直ちに事業が行えるように，建物等の賃貸借契約や宣伝広告などを予め行っておく行為のことである。学説の中には，定款に記載をした開業準備行為は不当なものとは考えられないために，定款に定めた財産引受けは有効であるとの規定（28条，33条）を類推適用し，会社設立後に会社に請求可能とするものがある。しかし，判例は，開業準備行為に，発起人の権限は及ばず，財産引受けに関する規定を類推適用しないとする立場をとっている（最判昭和38年12月24日民集17巻12号1744頁）。開業準備行為は広範囲に及ぶことから，定款に記載し検査役の検査を受ける範囲も拡大し過ぎる懸念があるためと思われる。

e．事業行為

　定款目的記載の事業を行うこと（事業行為）については，発起人の権限は及ばず，発起人が行った行為は設立後の会社に帰属しないという考え方に判例・学説ともに異論は無い。発起人と，設立後の取締役とは別であると考えるからである（発起人がそのまま経営者になるわけではない）。仮に，事業行為を行って不利益となったときの取引の相手方は，発起人に損害賠償請求を行う。

●事例問題2

　次の事例において，甲会社設立に関して次の行為が行われたものの代金等の支払いが行われなかった場合に，相手方Xは，設立後の甲会社に対して請求可能か。
(1)　甲会社の定款を公証人Xに認証を依頼し実施してもらった際に，公証人への認証手数料
(2)　甲会社が会社設立後に使用する予定のパソコンについて，会社設立を条件として甲会社に売却する契約をXが発起人Yと締結した場合，その代金の支払い。なお，定款にパソコンの価額の記載や検査役の調査は受けた前提とする。
(3)　会社設立後甲会社が使用するオフィスについて，建物を所有するXが甲会社に賃貸する契約を発起人Yと締結した場合の賃料
(4)　甲会社の事業目的である化学製品の製造・販売のために，発起人Yが予め化学製品の原材料の買付けをXから行った場合の原材料費
(5)　会社設立の設立事務を行うために，発起人Yが事務員のアルバイトXを雇っ

た際に，定款にアルバイトの人間に支払う総額の記載と検査役の調査があった
場合にXに対する支出

○考える際のポイント

　各々の行為が，会社設立の直接の目的行為，設立のために必要な行為，財産引受け，
開業準備行為，事業行為のどれに該当するか。

○関連条文

　26条，28条，33条，36条

○解答骨子例

⑴　会社設立に際して，定款の作成を行った上で公証人の認証を受ける必要があることから，Xに対する支払いは，設立のために必要な行為であり，Xは設立後の甲会社に対して，支払請求が可能である。

⑵　会社設立を条件として発起人が動産や不動産を引き受ける行為は，財産引受に該当する。財産引受けの場合は，定款に記載した上で検査役の調査を受けていれば，設立後の会社に請求できる。発起人Yに対するパソコン売却につき，定款にパソコン価額の記載や検査役の調査を受けていることから，Xは，設立後の甲会社に対して，支払請求は可能である。

⑶　建物の賃貸借契約は財産引受けではないことから，開業準備行為である。したがって，Xは設立後の甲会社に支払請求ができないのが原則であるが，定款に記載し，その賃貸借額について検査役の調査を受けていれば，財産引受けの規定を類推適用し，Xは設立後の甲会社に支払請求をできると解せられる（多数説。判例は，類推適用できないとの立場）。

⑷　事業目的のための行為は事業行為であり，本来は設立後の会社取締役の行為であり，発起人の権限は及ばない。したがって，Xが発起人Yに売却した原材料売却行為は，Yの権限が及ばないことから，Xは設立後の甲社に売却総額の支払いを請求することはできない。

⑸　会社設立の事務を行うために発生する費用は設立費用であり，定款に定めて検査役の調査を受けていれば，設立後の会社に帰属する。発起人Yが雇ったアルバイト料は，定款に総額記載の記載がある上，検査役の調査があったことから，Yの権限が及ぶと解せられ，Xは設立後の甲会社に請求することができる。

2．違法な設立・会社の不成立

（1）設立無効

　会社の設立無効とは，会社設立の手続などに瑕疵があり会社設立の効力が認められないことである。この場合，会社設立登記から2年以内に，株主等（株主，取締役，監査役，執行役，清算人）が訴えを提起することができる（828条1項・2項1号）。無効の訴えは，新株発行や合併等の組織再編の場合と同様に，条文に無効事由の直接の記載がないため，会社の設立が公序良俗に違反している場合や設立手続に重大な瑕疵がある場合等で無効であると解されている。設立手続の重大な瑕疵とは，①定款の絶対的記載事項の欠缺や違法な記載がある場合，②定款に公証人による認証が無い場合，③株式発行事項につき，発起人全員の同意が無い場合，④創立総会が開催されない場合，⑤設立登記が無資格者の申請に基づく等の理由で無効の場合，が該当すると考えられる。

　無効判決の効力は，新株発行等の場合と同様に，当事者のみならず，第三者にも判決の効力が及ぶ（対世効。838条）。遡及はなく，将来に向かってのみ効果が生じるため（839条，475条2号），清算手続に入ることとなる。被告は設立した会社であり（834条1号），株主は，被告会社の本店所在地を管轄する地方裁判所に訴えを提起する（835条）。

　なお，会社が不成立の場合には，会社の設立に関して支出した費用について，発起人は連帯して支払う必要がある（56条）。

（2）会社の不存在

　会社が不存在の場合とは，実際に会社は設立されていないのに会社が存在しているかのように見せかけている場合である。例えば，設立登記をせずに会社として活動している場合である。会社の不存在については，新株発行のような条文（829条）は存在しないため，誰でも何時でも提訴でき，提訴に対しては一般原則によって判断される。

3．設立に関する責任

（1）損害賠償及び現物出資・財産引受けの不足額支払義務

　会社設立に関する違法行為については，発起人に対して罰則を定めている。具体的には，特別背任罪として，10年以下の懲役若しくは1,000万円以下の罰金（960条1項1号等）があり，また，過料として100万円以下の罰金が設けら

れている（976条等）。

　また，定款で定めた価額よりも，会社設立当時の実価が著しく不足する場合は，発起人と設立時取締役，現物出資や財産引受けの証明・鑑定評価をした者は連帯して不足額を支払う義務を負う（52条1項・3項）。もっとも，財産引受け等について，検査役の調査を受けたとき，又は無過失を立証したとき（発起設立の場合。募集設立は無過失責任）は，責任を免れる（52条2項・3項，募集設立の場合は103条1項）。なお，現物出資者及び財産譲渡人は免責されない（52条2項本文括弧書き）。発起人等の責任を免除するためには，総株主の同意が必要である（55条）。会社を設立するということは，一般の出資者や取引先・従業員などの利害関係者が存在することになることから，会社設立時の発起人等の責任を容易に免除できないことにより，安易な会社設立を防止しようという趣旨である。

（2）出資の履行を仮装した場合の責任

　発起人や株式引受人が出資の履行を仮装した場合には，会社に対して所定の額の金銭を支払う責任を負う（52条の2第1項，102条の2第1項）。また，出資の履行の仮装に関与した発起人も同額の金銭の支払責任を負う。但し，過失責任である（52条の2第2項）。

（3）任務懈怠責任

　発起人，設立時取締役・監査役は，会社の設立に関して任務懈怠があれば，会社に対して損害賠償責任を負う（53条1項）。また，任務懈怠につき，悪意又は重過失があるときは，第三者に対しても損害賠償責任を負う（53条2項）。なお，責任を負うべき者が複数存在するときは，連帯責任となる（54条）。

（4）擬似発起人の責任

　募集設立において，募集広告等の書面に自己の氏名及び会社の設立を賛助する旨の記載を承諾した擬似発起人は，発起人とみなして責任を負うことになる（103条4項）。

●事例問題 3

発起人Yは，甲会社の設立を準備している最中に，甲会社の代表取締役との名刺を作成して，甲会社の名義で営業することとした。たまたま，自分の息子が野球球団であるX会社に入社したこともあり，X会社が保有している球団と招待試合を行うことにすれば，設立後の甲会社の宣伝となると考えてX会社に提案した。X会社は，Yが代表取締役の名刺を使用して営業していたこともあり，甲会社は設立されており，Yが実際にその代表取締役であると信じて，Yとの間で野球試合を行うための請負契約を締結した。契約内容としては，X会社への謝礼金及び交通費を支払うというものであった。

その後，甲会社は，会社設立後間もなく，X会社に対して謝礼金等を支払う前に倒産した。このため，X会社はYに対して損害賠償の支払いを請求できるか。

○考える際のポイント

① 請負契約に伴う謝礼金等の支払いと発起人の権限の範囲
② 請負契約に伴う謝礼金と設立後の会社への帰属との関係
③ 善意の第三者の保護

○関連条文

28条，会施規5条，民117条

○参考裁判例

最判昭和33年10月24日民集12巻14号3228頁

○解答骨子例

発起人YがX会社と締結した請負契約の内容は，甲会社の宣伝を目的とした野球の招待試合であり，その謝礼金と交通費の支払いは，開業準備行為のための支出としての性格を持っている。Yによる開業準備行為は会社の設立行為ではないことから，設立後の甲会社に帰属しない。また，本件の開業準備行為に伴う支出について，定款の記載はないことから，財産引受けの規定を類推適用することもできないとするのが判例の立場である。

更に，Yは，代表権がないのにもかかわらず，代表取締役の名刺を用いて営業行為を行っていることから無権代理行為とも思えるが，甲会社は設立前であることから，無権代理行為でもない。したがって，YはX会社に対して損害賠償を支払う義務は無い。

しかし，Yが代表権があると信じた善意の取引先であるXを保護する観点からは，

無権代理行為に対する支払義務規定を類推適用して，XはYに支払請求は可能とすべきである。

●重要関連裁判例
- 発起人の開業準備行為（最判昭和33年10月24日民集12巻14号3228頁）
  ……百選5事件
- 財産引受の無効主張と信義則（最判昭和61年9月11日判時1215号125頁）
  ……百選6事件
- 設立費用の帰属（大判昭和2年7月4日民集6巻428頁）……百選7事件

第3章◆会社の解散・清算

●本章の目的

① 株式会社の解散事由と手続の概要を理解する。

② 休眠会社のみなし解散制度について理解する。

③ 清算人の職務の内容を理解する。

●キーワード

解散，みなし解散，清算，清算人，通常清算，特別清算

1. 解　散

（1）概　要

　会社の法人格の消滅をもたらす原因となる事実のことを解散という。解散に続いて，法律関係の後始末（債務の弁済，残余財産の処分等）をする手続が清算である。清算とは，会社の全ての権利義務を処理して残余財産を株主に分配することが目的である。解散によって会社は直ちに消滅はせず，清算手続の結了（完了）により消滅することになる。

（2）解　散

　会社の解散事由としては，①定款で定めた存続期間の満了，②定款で定めた解散事由の発生，③株主総会決議，④合併の場合の消滅会社，⑤破産手続開始の決定，⑥裁判所による解散命令・解散判決，⑦休眠会社のみなし解散制度，がある（471条）。このうち，①～③は，代表清算人による解散の登記が必要である（926条）。会社は，合併と破産手続開始決定の場合を除いて清算手続に入る（475条1号）。また，会社は解散しても，株主総会決議により解散前の状態に復帰することが可能である（473条）。

　解散は，株主総会の特別決議による（471条3号，309条2項11号）。裁判所による解散命令とは，会社の設立が不法な目的の場合や，正当な理由なくして，1年以内に事業を開始しないか，継続して1年以上事業を休止した場合，業務執行取締役・執行役又は業務を執行する社員が法令・定款違反等の行為を行い，法務大臣からの書面の警告にもかかわらず継続的に行為を行っている場合等（824条～826条）である。しかし，実務的には，裁判所による解散命令はほとんど利用されていない。したがって，現実的には，幽霊会社が登記簿上，多数存

在しているのが実態である。

　また，総株主の議決権又は発行済株式の10分の1以上の数の株式を有する株主であれば，会社解散の訴えを提起することができる（833条1項）。解散の訴えを提起できる要件は，業務の執行において会社が著しく困難な状況に至り，その会社に回復することができない損害が生じ，若しくは生じるおそれがあるとき，又は会社の財産管理若しくは処分が著しく失当で，その会社の存立を危うくするときのいずれかやむを得ない事情がある場合である。

　裁判所の解散の訴えを提起できる解散判決制度は，閉鎖会社において，多数派株主と少数派株主が鋭く対立し，多数派株主が少数派株主を不利に扱っている場合に利用される可能性が高い制度である（会社に回復することができない損害が生じているおそれがある場合の判例として，東京地判平成元年7月18日判時1349号148頁）。

　他方，休眠会社のみなし解散とは，12年間1度も登記をしていない会社で，登記所から会社に通知したにもかかわらず，2ヶ月以上放置した場合に適用となる（472条1項）。会社の活動においては，取締役の交代や会社業務の変更，資本金の増減などについて，都度登記変更が行われるはずであるが，12年間の長きにわたって，一度も登記がなされていない会社とは，会社としての実態がないとみなすことができることから，みなし解散制度の適用がある。もっとも，みなし解散された場合でも，3年以内であれば，株主総会決議によって，会社を継続することはできる（473条）。みなし解散制度は，登記を実態に近づけることが目的と考えられる。

2. 清　算
（1）通常清算

　会社が清算手続に入ると，取締役は地位を失い，清算人が債権者の取立てや債務の介済等の清算事務を行う。清算会社の会社機関は，清算人，清算人会，監査役（会）となる（477条）。清算会社には，1人以上の清算人を置かなければならない（477条1項）。

　清算人は，清算の目的の範囲内で権利能力を有する（476条）。実務的には，解散時の取締役がそのまま清算人になるのが原則であるが，定款の定め，総会決議や裁判所によって別の清算人を選任することも可能である（478条1項・2項）。清算人に任期はない。また，総株主の議決権の100分の3以上の議決権を

有する少数株主は，重要な事由により裁判所の清算人の解任を請求することも可能である（479条2項・3項）。清算人の地位は，取締役とほぼ同じ（491条が準用規定）である。したがって，清算人がその職務につき任務を怠っていた場合には，会社又は第三者に対して損害賠償責任を負うこともある。

　清算人の職務は，解散前の会社の業務をやり終えること，債権の取立てを行うこと，債務の弁済をすること，残余財産を分配することである（481条）。残余財産の分配のためには，会社の資産を洗い出し，土地・建物など金銭以外の資産を現金化することにより，債権者に対して弁済を行った上で，残余財産があれば株主に持株数に比例して分配する。会社債務の弁済の方法としては，2ヶ月以上の一定の期間内に債権の申出をするように官報に公告し，かつ知れている債権者には個別に催告しなければならない（499条1項）。そして，この期間経過後に，申し出た債権者と知れている債権者の全員に弁済する（499条～501条）。清算会社は，債権者の申出期間中には，債務の弁済はできない（500条1項前段）。申し出た債権者と知れている債権者以外の債権者は，清算から除斥される（503条1項）。

　清算人は，就任後遅滞なく，清算会社の財産の状況を調査し，清算会社となった日における財産目録・貸借対照表の作成義務があり（492条1項），株主総会の承認を受けなければならない（同条3項）。

　清算会社としては，清算事務が終了したときは，遅滞なく決算報告を作成し，株主総会の承認を受け（507条1項・3項），最終的には，決算報告を承認する株主総会の日から2週間以内に清算結了の登記を行う（929条1号）。

　清算手続の職務の遂行中に，清算会社の財産が債務の金額を下回る債務超過の状態が明らかになった時点で，清算人は，直ちに破産手続開始の申立てをしなければならない（484条1項）。

（2）特別清算

　清算会社に債務超過の疑義が生じたときには，清算人は，特別清算開始の申立てを行う（511条2項）。特別清算とは，通常清算に対して，裁判所の監督による清算を行うことである（510条～574条）。もっとも，債務超過の疑いがなくとも，債権者・清算人・監査役・株主は特別清算の申立てを行うことは可能である（511条1項）。特別清算の場合は，清算人の権限は制約され，一定額以上の財産の処分行為等には裁判所の許可が必要となる（535条，536条）。また，債

務の弁済は，通常清算と同様に，原則として比例按分で債権者に分配されるが，その内容は，債権者集会において多数決で定める協定に基づくとともに，裁判所の許可は必要である（563条〜572条）。特別清算の場合は，清算会社の負債が資産を上回っている債務超過の状態にあることから，債権者間の実質的な平等を図るために裁判所が監督機能を果たしているわけである。

【6-3. 図表1】　清算手続項目

(1)　清算開始原因の発生
(2)　清算人の選任・就任
(3)　清算業務の執行
(4)　決算報告書
(5)　株主総会の承認
(6)　清算結了の登記

●重要関連裁判例

• 解散判決における業務遂行上の著しい難局（東京地判平成元年 7 月18日判時1349号148頁）……百選95事件

第7編　事例で考えるリスク管理と対応

●本編の狙い

① 会社実務におけるリスク管理について，会社法の視点から理解する。

② 法規定を実務の具体的場面で，どのように当てはめて検討したらよいか実践する。

●キーワード

不祥事の原因，損害賠償責任，偽装表示，企業集団の内部統制システム，内部通報制度，経営判断原則，虚偽記載，親子会社間利益相反取引

●事例問題を考える前に

世の中には，多数の法令が存在する。全ての会社の実務において共通した最も重要な法令は，会社法と会社法施行規則・会社計算規則の法務省令である。株主総会を開催しようとすれば，会社法や法務省令の株主総会規定を参照するであろうし，株主から株主総会の前に質問状が届けば，その書類に記載された質問を株主総会の場で回答する必要があるのか，やはり条文を確認することとなる。株主総会を書面で行う会社であっても，会社法で規定している株主への配当や剰余金の分配規制には注意しなければならない。

このように，会社実務を遂行しようとするとき，あるいは業務遂行中での疑問について，条文を確認し，直接規定する条文がなければ解釈論や判例・学説を参考にすることになる。

会社実務において，まず前提となるのは，法令・定款の遵守であり，とりわけ会社業務上のリスク対応である。そこで，本書のまとめの意味も含めて，リスク管理として重要な論点を含んだ事例問題をもとに，リスクの原因及び会社法上の役員の責任問題等，中心的な課題について検討する。

事例問題は，過去に発生した若しくは発生する可能性のある問題を設定し，検討すべき設問と設問を考える上での検討の視点を掲げているので，設問の解答のイメージを掴んで欲しい。

なお，最後に平成28年度に商法・会社法科目として出題された司法試験問題を掲載した。現在の司法試験問題が，具体的な事例に対して，法規定や規範を当てはめて検討することを意図した出題であることが実感できると思う。このことは，司法試験の場に限らず，日常的な実務や法律を学修する上で意識すべき基本的な姿勢である。

●事例1　偽装表示

　甲会社は，食品の卸業者で，主に食材をスーパーマーケットやレストランに販売している株式会社であり，これまで年度によって，収益の増減はあったものの，基本的には堅実な経営を行ってきた。ところが，海外からの安値の食材が大量に輸入され国内での価格競争が激化したために，ここ数年は，赤字傾向となっていた。そこで，甲会社は，これまでの国内産を材料とする方針を転換して，安価な輸入産に切り替える方針転換を行ったものの，現場の担当者であるDは，独断で国内産として表示して販売していた。

　あるとき，業者から総務部のCに対して偽装表示が行われている旨の通報があった。通報を受けたCは，直ちに取締役総務部長のBに報告したが，Bは特段の対応をとらずに放置していた。

　その後，本件が当局に知られるところとなり，代表取締役社長Aの記者会見による謝罪とあわせて，商品の回収・お詫び広告・行政当局からの行政罰により，甲会社には10億円の損害が発生した。

検討1

　不祥事の原因として考えられることは何か。

検討2

　甲会社の10億円の損害に対して，会社法上の損害賠償責任を負う可能性があるのは，A・B・C・Dの誰か。

検討3

　甲会社として，Aらの責任追及をしなかったとしたら，誰がどのような手続で，Aらに対して損害賠償の提訴請求をすることになるか。

検討4

　本件が，仮にBが甲会社の取締役会で報告したとしたものの，甲会社の取締役会では，特に事前の公表や当局への連絡はしないと判断したとしたら，甲会社の他の取締役や監査役に責任は生じるであろうか。

検討5

甲会社が再発防止のために行うべきことは，何が考えられるか。

【検討に当たっての視点】

- 会社役員の対会社責任の有無
- 株主代表訴訟の対象者

【事例1　要点解説】

検討1

　会社の不祥事は，複数の原因が重なりあって，最終的にマスメディア等外部に知れるところとなるケースが圧倒的に多い。言い換えると，個別のリスクの兆候や発生の段階で，適切な対応を行っていれば，マスメディアで報道されるような大きな不祥事は回避できる。

　事例1の不祥事の要因は，①Dが偽装行為をしたこと，②Dの偽装行為を誰もチェックできなかったこと，③取締役総務部長Bが報告を受けたにもかかわらず，不作為であったこと，④総務担当のCは，Bに報告して済ませてしまったこと，である。①から④のどこかの段階で適切な対応ができていれば，少なくとも，Aの記者会見も甲会社の10億円の損害にも至らなかったものと考えられる。

検討2

　会社法上の損害賠償責任が問題となっているわけであるから，本件事案において，CやDの行為が不祥事の原因を構成しているものの，CやDは甲会社の会社法上の役員ではないことから，甲会社が被った10億円の損害の支払い義務を負うことはない。もっとも，懲戒解雇等の社内的処罰を受けることは十分にあり得る。

　他方取締役であるBは，不作為としての責任があるから，10億円の支払義務がある。代表取締役Aの事件発覚後の謝罪会見は，道義的責任の観点から行われたものであるが，甲会社の本件事件の要因は，偽装行為へのチェック体制としてのリスク管理体制の不備であることが明らかであり，AもBと同様に，10億円の連帯責任を負うこととなる。

検討3

　本来は，甲会社が被った損害に対して，甲会社としてAやBに対して損害賠

償の支払請求をすることが本筋であるものの，本事案では，代表取締役Ａも内部統制システムの不備による責任があるとすると，甲会社としてＡらの責任追及することは考え難い。そこで，甲会社の株主が甲会社に代わって，Ａらの責任追及する株主代表訴訟となる。(【7-図表1】　**損害賠償の支払請求の相関図**参照)

【7-図表1】　損害賠償の支払請求の相関図

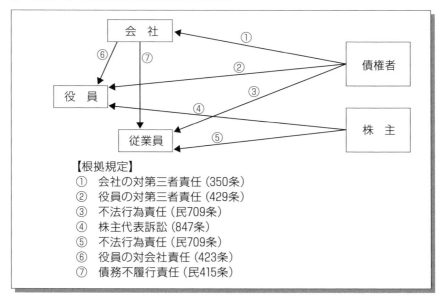

> 【根拠規定】
> ①　会社の対第三者責任 (350条)
> ②　役員の対第三者責任 (429条)
> ③　不法行為責任 (民709条)
> ④　株主代表訴訟 (847条)
> ⑤　不法行為責任 (民709条)
> ⑥　役員の対会社責任 (423条)
> ⑦　債務不履行責任 (民415条)

検討4

取締役総務部長のＢが取締役会で報告したとしたら，甲会社の取締役会のメンバーとして，当局への報告，お詫び広告，商品回収などの有事の際の迅速な対応を行うべきであったのに，その方針決定を行わなかったことが事態を悪化させた要因となることから，甲会社の被った10億円の損害に対しては，甲会社の全ての取締役・監査役が連帯して責任を負うこととなる。

検討5

甲会社としての再発防止の方策は，内部統制システムの整備である。具体的には，①食品会社にとって，産地の偽装は，消費者の信頼を失墜させる最も注意すべきリスクであることなどについて，役職員に法令・定款遵守のための社

内教育を徹底すること（会施規100条 1 項 4 号），②偽装が行われても，発注者
と検定者の分離等，早期に発見できるチェック体制を構築すること（会施規
100条 1 項 2 号），③事件・事故の報告を受けた者は，直属の上司以外にもコン
プライアンス部や法務部等のコーポレート部門や監査役への報告するなどの体
制が整備されること，④有事の際の危機管理体制が再構築されていること（必
要に応じて，外部の専門家の知見も借りる），が考えられる。

●事例 2　子会社取締役の不祥事

　　乙会社は，プラント設備を製造している株式会社であり，乙会社の親会社は，
乙会社株式を60％保有している甲会社である。甲会社は東京証券取引所に株式を
上場しており，乙会社はジャスダックに上場している。乙会社は，平成24年度か
ら環境関連の技術開発のために 3 年にわたり，国から補助金を得ていた。

　　甲会社としては，乙会社の技術開発は甲会社グループとしても重要なことから，
甲会社の技術開発部長のBを取締役として乙会社に派遣して，技術開発の推進・
監督を行わせることとした。

　　ところが，乙会社では技術開発が，当初の見積り価格よりも安価で達成できる
見込みとなったことから，Bは余った補助金を不正に利用して，自らの高額なパ
ソコン代や周辺機器の購入に支出するようになった。乙会社のプロパーの経理社
員Cは，その不正利用に気がついたことから，甲会社グループの内部通報制度を
利用してBの不正を匿名で親会社の内部通報制度の窓口である担当者Dに連絡し
たところ，Bは取締役技術開発本部長のAの部下であったことから，DはAに知
らせた。そこで，Aが内々に調査した結果，事実であることが判明したが，Bは
長年の信頼できる部下であったことから実際には見て見ぬふりをした。

　　その後，他社で補助金の不正支出がマスメディアに大きく取り上げられたこと
から，甲会社でも改めて乙会社を調査したところ，乙会社におけるBの不正支出
が明らかになった。この不祥事の発覚により，乙会社は，開発プロジェクトの中
止と補助金の返還及び行政罰などにより，総額15億円の損失を被ることになった。

検討 1

　事例の不祥事の原因として考えられることは何か。

298

検討2

　乙会社の15億円の損失に対して，会社法上の損害賠償責任を負うのはA・B・C・Dの誰か。

検討3

　甲会社のコンプライアンス担当役員として，再発防止のために行うべきことは何が考えられるか。

【検討に当たっての視点】

- 内部通報制度の運用の適否
- 企業集団の内部統制システムの整備上の問題点

【事例2　要点解説】

検討1

　本事案で不祥事の原因と考えられるのは，①子会社に派遣されたBが補助金の不正使用をし，かつ現場レベルのチェック体制が機能していないこと，②経理部員のDが親会社にグループ内部通報制度を利用して親会社に連絡し，Bの上司であるAの知るところとなったものの，Aは自ら調査をしたものの，結果的に何ら対応をしなかったこと，③グループ内部通報制度の窓口であるDが独断でAのみに連絡を取ったこと，である。

　本事案では，内部通報制度が構築されていたものの，適切に運用されなかった典型例である。

検討2

　乙会社に善管注意義務があるのは，乙会社の役員であるBであることから，Bが乙の損害の支払義務がある。甲会社のAは，子会社である乙会社とは直接の委任関係にないことから，乙会社に対して善管注意義務は負わない。したがって，Aは，本事案の事件について責任の一端はあるものの，乙会社に対して直接の損害賠償の支払い義務を負うことはない。

　もっとも，Aは，今回の事件によって，甲会社が被った損害（親会社の監視・監督義務違反から，行政当局からの行政罰等）に対しては，損害賠償の支払い義務が発生する。

検討 3

　検討 1 の事件の原因を検討すれば，①補助金使用等の重要事項についてのグループを含めた法令・遵守の徹底（会施規100条 1 項 5 号ニ），②不作為の行為も取締役の責任となることの意識の徹底（423条 1 項），③グループ内部通報制度の窓口担当者が思い込みで判断するのではなく，必ず複数で相談し，相談先には，必ずコンプライアンス部門も入れておくなど適切な運用を行うこと（会施規100条 1 項 5 号イ），がある。

【参考 1 】内部通報制度
（1）内部通報制度とは
- 違法行為や不適切な処理などの不祥事又は不祥事につながるおそれのある事象が公になる前に，社内の内部で対処するための制度
- 「ヘルプライン」や「コンプライアンスライン」など名称は様々

（2）意　　義
- 従業員のモラルに期待した組織内の自浄作用
- 内部通報制度を適切に整備すると，内部統制上も極めて有効な手段

（3）整備・運用上の留意点
　ⅰ）内部通報者の範囲の確定
- 従業員，関連企業の従業員，派遣社員，家族等

　ⅱ）内部通報者に対する不利益な扱いをしない旨の明確化
- 内部通報管理規程で，その旨を明記することが望ましい。

　ⅲ）記名か無記名か
- 記名であると，責任ある通報が期待できる（誹謗・中傷の類の防止）。
- 無記名であると，通報者が心理的に通報しやすくなる。

　ⅳ）通報先の確定
- 社内の特定部門又は特定者に限定するか，第三者機関（外部の弁護士事務所等）を利用するか
- 併用も可能

　ⅴ）通報を受けた場合の対応
- 事実関係の確認と，事実であればその対応を確実に行うこと
- 対応については，目に見える形で行うこと（通達，改善命令等）
- 内部通報を受けた担当者が，自己の勝手な判断で処理しないように，通報を受けた後の組織的な対応を予め決定しておくこと
- 内部通報制度が，形式的な設置にとどまっていれば，かえって，外部に情報が流出する危険性が高まるものと認識すべき

> ➡内部通報制度の実効性確保が，内部統制システムの
> 整備の観点から求められている。

【参考2】企業集団の内部統制システムに関する法務省令の規定

① 企業集団の内部統制の具体的内容（会施規100条1項5号）

イ）子会社役職員からの親会社への報告体制

ロ）子会社の損失危険管理体制

ハ）子会社の取締役・執行役の業務執行の効率確保体制

ニ）子会社の取締役・使用人の法令・定款遵守体制

注1．単体の内部統制システムでは，使用人の法令・定款遵守体制となっているが（会施規100条1項4号），取締役は，会社法の中に，法令・定款遵守義務が明定されている（355条）から，法務省令では明示されていないだけである。

注2．企業集団の内部統制システムは，平成27年会社法施行規則で親会社としての整備義務が明示的に示されたことに意義がある。

② 内部統制システムの整備の一環として，監査役監査体制の充実の具体的内容（会施規100条3項）

1号 補助使用人に関する事項

2号 補助使用人の独立性確保

3号 監査役から補助使用人に対する指示の実効性確保

4号 役職員や子会社役職員から監査役への報告体制

5号 監査役への報告者が不利益な取扱いを受けないことの確保体制

6号 監査費用への支払いに関する指針

7号 監査役の監査が実効的に行われることを確保するための体制

● 事例3　プロジェクトの失敗

　甲会社は，資源関連の輸出入を業としている株式会社であるが，資源調達をめぐって競争が激化していることもあり，米国籍の資源会社である乙会社がチリの資源開発を行うことに対して乙会社に新たに資本出資を行い，経営基盤の強化を図ることとした。

　本プロジェクトの推進責任者としてB取締役，実質的な実務的な責任者としてC部長が任命された。本件は社内でも極秘のプロジェクトであったことから，B

らは部内の少数のメンバーで早急にプロジェクト推進グループを立ち上げ，3 ヶ月弱で計画を取りまとめた。他社も乙会社への資本参加に興味を持っているとの情報があったために，早急に結論を出す必要があった。計画案は，代表取締役社長であるＡが内々に了解をしたことから，最終的にＢの判断で乙会社の株式を55％取得して子会社化した。なお，甲会社では，他社の株式を取得して子会社化する際には，投融資委員会・プロジェクト検討委員会・経営会議での審議を経た上で，最終的に取締役会において，承認・決議を行う社内ルールとなっていた。

　ところが，後日，乙会社の工場で賃金不払いによるストライキが発生するなど，乙会社は計画していた資源開発の生産量を大きく下回った上に，資源開発のコストの急上昇などで採算が取れないこととなった。このため甲会社は 3 年後に乙会社株を売却し，チリの資源開発事業から撤退した。この撤退にともない，甲会社は総額120億円の損失処理を行った。

検討 1
　損害発生の根本原因は何か。

検討 2
　ＡとＢは，甲会社に対して損害賠償責任を負うことになるか。

検討 3
　ＡとＢが損害賠償責任を負わないためには，どのようにすべきであったか。

【検討に当たっての視点】
- 経営判断原則適用の有無
- 善管注意義務と経営判断原則の関係

【事例 3　要点解説】
検討 1

　損害発生の根本的な原因は，甲会社が乙会社に出資したものの，乙会社による資源開発事業の失敗に伴って，乙会社株式の売却損が発生したことである。
　本事案では，甲会社のＢ取締役らは，他社の動向も気にして，社内で決めら

れたルールを無視して十分な事前調査や検討を行わずに，拙速に計画をまとめて実行に移したために，大きな損失を発生したものと考えられる。

検討2

　取締役は，会社の事業を遂行する上で，善管注意義務を果たしていれば，会社が事業に失敗したからといって，損害賠償の責任を負うことはない経営判断原則が適用となる。会社は，一定のリスクを取ることによって，利益を得ることもあるからである。本事案では，Bが乙会社を通じてチリの資源開発事業に参画することに関して，特段，個別の法令・定款違反は認められないことから，Bが善管注意義務違反となるかどうかは経営判断原則に該当するか否かが争点となる。

　本事案において，Bは競合他社の動向を気にするあまり，社内外の情報収集をもとにした事前調査が不十分な拙速な計画を策定し，かつ社内での意思決定プロセスを経ないで，代表取締役Aの内々の承諾を得ただけで実行に移した結果，甲会社の損失につながっている。したがって，乙会社への出資に当たり，そのリスクの認識が不十分であったことは明らかであり，本事案でBの行為に経営判断原則は適用とならず，善管注意義務違反が認められることから，Bは甲会社が被った120億円の損害に対して賠償する義務がある。

　他方，代表取締役社長のAは，Bによる計画案に対して，社内ルールに基づき十分に審議する旨を伝えるべきであったのにもかかわらず，内々に承知した上で実行に移させた行為は，代表取締役としての監督義務違反であり，Bと連帯して120億円の損害賠償を支払う義務がある。

検討3

　Bは，本事案に先立ち，乙会社の経営状況やチリの現地のカントリーリスク等について，社内外の専門家から情報を収集し，甲会社内の各委員会や経営会議の意思決定プロセスを経た後に，無謀な事業参加か否かについて，プロジェクトの内容の合理性を判断した上で実行に移せば，経営判断原則に則った意思決定となる。このような場合は，仮に本事案が失敗して甲会社が損失を被ったとしても，Bの職務につき任務懈怠とは認められず，損害賠償の責任を負うことはなかったことになる。

【参考3】経営判断原則とは
（1）会社と役員との関係
　会社と役員は委任関係（330条）

　　　　　　↓

　会社に対して善管注意義務を負う（民644条）

（2）役員の行為により会社が損害を発生させてしまった場合
　①法令・定款違反行為→任務懈怠により責任を負う（423条1項）
　②通常の行為→経営判断原則の適用有無によって責任の有無・程度が変わる。
　　⇒経営判断原則の適用があれば，会社に対して責任を負わない。
　（注）　経営判断原則は，「アパマンショップHD株主代表訴訟事件」最判平成
　　　22年7月15日判時2091号90頁など，判例・学説で確立した考え方

（3）経営判断原則の要件
　①判断の前提となる事実の認識に重要かつ不注意な誤りがないか
　→情報収集の量・質に問題がないか
　→フィージビリティスタディや専門家の意見聴取等
　②判断の過程及び内容に著しく不合理な点がないか
　→会社内での意思決定の正式な過程を踏んでいるか
　　会社役員として常識的な判断を下しているか
　（注）　個別・具体的な法令違反行為があった場合には，そもそも経営判断原則
　　　の適用がないことに注意

●事例4　虚偽記載

　甲会社は，ゲームソフトの製造・販売を業としている株式会社である。代表取締役Aは大学卒業後の10年前に起業したが，その後甲会社は多くのヒット商品を世の中に出してから急成長を遂げている会社であり，7年前にはマザーズに上場を果たした。その後も毎年増収増益を続けており，株価も右肩上がりで上昇している。

　しかし，その後，ゲームソフト業界の競争激化から収益が悪化し，3年前からは実質赤字の状況となっていた。このままでは，甲会社の成長神話が崩れ，株価にも大きな影響を与え，時価総額の大幅な落ち込みから，金融機関からの融資に

も影響が出る可能性が大きくなるために，ワンマン社長でもあったＡは財務担当執行役員のＢに命じて，在庫の評価を変えるなどした虚偽の計算書類を作成するように指示した上で公表した。なお，甲会社の取締役の一部は事態を把握していたが傍観し，他の取締役や監査役は，粉飾決算が明るみに出るまで，その事実を把握していなかった。

その後，これら粉飾決算が明るみに出て，金融機関が一斉に融資をストップさせたために，甲会社は，倒産するおそれのある状況となった。このために，甲会社にオフィスを賃貸していた乙不動産会社は，家賃の未納等総額３千万円の損害が発生した。

検討1

Ａは，乙不動産会社に対して損害賠償を支払う義務があるか。その根拠は何か。

検討2

甲会社の他の取締役や監査役は，乙会社やＸに対して損害賠償を支払う義務があるか。あるとしたら，その根拠は何か。

【検討に当たっての視点】

- 法定書類の虚偽記載
- 役員の対第三者責任（対会社責任との対比）

【事例4　要点解説】

検討1

本事案は，代表取締役Ａが主導して粉飾決算を行っており，Ａの責任は重い。したがって，粉飾決算に伴って生じた第三者である乙会社の家賃未納の損害に対して，Ａは職務につき悪意・重過失が認められることから，損害賠償を支払う責任がある（**事例1の【7-図表1】　損害賠償の支払請求の相関図**参照）。

検討2

Ａが主導した粉飾決算に対して，事態を把握した取締役は，監査役への報告義務（357条）を果たしたり，顧問弁護士等の外部者に相談すべきであるのに

そのことを怠ったことになる。また，事態が公表されるまで把握していなかった他の取締役や監査役も，甲会社の内部統制システムが機能せず，倒産の恐れのある状況に至らしめた事態に対して，その責任がある。したがって，甲会社の役員の職務につき悪意又は重過失があったと言わざるを得ないことから，Aと同様に，乙会社に対して損害賠償支払いの連帯責任を負う。

　なお，仮にAがワンマン社長であったとしても，甲会社の役員らは，顧問弁護士をはじめとした社外の力を借りて対応したり，監査役であれば，Aの行為差止請求権を行使（385条）して対応すべきであった。

【7-図表2】　書類虚偽記載と責任

(1) **対象となる書類と損害賠償（会社法上）**
- 株式，新株予約権等を発行する際に通知する
  重要な書類
- 計算書類及び事業報告並びにこれらの附属明細書　　〉対第三者責任
- 登記　　　　　　　　　　　　　　　　　　　　　　（429条2項）
- 公告
- 監査役監査報告
  - （注）但し，注意を怠らなかったことを証明すれば免責（過失責任）

(2) **対象となる書類と役員に対する過料（会社法上）**
- 定款
- 株主名簿
- 議事録（株主総会，取締役会，監査役会）
- 計算書類　　　　　　　　　　　　　　　　　　〉過料（976条）
- 会計帳簿，財産目録
- 事業報告
- 監査報告
- 合併，会社分割等に関する決定の書面

(3) **対象となる書類と罰則（金商法上）**
- 有価証券報告書　　〉刑事・民事・行政上の責任
- 内部統制報告書
- ① 刑事上の責任（金商197条）
- 10年以下の懲役又は1千万円以下の罰金若しくはこれの併科

- 当該会社による損害賠償責任（無過失責任）
- 役員における虚偽記載によって生じた損害賠償責任
③ 行政上の責任（金商172条の４）
- 当該会社は，時価総額の10万分の６又は600万円の高い額の課徴金の支払い

●事例５　親子会社間での利益相反取引

　甲会社は，繊維製品の製造・販売を業とする東証一部上場会社である。

　甲会社は，ここ数年，炭素繊維等の業績向上が寄与し，会社全体としては，増収・増益が続いていたが，内外の同業他社との競争が益々激化することを見込んで，代表取締役であるＡは，一層のコスト削減を指示していた。とりわけ，各部門に対しては，傘下の子会社の収益目標を出させた上で，その目標をクリアーすることをコミットさせ，その結果によって部門長の評価に大きく影響するとの通達を出した。

　合成繊維部門を統括している取締役のＢは，合成繊維部門の管轄下にある子会社乙会社の代表取締役社長を兼務していた。乙会社は，ここ３年程の間，業績は赤字基調となっていた。特に，最近の円安による輸入原料の高騰により，今期の赤字は過去最悪となる見込みであった。

　このままでは乙会社の予算達成が困難になる見込みであったため，Ｂは甲会社の部下である執行役員のＣに対して，乙会社からの原材料価格を現在の購入価格よりも30％高い価格で毎回購入し，乙会社の収益を見かけ上黒字とし収益目標を達成するように指示した。そこで，ＣはＢの指示に基づいて実行した結果，平成24年度の乙会社は収益目標を達成し，結果としてＢの評価は下がらなかった。

　なお，上記実施にあたりＢは甲会社の取締役会で承認を得ることはしていない。

検討１

　Ｂが甲会社に対して行った行為は，許されるであろうか。

検討２

　Ｂの部下であるＣは，Ｂから相談を受けたときに，Ｂに対してどのような進言すべきであったか。

検討3

Bが合成繊維部門の利益を水増しするために，乙会社からの原材料価格を30％安価に調達させたとしたら，どのような問題が起きうるか。

【検討に当たっての視点】

- 子会社を利用した利益相反取引
- 利益相反取引と役員の対会社責任
- 親会社等との利益相反取引と開示義務

【事例5　要点解説】

検討1

甲会社が乙会社から原材料価格を30％高い価格で購入したBの行為は，自ら代表取締役を務めている乙会社のために，甲会社を犠牲にしている典型的な利益相反取引行為である。会社法上は，利益相反取引そのものを禁止しているわけではなく，利益相反取引を行う場合には，株主総会又は取締役会で重要な事実を開示し，承認を得なければならない。

しかし，Bは，今回の原材料取引を行うに際して，取締役会の承認・決議を得ていないことから法令違反であり，Bの行為は許されない。

検討2

CはBに対して，甲会社への原材料価格が30％高い取引であることと同時に，今後の計画（いつまで継続するのか，今後甲会社の損失を回復させる予定があるのか）と個別事情（例えば，乙会社の救済的意味の有無等）などの重要事項を開示し，取締役会で説明した上で，承認・決議が得られなければ実施できない旨を伝えるべきであった。

検討3

乙会社から甲会社への原材料価格を30％安価にした上で，継続的に当該取引を行っていけば，親会社である甲会社が子会社を利用して利益を得る親子会社間の非通例的な利益相反取引に該当する。

子会社を利用して親会社に利益をもたらす利益相反取引は，子会社に固定的な損失を確定させる可能性があり，子会社の少数株主の利益を毀損することになることから，このような場合は，子会社の事業報告で一定事項を開示することとなっている。

【参考4】親子会社間での利益相反取引
1．利益相反取引
（1）定　　義
- 取締役が，所属している会社を犠牲にして，自己又は第三者の利益を図ること

（2）利益相反取引のための手続（356条1項2号・3号，365条）
- 利益相反取引について，その行為をしようとする取締役は，取締役会で重要な事実を開示し，その承認を得なければならない。
- 利益相反取引を行った取締役は，遅滞なく，当該取引について重要な事実を取締役会に報告しなければならない。

2．利益相反取引に関する損害賠償責任（423条3項）
- 利益相反取引により，会社に損害が生じたときには，次に掲げる取締役は，その任務を怠ったものと推定する。
  ① 利益相反取引を行った取締役
  ② 利益相反取引を決定した取締役
  ③ 利益相反取引の取締役会承認決議に賛成した取締役
- （注）利益相反取引は，完全親子会社間では該当しないというのが，判例（最判昭和45年8月20日民集24巻9号1305頁）・学説の確立した考え方

3．親会社等との利益相反取引関連の情報開示（平成27年会社法施行規則）
（1）概　　要
- 親会社等との取引（利益相反取引を含む）が存在する場合は，会社の利益を害さないように留意した事項，当該取引が会社の利益を害さないか否かについての取締役会の判断及び理由，社外取締役の意見と異なる場合は，社外取締役の意見を事業報告の内容とする（会施規118条5号，128条3項）。
- 上記事項についての意見を監査役（会）の監査報告の内容とする（会施規129条1項6号）。

（2）趣　　旨
- 子会社の少数株主の保護

（3）実務上の留意点
- 親会社等との利益相反取引の有無の確認
- 利益相反取引と会社の利益との関係確認
- →親会社のグループ会社基本規程等に，親子会社間の取引は，「原則市場価格

で行う」「売買基本契約に基づく」などを定めておく。

→重要な親子会社間取引は，親会社・子会社それぞれにおいて，報告事項（場合によっては，承認・決議事項）とする。

（4）事業報告や監査報告に記載をする適用会社

- 個別注記表に関連当事者取引の記載のある会社
- 下記のいずれかの会社
  ① 公開会社
  ② 非公開会社かつ会計監査人設置会社

310

(参考)【平成28年度　商法・会社法　司法試験問題】(解答時間120分)

[民事系科目]
〔第2問〕(配点：100 [〔設問1〕から〔設問3〕までの配点の割合は，3.5：3：3.5])
　　次の文章を読んで，後記の〔設問1〕から〔設問3〕までに答えなさい。

1．甲株式会社(以下「甲社」という。)は，取締役会及び監査役を置いている。甲社の定
　款には取締役は3名以上とする旨の定めがあるところ，A，Bほか4名の計6名が取締役
　として選任され，Aが代表取締役社長として，Bが代表取締役専務として，それぞれ選定
　されている。また，甲社の定款には，取締役の任期を選任後10年以内に終了する事業年度
　のうち最終のものに関する定時株主総会の終結の時までとする旨の定めがある。甲社の監
　査役は，1名である。
　　甲社は種類株式発行会社ではなく，その定款には，譲渡による甲社の株式の取得につい
　て取締役会の承認を要する旨の定めがある。甲社の発行済株式及び総株主の議決権のいず
　れも，25％はAが，20％はBが，それぞれ保有している。
2．甲社は建設業を営んでいたが，甲社においては，Aが事業の拡大のために海外展開を行
　う旨を主張する一方で，Bが事業の海外展開を行うリスクを懸念し，Aの主張に反対して
　おり，AとBが次第に対立を深めていった。Aは，事業の海外展開を行うために必要かつ
　十分な調査を行い，その調査結果に基づき，事業の海外展開を行うリスクも適切に評価し
　て，取締役会において，事業の拡大のために海外展開を行う旨の議案を提出した。この議
　案については，Bが反対したものの，賛成多数により可決された。
　　甲社はこの取締役会の決定に基づき事業の海外展開をしたが，この海外事業は売上げが
　伸びずに低迷し，甲社は3年余りでこの海外事業から撤退した。
3．この間にAと更に対立を深めていたBは，取締役会においてAを代表取締役から解職す
　ることを企て，Aには内密に，Aの解職に賛成するように他の取締役に根回しをし，Bを
　含めてAの解職に賛成する取締役を3名確保することができた。甲社の取締役会を招集す
　る取締役については定款及び取締役会のいずれでも定められていなかったことから，Bは，
　Aの海外出張中を見計らって臨時取締役会を開催し，Aを代表取締役から解職する旨の議
　案を提出することとした。
4．Bは，Aが海外出張に出発したことから，臨時取締役会の日の1週間前にAを除く各取
　締役及び監査役に対して取締役会の招集通知を発した。この招集通知には，取締役会の日
　時及び場所については記載されていたが，取締役会の目的である事項については記載され
　ていなかった。
　　Aの海外出張中に，Aを除く各取締役及び監査役が出席し，臨時取締役会が開催された。
　Bは，この臨時取締役会において，議長に選任され，Aを代表取締役から解職する旨の議
　案を提出した。この議案については，賛成3名，反対2名の賛成多数により可決された。
5．Aが，海外出張から帰国し，Aを代表取締役から解職する旨の臨時取締役会の決議の効
　力を強硬に争っていたところ，臨時取締役会の決議においてAの解職に反対した取締役の
　うちの一人が，甲社の内紛に嫌気がさし，取締役を辞任した。そこで，Bは，各取締役及

び監査役の全員が出席する定例取締役会であっても，Ａの解職の決議をすることができる
状況にあると考え，解職を争っていたＡを含む各取締役及び監査役の全員が出席した定例
取締役会において，念のため，再度，Ａを代表取締役から解職する旨の議案を提出した。
この議案については，賛成多数により可決された。また，甲社においては，取締役の報酬
等の額について，株主総会の決議によって定められた報酬等の総額の最高限度額の範囲内
で，取締役会の決議によって役職ごとに一定額が定められ，これに従った運用がされてい
た。この運用に従えば，Ａの報酬の額は，月額50万円となるところ，Ｂは，この定例取締
役会において，Ａの解職に関する議案に続けて，解職されたＡの報酬の額を従前の代表取
締役としての月額150万円から月額20万円に減額する旨の議案も提出した。この議案につ
いても，賛成多数により可決された。この定例取締役会において，ＢがＡの後任の代表取
締役社長として選定された。

〔設問１〕
⑴　Ａを代表取締役から解職する旨の上記４の臨時取締役会の決議の効力について，論じ
　なさい。
⑵　Ａの報酬の額を減額する旨の上記５の定例取締役会の決議の後，Ａは，甲社に対し，
　月額幾らの報酬を請求することができるかについて，論じなさい。なお，Ａが代表取締
　役から解職されたことを前提とする。

6．代表取締役から解職されたＡは，甲社の株主として，定時株主総会において，Ａの解
　職に賛成したＢら３名を取締役から解任しようと考え，Ｂら３名の取締役の解任及びその
　後任の取締役の選任をいずれも株主総会の目的とすることを請求するとともに，これらに
　関する議案の要領をいずれも定時株主総会の招集通知に記載するように請求した。
　　甲社の定時株主総会の招集通知には，会社提案として，海外事業の失敗を理由とするＡ
　の取締役の解任に関する議案が，Ａの株主提案として，上記Ｂら３名の取締役の解任に関
　する議案及びその後任の取締役の選任に関する議案が，それぞれ記載されていた。
7．甲社の定時株主総会においては，Ａの取締役の解任に関する議案は可決され，上記Ｂら
　３名の取締役の解任に関する議案及びその後任の取締役の選任に関する議案はいずれも否
　決された。なお，Ａの取締役としての任期は，8年残っていた。

〔設問２〕
⑴　上記７の定時株主総会において取締役から解任されたＡが，甲社に対し，解任が不当
　であると主張し，損害賠償請求をした場合における甲社のＡに対する会社法上の損害賠
　償責任について，論じなさい。
⑵　仮に，上記６の定時株主総会の招集通知が発せられた後，Ａが多額の会社資金を流用
　していたことが明らかとなったことから，Ａが，Ａの取締役の解任に関する議案が可決
　されることを恐れ，旧知の仲である甲社の株主数名に対し，定時株主総会を欠席するよ
　うに要請し，その結果，定時株主総会が，定足数を満たさず，流会となったとする。こ
　の場合において，①Ｂが，甲社の株主として，訴えをもってＡの取締役の解任を請求す

る際の手続について，説明した上で，②この訴えに関して考えられる会社法上の問題点
について，論じなさい。

8．甲社は，内紛が解決した後，順調に業績が伸び，複数回の組織再編を経て，会社法上の
公開会社となり，金融商品取引所にその発行する株式を上場した。現在，甲社の資本金の
額は20億円で，従業員数は3000名を超え，甲社は監査役会及び会計監査人を置いており，
Cが代表取締役社長を，Dが取締役副社長を，それぞれ務めている。

9．甲社の取締役会は「内部統制システム構築の基本方針」を決定しており，甲社は，これ
に従い，法務・コンプライアンス部門を設け，Dが同部門を担当している。また，甲社は，
内部通報制度を設けたり，役員及び従業員向けのコンプライアンス研修を定期的に実施す
るなどして，法令遵守に向けた取組を実施している。さらに，甲社は，現在，総合建設業
を営んでいるところ，下請業者との癒着を防止するため，同規模かつ同業種の上場会社と
同等の社内規則を制定しており，これに従った体制を整備し，運用している。

10．甲社の内部通報制度の担当者は，平成27年3月末に，甲社の営業部長を務めるEが下請
業者である乙株式会社（以下「乙社」という。）の代表取締役を務めるFと謀り，甲社が
乙社に対して発注した下請工事（以下「本件下請工事」という。）の代金を水増しした上
で，本件下請工事の代金の一部を着服しようとしているとの甲社の従業員の実名による通
報（以下「本件通報」という。）があった旨をDに報告した。ところが，その報告を受け
たDは，これまで，甲社において，そのような不正行為が生じたことがなかったこと，会
計監査人からもそのような不正行為をうかがわせる指摘を受けたことがなかったこと，E
がDの後任の営業部長であり，かつて直属の部下であったEに信頼を置いていたことから，
本件通報には信ぴょう性がないと考え，本件下請工事や本件通報については，法務・コン
プライアンス部門に対して調査を指示せず，Cを含む他の取締役及び監査役にも知らせな
かった。

11．甲社の内部通報制度の担当者は，その後，Dから，法務・コンプライアンス部門に対し，
本件下請工事や本件通報についての調査の指示がなかったことから，平成27年5月に，本
件通報があった旨をCにも報告した。その報告を受けたCは，直ちに，本件下請工事や本
件通報について，法務・コンプライアンス部門に対して調査を指示した。

12．甲社の法務・コンプライアンス部門が調査をした結果，2週間程度で，以下のとおり，
EとFが謀り，本件下請工事について不正行為をしていたことが判明した。
　⑴　EとFは，本件下請工事について，合理的な代金が1億5000万円であることを理解し
　　ていたにもかかわらず，代金を5000万円水増しして，2億円と偽り，水増しした5000万
　　円を後に二人で着服することをあらかじめ合意していた。
　⑵　甲社の社内規則上，甲社が発注する下請工事の代金が1億円以上となると，複数社か
　　ら見積りを取得する必要が生じることから，Eが，Fに対し，本件下請工事について，
　　形式上，工事を三つに分割して見積書を3通作成することを指示し，乙社は，①第一工
　　事の代金を8000万円，②第二工事の代金を5000万円，③第三工事の代金を7000万円とし
　　て，本件下請工事について代金が合計2億円となるように3通の見積書を作成し，甲社
　　に提出した。

(3)　Eは，甲社の関係部署を巧妙に欺き，3通の見積書がそれぞれ別工事に関わるもので
あると誤信させた。これにより，甲社は，平成26年9月に，乙社との間で，上記の各見
積書に基づき3通の注文書と注文請書を取り交わした上で，以後，乙社に対し，毎月末
の出来高に応じて翌月末に本件下請工事の代金を支払っていった。

(4)　甲社は，本件下請工事が完成したことから，乙社に対し，平成27年4月末に残金合計
3000万円を支払い，その後，EとFが，甲社が乙社に対して支払った本件下請工事の代
金から5000万円を着服した。

(5)　甲社の会計監査人は，平成27年1月に，乙社に対し，甲社の平成26年12月期の事業年
度の計算書類及びその附属明細書等の監査のために，本件下請工事の代金の残高につい
ての照会書面を直接郵送し，回答書面の直接返送を求める方法で監査を行ったが，Eは，
Fに対し，回答書面にEが指定した金額を記載して返送するように指示をするなど，不
正が発覚することを防止するための偽装工作を行っていた。

〔設問3〕　上記8から12までを前提として，①Cの甲社に対する会社法上の損害賠償責任
及び②Dの甲社に対する会社法上の損害賠償責任について，それぞれ論じなさい。

事 項 索 引

英　数

Business Judgment Rule······················99
D＆O保険···································116
EDINET······································34
Holding Company·······················246
Internal Control System···············101
M＆A·······································258
MBO·······································155
Operating Company·······················246
Take Over Bid·······························262
TOB·······································262

あ　行

悪意の意義································124
預合い·······································277
アドバネクス株主総会決議不存在確認請求
　　事件·······································38
アパマンショップHD株主代表訴訟事件··99, 303
アメリカモデル·······························86
安定株主対策································211
委員会等設置会社·······························85
異議手続申述期間································238
意見不表明································176
一時取締役································51
一層制（one-tier system）················28
委任関係································25, 62, 88
委任状·······································37
違法な剰余金分配················109, 190
インサイダー取引規制················152
インセンティブ報酬················210
売主追加請求権································156
営業利益································178
営利性································15
黄金株································146
親会社等との利益相反取引················308
親会社の監視・監督義務違反················298
親子会社に関する規律················14

か　行

海外の機関投資家································90
開業準備行為································281, 282
会計監査人································24
　──の解任································81
　──の再任································81
　──の選任議案内容································84
　──の任期································81
　──の報酬································83
会計監査報告································82, 182
会計原則································170
会計参与································23
　──の権限································79
　──の報酬································80
会計参与制度································80
会計帳簿································171
　──の範囲································171
会計帳簿閲覧・謄写請求権················171
会計帳簿閲覧等請求権················133
解散請求権································133
解散判決制度································289
解散命令································288
会社解散の訴え································289
会社機関································21
会社機関設計································26
会社計算規則································7
会社の解散事由································288
会社の基礎的変更································224
会社の設立無効································284
会社の不存在································284
会社の利害関係者································16
会社標本調査································131
会社分割無効の訴え································246
会社法条文の全体像································4
会社法施行規則································7
会社法の条文の並び································3
会社法の目的································16

316

解任議案	50
外部資金	195
確認訴訟	46
貸方	176
仮装払込み	277
合併契約の締結	235
合併効果	237
合併差損	236
合併対価の柔軟化	234
合併の効力発生日	234
合併無効の訴え	239
株券	142, 148
——の権利推定効	157
株券失効制度	149
株券喪失登録簿	149
株券不所持制度	148
株式	129
——の消却	162
——の評価	161
——の分割	163
——の併合	162, 165
——の無償割当	164
株式移転計画	248
株式売渡請求	166, 249
株式買取価格	166
株式買取請求	166
株式買取請求権	132, 143, 227
株式買取請求制度	42, 237
株式交換契約	247
株式交付親会社	250
株式交付子会社	250
株式交付制度	250, 263
株式譲渡自由の原則	15, 149
株式譲渡制限会社	129
株式発行	196
株式併合の差止請求	163
株主	129
——の権利行使	135
——の質問権	38
株主共同の利益	213
株主権	132
株主資本等変動計算書	178
株主総会	23, 30
株主総会開催の省略	41
株主総会議事の運営	38
株主総会議事録	39
株主総会議題提案権	133
株主総会議長	38
株主総会決議取消訴訟	238
株主総会決議取消の訴え	42
株主総会決議不存在確認の訴え	45
株主総会決議無効確認の訴え	45
株主総会検査役	42
株主総会資料の書面交付請求	35
株主総会資料の電子提供制度	34
株主代表訴訟の件数	119
株主代表訴訟の対象	119
株主代表訴訟の手続	120
株主代表訴訟の法構造	118
株主平等原則	133, 155, 196
——の例外	134
株主名簿	142, 156
株主名簿閲覧・謄写請求権	157
株主名簿書換請求	157
株主有限責任の原則	15, 18, 185
株主優待	210
株主優待制度	137
株主割当て	196
仮会計監査人	82
借方	176
仮監査役	70
仮取締役	51
過料	305
簡易合併	236
簡易株式交換	247
簡易事業譲渡	225
監査	29
監査委員会	24, 86
監査等委員	90
監査等委員会	24, 90
監査等委員会設置会社	63, 89
——の取締役の任期	90
監査費用	75
監査報告	71
監査法人	80
監査役	24

——の員数……70
——の議案提出請求権……69
——の協議……75
——の資格……68
——の選解任……69
——の任期……70
——の報酬……75
監査役会……24, 75
——の運営……77
——の権限……76
監査役会監査報告……71
監査役会議事録……78
監査役監査と内部監査の違い……75
監査役監査報告……182
監査役選任議題提出請求権……69
監視義務……100
間接金融……195
間接損害……114
間接利益相反取引……107
完全親子会社……108
完全親子会社形態……223, 246
監督と執行の分離……86
関連当事者取引……309
議案通知請求権……32
議案提出権……33
危機管理体制……297
企業……14
企業会計基準委員会……170
企業会計審議会……170
企業会計の慣行……170
企業集団……17, 260
——の内部統制システム……125, 298
企業統治の在り方……13
企業買収……258
——の背景……258
議決権……36
——の行使方法……37
——の不統一行使……38
議決権行使条項付株式……144
議決権行使の機会……37
議決権制限株式……36, 144
議事整理権……39
擬似発起人……285

基準日制度……158
偽装表示……294
議題提案権……32
基本合意書……235
期末の欠損補てん責任……193
記名社債……216
却下制度……123
キャッシュ・アウト制度……249
吸収分割契約……243
休眠会社のみなし解散……289
共益権……132, 138
競業取引……63, 106
競業避止義務……228
強行法規……1
業績連動性……66
業務監査……71
業務執行取締役……90
業務執行の決定……51
業務報告請求権……72
虚偽記載……303
拒否権……69
拒否権付株式……146
金銭債権……216
グリーンメーラー……263
繰延資産……176
グループガバナンス……103
グループ内部通報制度……299
経営会議……53
経営執行の二元化……72
経営判断原則……99, 303
計算関係書類……174
計算書類……174
経常利益……178
形成訴訟……46
継続性の原則……170
契約自由の原則……151
検査役……201, 269
——の使命……42
——の選任……42
限定付適正意見……176
公開会社……130
公開買付け……155, 213
——の手法……262

口座管理機関……………………………154
行使価額……………………………………210
行使期間……………………………………210
公証人の認証………………………………268
公正な会計慣行……………………………170
公認会計士……………………………………80
公平誠実義務………………………………220
コーポレートガバナンス・コード………66
子会社調査権……………………………79, 82
子会社取締役の不祥事……………………297
個人事業主……………………………………18
固定資産……………………………………176
個別株主通知………………………………154
個別注記表…………………………………178
雇用関係…………………………………25, 62
コンプライアンス部門……………………299

さ　行

債権者異議手続………185, 186, 233, 238, 246, 248
債権者保護…………………………………185
債権者優位の原則…………………………132
最高の意思決定機関…………………………30
催告制度………………………………………35
財産上の利益供与…………………………109
財産引受け…………………………………281
最終完全親会社……………………………125
最低資本金制度……………………………184
最低責任限度額……………………………112
債務超過………………………………176, 290
債務不履行の一般原則……………………103
裁量棄却………………………………………43
差額支払義務………………………………207
三角合併……………………………………234
残余財産に関する優先株式………………144
残余財産分配請求権……………………132, 165
自益権………………………………………132
事業会社……………………………………246
事業行為……………………………………282
事業譲渡……………………………………225
事業譲渡会社………………………………225
事業賃貸……………………………………230
事業の選択と集中…………………………259
事業報告……………………………………178

事業譲受会社…………………………225, 226
資金調達……………………………………195
自己株式………………………………36, 154
　　――の買取り…………………………193
　　――の取得……………………………155
自己監査…………………………………68, 87
事後設立……………………………………230
執行役……………………………………24, 86, 88
　　――の行為差止請求……………………89
執行役員………………………………………22
実質支配基準…………………………………17
シナジー効果………………………………236
支配株主の異動……………………………201
資本維持の原則……………………………184
資本金………………………………………184
資本金減少無効の訴え……………………186
資本充実の原則……………………………184
資本準備金……………………………184, 185
資本不変の原則……………………………184
指名委員会…………………………………24, 86
指名委員会等設置会社………………63, 86
　　――の取締役の任期……………………86
社外監査役………………………………70, 75
社外取締役……………………………………86
社外非常勤取締役…………………………100
社外役員の人材確保………………………113
社債管理者…………………………………218
社債管理補助者……………………………219
社債権者………………………………216, 218
社債権者集会…………………………220, 221
社債原簿……………………………………218
社債の償還請求権…………………………220
社債の利息の支払請求権…………………220
社債発行……………………………………196
社団性…………………………………………15
シャルレ事件………………………………155
従業員持株会………………………………137
従業員持株制度……………………………151
修正動議………………………………………33
重要な意思決定………………………………52
重要な子会社の株式譲渡…………………229
授権……………………………………………31
授権株式制度…………………………197, 206

授権資本制度······197
出資の財産価額······275
出資の履行の仮装······285
取得条項付株式······141, 145
取得請求権付株式······141, 145
守秘義務協定······235, 261
ジュピターテレコム事件······155
主要目的ルール······203, 264
　　──の例外······213
種類株式の制度······49
種類株主総会······142
種類投票株式······146
純資産······177
純資産額方式······161
準備金······185
準用規定······7
承継型組織再編······224
承継分割会社······243
招集権者······31, 78
招集通知······31, 32
上場会社······130
少数株主権······33, 126, 132, 138
少数株主の保護······308
譲渡制限株式······141, 144
条文構造······3
商法特例法······13
常務会······53
剰余金······187
　　──の処分······187
　　──の配当······188
　　──の分配規制······169, 190
剰余金配当請求権······132
将来効······240
職務執行······51
書面議決権行使制度······37
書面決議······55, 76
書面報告······76, 77
所有と経営の制度上の分離······15
新株発行の効力発生日······205
新株発行の差止め······202
新株発行不存在確認の訴え······207
新株発行無効の訴え······205
新株予約権······210

──の割当日······211
新株予約権者······210
新株予約権付社債······217
新株予約権発行の差止請求······212
新株予約権発行不存在確認の訴え······215
新株予約権発行無効の訴え······215
新株予約権無償割当て······212
新設会社······232
新設型組織再編······224
新設分割計画······244
推定規定······58
ストックオプション······64, 65, 66, 212
清算······288
清算結了の登記······290
制度間競争······96
税引前当期純利益······178
責任軽減制度······111
責任限定契約······111
責任限定契約対象範囲······113
絶対的記載事項······268, 269
説明義務······38
設立時取締役······276
設立に必要な行為······280
設立の直接目的行為······280
設立の登記······277
設立費用······280
善意取得······149
善管注意義務······25, 62, 73, 79, 88, 98
選定業務執行取締役······52
全部取得条項付種類株式······145
総株主通知······153
総株主の同意······193
相互保有株式······36
相対的記載事項······268, 269
創立総会······276
組織再編行為······223
訴訟告知······74, 121
訴訟上の和解······121
その他資本剰余金······187, 187
疎明······124
損益計算書······178
損害賠償請求権······124
存続会社······232

た　行

大会社……………………………17, 25
貸借対照表……………………………176
退職慰労金……………………………65
第三者割当て……………………………196
対世効……………………………43, 240
代表執行役……………………………89
代表清算人……………………………288
代表取締役……………………………59
　　――の選定……………………………52
　　――の選定及び解職……………………51
　　――の包括的権限……………………60
代理人……………………………37
多重代表訴訟制度……………………………125
ダスキン株主代表訴訟事件………99, 119
妥当性監査……………………………72
単元株制度……………………………36, 165
単元未満株式……………………………36
単元未満株主……………………………165
単独株主権………33, 118, 123, 132, 139
担保提供申立制度……………………………123
秩序権……………………………39
中間配当……………………………188
忠実義務……………………………62, 88, 98
調査権……………………………72
直接金融……………………………195, 196
直接損害……………………………114
直接利益相反取引……………………………107
通常清算……………………………289
定款……………………………268
　　――の記載事項……………………………269
定款自治……………………………13, 26
定時株主総会……………………………30
ディスカウントキャッシュフロー法………161
提訴請求……………………………120
敵対的企業買収……………………………258
適法性監査……………………………72
デュー・ディリジェンス……………………………235
電子公告規則……………………………7
電子署名……………………………268
電子提供制度の中断……………………………35
電子提供措置期間……………………………35

電子投票制度……………………………38
店頭公開会社……………………………130
登記……………………………15, 239
　　――の手続……………………………277
登記事項……………………………277
当期純利益……………………………178
投融資委員会……………………………100
登録質権者……………………………149
特殊決議……………………………40
特定引受人……………………………201
独任制……………………………71
特別決議……………………………39
特別支配会社……………………………226
特別支配株主……………………………249
特別清算開始……………………………290
特別取締役……………………………56
特別利害関係……………………………55
特別利害関係人……………………………43, 58
取締役……………………………23
　　――の員数……………………………48
　　――の解任の訴えの請求……………………50
　　――の義務……………………………62
　　――の欠員……………………………51
　　――の互選……………………………59
　　――の資格……………………………48
　　――の職務執行の監督……………………51
　　――の選任及び解任……………………49
　　――の任期……………………………49
　　――の報酬……………………………64
　　――の報酬開示……………………………66
取締役・監査役選任株式……………………………146
取締役会……………………………23
　　――の決議要件……………………………54
　　――の招集……………………………54
　　――の特質……………………………53
取締役会議事録……………………………57
　　――の閲覧・謄写……………………………57
取締役会決議の瑕疵……………………………56
取締役会付議基準……………………………52
取締役監査（等）委員……………………………85
取締役監査等委員の任期……………………………90
取締役監査等委員の報酬……………………………91
取締役行為差止請求権……………………………74

取引の安全……………………………206

な　行

内部告発型……………………………120
内部通報制度…………………………299
内部統制システム…………63, 101, 296
内部留保………………………………195
無過失責任………………………108, 109
無記名社債……………………………217
無記名社債権者………………………221
無限定適正意見……………………174, 176
二層制（two-tier system）……………28
日本システム技術事件………………101
日本証券業協会………………………200
　　――の自主ルール………………200
任意的記載事項…………………268, 269
任務懈怠責任………………………97, 98
任務懈怠の推定規定……………………92

は　行

買取防衛策……………………………210
配当請求権……………………………165
配当政策………………………………189
配当優先株式…………………………144
端株……………………………………162
発行可能株式総数…………………196, 197
発行済株式数…………………………197
払込取扱機関…………………………276
バランスシート………………………176
反対株主の株式買取請求……………236
反対株主の差止請求…………………237
非訟事件…………………………………57
非通例的な利益相反取引……………307
秘密保持契約…………………………235
表見代表取締役…………………………60
フィージビリティスタディ…………303
負債……………………………………177
不作為の行為…………………………299
附属明細書……………………………181
普通決議…………………………………39
普通社債………………………………217
不提訴理由通知書……………………121
不適正意見……………………………176

不当利得返還…………………………191
不法行為責任…………………………113
振替株式…………………………………35
振替株式制度…………………………153
ブルドックソース事件………………213
プロジェクトの失敗…………………300
分割効力の発生日……………………245
分配可能額………………………184, 190
米・独・日の経営管理機構……………29
閉鎖会社………………………………144
平成17年会社法…………………………13
平成26年会社法…………………………14
蛇の目ミシン株主代表訴訟事件……120
弁護士報酬……………………………122
変態設立事項…………………………268
包括的代表権…………………………89
防御費用………………………………115
報酬委員会………………………………86
報酬請求権………………………………65
報酬の範囲………………………………65
法人………………………………………14
法人格否認の法理………………………18
法人性……………………………………15
法定種類株主総会制度………………142
法定責任………………………………114
法定責任説……………………………103
法的安定性……………………………206
法務省令…………………………………7
保管振替機関…………………………153
補欠監査役………………………………70
補欠取締役………………………………51
募集株式の申込み……………………199
募集株式の割当て……………………199
募集事項の決定………………………198
募集事項の公示………………………198
募集事項の内容………………………198
募集設立………………………………267
補償契約………………………………115
補助参加………………………………121
北海道拓殖銀行カブトデコム事件……100
発起設立………………………………267
発起人…………………………………267
　　――の権限………………………280

322

ま 行

見せ金……………………………………277, 278
三菱商事株主代表訴訟事件………………………102
みなし規定……………………………………58
みなし決議……………………………………41
無償割当て……………………………………196
名義書換え……………………………………158
免責的債務引受け………………………225, 245
持株会社……………………………………125, 246
持株会社形態…………………………………127
持分会社………………………………………3, 15

や 行

役員選任権付株式………………………………50
役員等賠償責任保険……………………………116
ヤクルト本社株主代表訴訟事件………………119
大和銀行株主代表訴訟事件……………101, 110
有価証券報告書………………………………170
有限会社法……………………………………13
友好的企業買収………………………………258
有利発行………………………196, 199, 207, 212

ら 行

ライブドア事件………………………………213
濫用的な訴訟…………………………………120
利益供与の禁止………………………………135
利益準備金……………………………………185
利益相反行為…………………………………219
利益相反取引………………………………63, 107
利害関係者……………………………………258
リスク管理委員会……………………………100
リスク管理体制……………………………101, 295
立証責任………………………………………113
　――の転換規定……………………………114
略式合併……………………………………236, 237
略式株式交換…………………………………247
略式事業譲受け………………………………226
流動資産………………………………………176
臨時株主総会…………………………………30
類似会社比較法………………………………161
類推適用………………………………………60
累積投票制度…………………………………49
連結計算書類…………………………………183

わ 行

和解に関する通知・催告の受領………………74
割引債…………………………………………220

判 例 索 引

大審院

大判昭和 2 年 7 月 4 日民集 6 巻428頁……281, 287
大判昭和 3 年11月28日民集 7 巻1008頁………222
大判昭和 7 年 4 月30日民集11巻706頁………238

最高裁判所

最判昭和28年12月 3 日民集 7 巻12号1299頁…281
最判昭和31年10月 5 日集民23号409頁…………64
最判昭和33年10月 3 日民集12巻14号3053頁……45
最判昭和33年10月24日民集12巻14号3228頁…287
最判昭和35年10月14日民集14巻12号2499頁……60
最判昭和36年 3 月31日民集15巻 3 号645頁
　　………………………………205, 229
最判昭和38年 8 月 8 日民集17巻 6 号823頁……45
最判昭和38年 9 月 5 日民集17巻 8 号909頁……61
最判昭和38年12月 6 日民集17巻12号1664頁…109
最判昭和38年12月24日民集17巻12号1744頁…282
最判昭和39年12月11日民集18巻10号2143頁……65
最判昭和40年 6 月29日民集19巻 4 号1045頁……45
最判昭和40年 9 月22日民集19巻 6 号1600頁
　　………………………………228, 229
最判昭和40年 9 月22日民集19巻 6 号1656頁
　　………………………………60, 67, 230
最判昭和41年 4 月15日民集20巻 4 号660頁……115
最判昭和41年 7 月28日民集20巻 6 号1251頁
　　………………………………158, 160
最判昭和42年 9 月28日民集21巻 7 号1970頁
　　………………………………43, 46, 281
最判昭和43年11月 1 日民集22巻12号2402頁
　　………………………………37, 46
最判昭和43年12月25日民集22巻13号3511頁
　　………………………………108, 117
最判昭和44年 2 月27日民集23巻 2 号511頁……18
最判昭和44年 3 月28日民集23巻 3 号645頁
　　………………………………58, 67
最判昭和44年11月26日民集23巻11号2150頁
　　………………………………114, 115

最判昭和44年12月 2 日民集23巻12号2396頁
　　………………………………56, 67
最判昭和45年 4 月 2 日民集24巻 4 号223頁……44
最判昭和45年 6 月24日民集24巻 6 号625頁……98
最判昭和45年 8 月20日判時607号79頁………45
最判昭和45年 8 月20日民集24巻 9 号1305頁
　　………………………………109, 308
最判昭和45年11月24日民集24巻12号1963頁
　　………………………………134, 135, 140
最判昭和46年 3 月18日民集25巻 2 号183頁
　　………………………………43, 47
最判昭和46年 7 月16日判時641号97頁……205, 209
最判昭和46年10月13日民集25巻 7 号900頁……108
最判昭和47年11月 8 日民集26巻 9 号1489頁…150
最判昭和48年 5 月22日民集27巻 5 号655頁
　　………………………………100, 117
最判昭和48年 6 月15日民集27巻 6 号700頁
　　………………………………147, 151, 152, 160
最判昭和48年12月11日民集27巻11号1529頁…108
最判昭和49年 9 月26日民集28巻 6 号1306頁
　　………………………………60, 109
最判昭和50年 4 月 8 日民集29巻 4 号350頁……200
最判昭和51年12月24日民集30巻11号1076頁
　　………………………………43, 47
最判昭和51年 6 月 3 日金法801号29頁………115
最判昭和52年10月14日民集31巻 6 号825頁……60
最判昭和56年 4 月24日判時1001号110頁………56
最判昭和57年 1 月21日判時1037号129頁……49, 67
最判昭和60年 3 月26日判時1159号150頁………64
最判昭和61年 2 月18日民集40巻 1 号32頁………78
最判昭和61年 9 月11日判時1215号125頁………287
最判昭和63年 3 月15日判時1273号124頁
　　………………………………151, 160
最判平成 4 年10月29日民集46巻 7 号2580頁……44
最判平成 4 年12月18日民集46巻 9 号3006頁
　　………………………………65, 67
最判平成 5 年 3 月30日民集47巻 4 号3439頁…150
最判平成 5 年 9 月 9 日判時1477号140頁………43

最判平成 5 年12月16日民集47巻10号5423頁
　　………………………………………206, 209
最判平成 6 年 1 月20日民集48巻 1 号 1 頁…53, 67
最判平成 6 年 7 月14日判時1512号178頁
　　………………………………………206, 209
最判平成 7 年 3 月 9 日判時1529号153頁………44
最判平成 7 年 4 月25日集民175号91頁…………152
最判平成 8 年11月12日判時1598号152頁………46
最判平成 9 年 1 月28日民集51巻 1 号71頁
　　……………………………206, 208, 209
最判平成10年 7 月17日判時1653号143頁………208
最判平成12年 7 月 7 日民集54巻 6 号1767頁
　　………………………………97, 103, 105, 117
最決平成13年 1 月30日民集55巻 1 号30頁……127
最判平成15年 2 月21日金法1681号31頁…………65
最判平成16年 7 月 1 日民集58巻 5 号1214頁
　　…………………………………172, 173, 193
最判平成17年 7 月15日民集59巻 6 号1742頁……19
最判平成18年 4 月10日民集60巻 4 号1273頁
　　…………………………………120, 136, 140
最判平成19年 3 月 8 日民集61巻 2 号479頁……167
最決平成19年 8 月 7 日民集61巻 5 号2215頁
　　…………………………………213, 215, 264
最判平成20年 1 月28日判時1997号148頁
　　…………………………………100, 104, 117
最判平成20年 1 月28日民集62巻 1 号128頁……104
最判平成20年 7 月18日判時2019号10頁
　　…………………………………170, 173, 193
最決平成21年 1 月15日民集63巻 1 号 1 頁
　　…………………………………………172, 173
最判平成21年 2 月17日判時2038号144頁………152
最判平成21年 3 月10日民集63巻 3 号361頁
　　………………………………………118, 127
最判平成21年 3 月31日民集63巻 3 号472頁……122
最判平成21年 4 月17日民集63巻 4 号535頁……60
最判平成21年 7 月 9 日判時2055号147頁………101
最判平成22年 7 月15日判時2091号90頁
　　………………………………99, 104, 117, 303
最決平成23年 4 月19日民集65巻 3 号1311頁
　　………………………………………237, 255
最判平成24年 2 月29日民集66巻 3 号1784頁
　　………………………………………237, 255
最判平成24年 4 月24日民集66巻 6 号2908頁…207

最判平成24年10月12日民集66巻10号3311頁…255
最判平成27年 2 月19日金判1464号22頁………161
最判平成27年 2 月19日民集69巻 1 号51頁……200
最判平成27年 3 月26日民集69巻 2 号365頁…161
最判平成28年 1 月22日金判1490号20頁…………56
最判平成28年 3 月 4 日金判1490号10頁…………44
最決平成28年 7 月 1 日民集70巻 6 号1445頁…155
最判平成29年 2 月21日金判1519号 8 頁…………31
最決平成29年 8 月30日民集71巻 6 号1000頁…249

高等裁判所

名古屋高金沢支判昭和29年11月22日下民 5 巻
　11号1902頁………………………………64
東京高判昭和48年 7 月 6 日判時713号122頁…56
東京高判昭和58年 4 月28日判時1081号130頁…49
東京高判昭和61年 2 月19日判時1207号120頁
　　…………………………………38, 39, 46
東京高判昭和61年 6 月26日判時1200号154頁…69
東京高判平成元年10月26日金判835号23頁……110
東京高判平成 2 年 1 月31日資料版商事法務
　77号193頁………………………………240, 241
東京高決平成 7 年 2 月20日判タ895号252頁…127
大阪高決平成 9 年11月18日判時1628号133頁
　　………………………………………125
大阪高決平成 9 年 8 月26日判時1631号140頁
　　………………………………………125
名古屋高判平成12年 1 月19日金判1087号18頁
　　…………………………………………54
東京高判平成12年 8 月 7 日判タ1042号234頁
　　………………………………………206
東京高判平成13年12月11日判時1774号145頁
　　………………………………………216
東京高決平成16年 8 月 4 日金判1201号 4 頁
　　…………………………………203, 265
東京高決平成17年 3 月23日判時1899号56頁
　　…………………………………213, 215, 265
大阪高判平成18年 6 月 9 日判時1979号115頁…99
大阪高判平成19年 1 月18日判時1973号135頁
　　………………………………………119
東京高判差戻審平成20年 4 月23日金判1292号
　14頁………………………………………120
東京高判平成20年 5 月21日判タ1282号273頁…119
東京高決平成21年 3 月30日金判1338号50頁…203

名古屋高判平成21年5月28日判時2073号42頁
　……………………………………219, 222
大阪高判平成25年4月12日金判1454号47頁…207
大阪高判平成26年2月27日金判1441号19頁…115
大阪高判平成27年10月29日判時2285号117頁
　…………………………………………155
東京高判平成27年5月19日金判1473号26頁
　………………………………………33, 34
大阪高判平成27年5月21日金判1469号16頁……78
東京高判平成28年7月28日金判1506号44頁…121
東京高判平成29年7月12日金判1524号8頁……44
東京高判平成30年9月26日金判1556号59頁……65
東京高決令和元年5月27日資料版商事法務
　424号120頁………………………………33
東京高判令和元年10月17日資料版商事法務
　429号80頁…………………………………38

地方裁判所

大阪地判昭和28年6月19日下民4巻6号886頁
　…………………………………………56
東京地判昭和30年7月8日下民6巻7号1353頁
　…………………………………………45
東京地判昭和37年3月6日判タ128号126頁……43
東京地判昭和56年3月26日判時1015号27頁
　………………………………………67, 107
東京地判昭和57年1月26日判時1052号123頁…37
東京地決昭和58年10月11日下民34巻9号=12号
　968頁……………………………………241
東京地判昭和63年1月28日判時1263号3頁……65
東京地判昭和63年2月26日判時1291号140頁…49
東京地判平成元年7月18日判時1349号148頁
　………………………………………289, 291
東京地決平成元年7月25日判時1317号28頁
　………………………………………203, 209
東京地判平成元年8月24日判時1331号136頁
　…………………………………………240
高松高判平成2年4月11日金判859号3頁……135
横浜地判平成3年4月19日判時1397号114頁
　………………………………………171, 193
東京地決平成6年7月22日判時1504号121頁
　…………………………………………125
名古屋地決平成7年2月28日判時1537号
　167頁……………………………………125

東京地判平成9年3月17日判時1605号141頁…53
浦和地判平成11年8月6日判タ1032号238頁…45
神戸地尼崎支判平成12年3月28日判タ1028号
　288頁……………………………………37
東京地決平成12年5月25日資料版商事法務
　207号58頁………………………………125
大阪地判平成12年9月20日判時1721号3頁
　……………………………63, 101, 103, 110
名古屋地判平成13年10月25日判時1784号145頁
　…………………………………………103
宮崎地判平成14年4月25日金判1159号43頁……37
大阪地判平成15年10月15日金判1178号19頁…170
東京地判平成15年4月14日判時1826号97頁……83
名古屋地判平成16年10月29日判時1881号122頁
　…………………………………………255
東京地判平成16年5月20日判時1871号125頁
　…………………………………………102
東京地決平成16年6月1日判時1873号159頁
　…………………………………………209
東京地判平成17年9月21日判タ1205号221頁
　…………………………………………170
東京地判平成19年11月28日判タ1283号303頁
　…………………………………………117
東京地判平成19年12月6日判タ1258号69頁
　………………………………………136, 138
さいたま地決平成19年6月22日判タ1253号107頁
　…………………………………………203
大阪地判平成20年4月18日判時2007号104頁
　………………………………………83, 84
東京地決平成20年6月23日金判1296号10頁…203
東京地決平成21年3月31日判時2040号135頁
　…………………………………………237
京都地判平成22年5月25日判時2081号144頁…115
大阪地判平成24年9月28日判時2169号104頁…170
大阪地決平成25年1月31日判時2185号142頁
　………………………………………147, 161
東京地判平成27年6月29日判時2274号113頁…49
名古屋地判平成27年6月30日金判1474号32頁…53
大阪地決平成29年1月6日金判1516号51頁…203
東京地判平成31年3月8日資料版商事法務
　421号31頁………………………………38

<著者略歴>

高橋　均（たかはし　ひとし）

獨協大学法学部教授。
一橋大学大学院博士後期課程修了，博士（経営法）。
専門は，商法・会社法，金融商品取引法，企業法務。
法と実務の双方からのアプローチを実践している。

【主著】
『株主代表訴訟の理論と制度改正の課題』同文舘出版（2008年）
『会社役員の法的責任とコーポレート・ガバナンス』同文舘出版（共編著，2010年）
『コーポレート・ガバナンスにおけるソフトローの役割』中央経済社（共編著，2013年）
『世界の法律情報～グローバル・リーガル・リサーチ』文眞堂（共編著，2016年）
『改訂版　契約用語使い分け辞典』新日本法規出版（共編，2020年）
『グループ会社リスク管理の法務（第4版）』中央経済社（2022年）
『監査役・監査（等）委員監査の論点解説』同文舘出版（2022年）
『監査役監査の実務と対応（第8版）』同文舘出版（2023年）
『会社法実務スケジュール（第3版）』新日本法規出版（共編著，2023年）

他

実務の視点から考える会社法（第2版）

2017年4月10日　第1版第1刷発行	
2020年2月20日　第1版第6刷発行	
2020年7月10日　第2版第1刷発行	
2024年4月30日　第2版第3刷発行	

著　者　高　橋　　　均
発行者　山　本　　　継
発行所　㈱中央経済社
発売元　㈱中央経済グループ
　　　　パブリッシング

〒101-0051　東京都千代田区神田神保町1-35
電話　03(3293)3371（編集代表）
　　　03(3293)3381（営業代表）
https://www.chuokeizai.co.jp

©2020
Printed in Japan

印刷／東光整版印刷㈱
製本／誠　製　本　㈱

＊頁の「欠落」や「順序違い」などがありましたらお取り替えいた
しますので発売元までご送付ください。（送料小社負担）

ISBN978-4-502-35491-5 C3032